개정판
Companion Animal Manager

반려동물 관리사

김옥진 이현아 강원국 민자욱
김다슬 조현정 최 혁 양혜열
이경동 조준혁 함희진 최태영
황성우 한아람 공저

형설 eLife

머리말

최근 반려동물 인구가 급증하면서 반려동물 1500만 시대에 관련 산업 규모도 6조원에 이를 것으로 추산되고 있습니다. 코로나19로 경제가 대부분 침체되는 상황에서도 반려동물 관련 시장은 지속적인 확장과 성장을 하고 있으며 이러한 추세는 포스트 코로나 시대에도 이어질 것으로 예측됩니다. 이는 현재 사회에서 반려동물이 주는 교감과 동반감의 필요성이 더욱 증대되고 있다는 것을 보여주는 현상으로 해석되고 있습니다.

반려동물의 증가와 함께 반려동물 관리를 체계적으로 수행하는 전문가의 필요성이 크게 대두되고 있습니다. 한국동물매개심리치료학회에서는 그동안 반려동물관리사 민간자격을 등록하고 반려견과 반려묘를 포함한 반려동물의 건강 관리와 사육 관리에 대한 실무를 겸비한 반려동물관리사 양성을 수행하고 있습니다.

본 교재는 반려동물관리사 자격 취득을 위한 기본 교재로서 본 교재의 학습을 통하여 반려동물의 종류 및 특성, 사양관리, 질병 발생의 예방 및 위생관리 등의 반려동물 관리 전반적인 내용을 체계적으로 학습할 수 있습니다.

또한, 반려동물의 증가와 사회적 중요성 때문에 반려동물을 효과적으로 사육하고 관리하기 위한 연구들이 수행되어 많은 자료가 축적되고 있는 현실입니다. 현재, 반려동물 자원을 체계적으로 관리하기 위한 교과목의 개설이 늘고 있으나 학생들이 학습 재료로 사용할 수 있는 교재가 극히 제한되어있습니다. 더욱이 기존 학습교재가 애완동물에 치우치는 경향이 많아 현대사회에서 요구되는 반려동물 관련 내용이 부재하여 이의 내용 전달이 어려운 상황입니다. 저자들은 이러한 문제점을 개선하고자 반려동물 자원에 대한 소개와 관리학에 관한 내용을 담아 학습교재를 만들고자 하였습니다.

본 교재의 완성을 위하여 인용 및 발췌를 허락하여 주신 여러 선배님에게 감사드립니다.

본 교재가 반려동물 관리의 체계적인 지식 전달과 반려동물관리사 자격증을 준비하는 분들에게 방향을 제시하여 줄 수 있으면 하는 바람으로 이 글을 맺을까 합니다.

저자 일동

CONTENTS

제1장 반려견, 반려묘 품종 ·· 7
  1. 반려견 품종 종류와 특징 ··· 8
  2. 반려묘 품종 종류와 특징 ··· 12

제2장 반려견, 반려묘 생리 및 특성 ··· 21
  1. 반려견 생리 및 특성 ·· 22
  2. 반려묘 생리 및 특성 ·· 26

제3장 반려견, 반려묘 행동 발달 ·· 35
  1. 반려견 행동 발달 ·· 36
  2. 반려묘 행동 발달 ·· 41

제4장 반려견, 반려묘 영양 관리 ·· 53
  1. 반려견, 반려묘 영양관리 및 에너지 요구량 ······································ 54
  2. 반려견, 반려묘 사료 종류와 장단점 ·· 65

제5장 반려견, 반려묘 질병 관리 ·· 75
  1. 반려견 질병과 예방 ·· 76
  2. 반려묘 질병과 예방 ·· 94

제6장 반려견, 반려묘 미용관리 ·········· 103
1. 기초그루밍 이해 ·········· 104
2. 반려동물 브러싱 ·········· 106
3. 반려동물 발톱 관리 ·········· 113
4. 반려동물 귀 관리 ·········· 122
5. 반려동물 치아관리 ·········· 126
6. 반려동물 위생미용 ·········· 128
7. 반려동물 목욕 ·········· 132
8. 시저링하기 ·········· 143

제7장 반려견, 반려묘 훈련관리 ·········· 153
1. 훈련의 정의 ·········· 154
2. 반려견, 반려묘 훈련의 기본 이론 ·········· 163
3. 반려견, 반려묘 훈련의 종류와 방법 ·········· 175

제8장 반려동물 복지 및 법규 ·········· 197
1. 반려동물의 복지 ·········· 198
2. 동물보호법 ·········· 200

제9장 고객상담론 ·········· 235
1. 상담의 이론과 실제 ·········· 236
2. 상담의 과정 ·········· 243
3. 고객상담의 실무 ·········· 247

참 고 문 헌 ·········· 257

1장

반려견, 반려묘 품종

1 반려견 품종 종류와 특징

(1) 단모종

1) 미니어처 핀셔
① 체고 : 25~30cm
② 체중 : 4~6kg
③ 원산지 : 독일
④ 성격 : 쾌활하고 활발하지만 다소 신경질적이다.
⑤ 특징 : 매우 영리하며 상당히 복잡한 훈련도 소화해낼 수 있다. 수컷이 암컷보다 두드러지게 공격적이다.

2) 비글
① 체고 : 33~40cm
② 체중 : 8~14kg
③ 원산지 : 영국
④ 성격 : 식탐이 많고 말썽꾸러기지만 온순한 성격을 지녔다.
⑤ 특징 : 낯선 사람이 방문하면 털을 곤두세우거나 길게 목소리를 빼 짖는 것으로 그 사실을 알린다.

3) 달마시안
① 체고 : 수컷 56~61cm, 암컷 54~59cm
② 체중 : 수컷 약 27~32kg, 암컷 약 24~29kg
③ 원산지 : 크로아티아
④ 성격 : 호기심이 왕성하고 다소 신경질적이다.
⑤ 특징 : 건강하고 활발하며 지칠 줄 모르는 종으로 상당한 운동량이 필요하다. 물이나 야외에서 하는 활동을 좋아하는 하운드 특유의 특징을 보인다.

4) 바셋 하운드

① 체고 : 33~38cm

② 체중 : 18~27kg

③ 원산지 : 영국

④ 성격 : 태평하고 마이페이스이지만, 영리하고 독립심이 강하다.

⑤ 특징 : 주름지고 늘어진 피부를 가지고 있다. 후각이 견공들의 세계에서도 으뜸에 속한다.

5) 와이머라너

① 체고 : 수컷 59~70cm, 암컷 55~65cm

② 체중 : 수컷 약 30~40kg, 암컷 약 25~35kg

③ 원산지 : 독일

④ 성격 : 온순하고 호기심이 왕성하며 외로움을 많이 탄다.

⑤ 특징 : 주인과 함께 있는 것을 매우 좋아하며 힘줄과 근육이 잘 발달되어 있다. 쉽게 흥분하지 않아 훈련시키기 수월하다.

(2) 장모종

1) 버니즈 마운틴 도그

① 체고 : 수컷 64~70cm, 암컷 58~66cm

② 체중 : 40~44kg

③ 원산지 : 스위스

④ 성격 : 겁이 없고 침착하게 대응한다.

⑤ 특징 : 멸종 위기에서 스위스의 애견가들에 의해 번식이 이루어졌으며 힘이 세다.

2) 요크셔테리어

① 체고 : 23cm 전후

② 체중 : 3.1kg 이내

③ 원산지 : 영국

④ 성격 : 주인과 있으면 드세고 쾌활해진다.

⑤ 특징 : 내면에는 다른 테리어종들처럼 공격적이고 힘이 넘침.

3) 골든 리트리버

① 체고 : 수컷 56~61cm, 암컷 51~56cm

② 체중 : 수컷 29~34kg, 암컷 25~30kg

③ 원산지 : 영국(스코틀랜드)

④ 성격 : 온순한 평화주의자로 아이들도 매우 좋아한다.

⑤ 특징 : 원래 사냥견이었으며, 여전히 그 용도로 활동할 때도 있다.

4) 잉글리시 코커스패니얼

① 체고 : 수컷 39~41cm, 암컷 38~39cm

② 체중 : 12.5~14.5kg

③ 원산지 : 영국

④ 성격 : 쾌활하고 침착하며 자제심이 강하다.

⑤ 특징 : 매우 영리한 편이다. 미국에서 개량된 아메리칸 코커스패니얼과 구분된다.

5) 치와와

① 체고 : 15~23cm

② 체중 : 2.7kg 이하

③ 원산지 : 멕시코

④ 성격 : 질투심이 강하고 제멋대로인 성격을 지니고 있다.

⑤ 특징 : 본인의 덩치가 스무 배는 되는 개에게도 덤벼들 때가 있다.

(3) 장단모종

1) 웰시 코기 팸브룩

① 체고 : 25.4~30.5cm

② 체중 : 수컷 10~12kg, 암컷 10~11kg

③ 원산지 : 영국

④ 성격 : 온순하고 우호적이며 뛰어난 상황 판단력을 지녔다.

⑤ 특징 : 비만이 쉽게 되며 다리가 짧다.

2) 셰틀랜드 십독
① 체고 : 33~40.5cm
② 체중 : 6~7kg
③ 원산지 : 영국(셰틀랜드 제도)
④ 성격 : 다정하고 참을성이 강하며 복종적이다.
⑤ 특징 : 전체적으로 균형 잡힌 체구와 유연하고 건강하고 튼튼한 개로 알려져 있다.

3) 보더 콜리
① 체고 : 수컷 53cm, 암컷 53cm 미만
② 체중 : 14~20kg
③ 원산지 : 영국(셰틀랜드 제도)
④ 성격 : 지능이 높고 천진난만하고 사람을 잘 따른다.
⑤ 특징 : 가축을 지키는 본능으로 어린아이, 다른 반려동물, 성인 무리를 치는 경우가 있다.

4) 미니어처 슈나우저
① 체고 : 30~35cm
② 체중 : 4.5~7kg
③ 원산지 : 독일
④ 성격 : 천진난만하고 호기심이 가득하다.
⑤ 특징 : 슈나우저 계열 중 가장 작으며 상당히 단단한 근육질, 크기에 비해 체중이 무거운 편이다.

5) 잭 러셀 테리어
① 체고 : 25~30cm
② 체중 : 5~6kg
③ 원산지 : 영국
④ 성격 : 매우 활발하고 겁이 없으며 장난을 좋아한다.
⑤ 특징 : 땅굴 사냥, 추격과 싸움, 마당 헤집기 등에 능통하다.

2 반려묘 품종 종류와 특징

고양이는 장모종(長毛種)과 단모종(短毛種)으로 분류된다. 개와 달리 체격상 차가 적으므로 각 품종 중의 내종(內種)이 발달되어 있다. 고양이는 누가 뭐라고 해도 개와 더불어 가장 대중적인 애완동물이다. 품종은 약 30여 종이 되며 다른 동물에 비해 비교적 오래 사는 편으로 보통 15~25년쯤 산다.

(1) 장모종

1) 버만(Birman)
① 체중 : 3~5.5kg
② 원산지 : 버마(미얀마)
③ 외형 : 회색빛을 띤 하얀 털 색은 부드러운 분홍빛을 띤 회색 말단 부위와 색조의 대비를 이룬다.
④ 기질 : 태평하고, 고도로 사교적이며, 점잖고 노는 걸 좋아한다. 쯧쯧거리는 부드러운 목소리로 수다를 떤다. 짹짹 소리를 낸다. 장기간 혼자 놔두는 데는 적합하지 않다.

2) 터키시 앙고라(Turkish Angora)
① 체중 : 2.7~5kg
② 원산지 : 터키
③ 외형 : 터키시 앙고라 품종은 전체적인 체형에서 다소 완전치 않은 오리엔탈 형태의 앙고라 품종에 비해 보다 둥글고 짧은 머리가 있다. 귀도 덜 돌출된 형태이다. 화이트 품종의 눈은 다양한 색상이지만, 눈이 푸른색인 것은 귀머거리가 된다.
④ 기질 : 영리하고, 노는 걸 좋아하며, 적극적이다. 외향적이고, 사교적이며 다정하다. 잘 울고, 사람들의 관심을 받으려고 들 수 있다.

3) 메인 쿤(Maine Coon)

① 체중 : 4~9kg

② 원산지 : 미국

③ 외형 : 털은 주로 갈색이고, 눈에 띄는 태비 무늬가 있다. 흰색 털은 반드시 몸의 아랫부분과 발에만 나타나야 한다.

④ 기질 : 다정한 본성의 "점잖은 거묘". 영리하고, 노는 걸 좋아한다. 물건을 던지면 물어서 갖고 오는 게임을 즐긴다. "짹짹" 소리를 내며 꽤 많이 울고, 물에 강한 흥미를 느낀다.

4) 래그돌(Ragdoll)

① 체중 : 5~9kg

② 원산지 : 미국

③ 외형 : 컬러 포인트 품종과 비슷한 미트 래그돌 품종은 앞발의 흰색 장갑 모양의 털이 특징이다. 이 흰색 '장갑'은 크기가 균일해야 하며, 앞으로는 발들 위의 굽은 부분, 뒤로는 뒤꿈치의 굽은 부분을 넘지 말아야 한다. 뒷다리에는 버선 모양의 흰색 털이 뒷다리의 관절까지 이어진다. 턱에서 꼬리까지 몸의 아랫부분에는 흰색 털이 있어야 한다.

④ 기질 : 극도로 유순하고, 느긋하며, 묘주를 따라다니는 것과 물건을 던지면 물어서 돌아오는 것을 좋아한다. 아주 많이 울지는 않는다. 누군가가 항상 있는 집에 제일 적합한 품종이다.

5) 소말리(Somali)

① 체중 : 2.7~4.5kg

② 원산지 : 미국

③ 외형 : 따뜻한 느낌의 구릿빛 얼굴에 눈은 아몬드형으로 황금색 또는 초록색이다. 귀와 꼬리 부분의 털도 마찬가지이다. 속털은 짙은 살구색이다.

④ 기질 : 무척 영리하고, 호기심이 많다. 에너지가 넘치고, 노는 걸 좋아한다. 물건을 던지면 물어서 돌아오는 걸 좋아한다. 사교성이 좋고, 다정하며, 충직하다. 랩 캣은 아니다.

6) 발리니즈(Balinese)

① 체중 : 3.5~7kg

② 원산지 : 미국

③ 외형 : 몸의 상아색은 포인트 부분의 밀크초콜릿색과 색조의 대비를 이룬다. 코와 발바닥은 갈색을 띤 분홍색이다.

④ 기질 : 호기심이 많고, 외향적이며, 노는 걸 좋아한다. 샴보다는 조용하게 운다. 대단히 사교적이고, 관심을 받고 싶어 하며, 묘주와 끈끈한 유대관계를 맺는다. 장기간 혼자 남겨두기에는 적합하지 않다.

(2) 단모종

1) 맹크스(Manx)

① 체중 : 3.5~5.5kg

② 원산지 : 영국

③ 외형 : 검은색과 연한 붉은색, 짙은 붉은색의 전형적인 토터스셸 무늬가 있다. 뭉툭한 꼬리를 움직일 수 있지만 롱지 형태의 고양이보다 길지는 않다. 이 고양이가 항상 캣쇼 출전을 허락받는 것은 아니지만, 교배 프로그램에 유용하게 사용될 수 있다.

④ 기질 : 차분하고, 다정하며, 영리하다. 낯선 이를 꺼리지만, 주인에게는 개처럼 충직하다. 노는 걸 무척 좋아하며 떨리는 소리로 운다. 좋은 사냥꾼이다.

2) 샤트룩스(Chartreux)

① 체중 : 2.7~6.5kg

② 원산지 : 프랑스

③ 외형 : 균일한 청회색 털색은 연한 회백색에서 짙은 회색에 이르기까지 다양하다. 털 끝에 은빛이 팁 형태로 자리 잡아 털의 색채에 광택이 흐른다.

④ 기질 : 차분하고 다정하며 적응력이 좋다. 영리하고 관찰력이 좋으며, 노는 걸 좋아한다. 한 사람하고 유대관계를 맺는 일이 잦고, 그 사람을 따라다닌다. 조용하며 야옹거리기보다 쯧쯧 거린다.

3) 스코티시 폴드(Scottish Fold)

① 체중 : 2.5~6kg
② 원산지 : 스코틀랜드
③ 외형 : 몸 전체를 덮고 있는 흰색 속털과 검은색 겉털은 다양한 순백색 털 부분과 대비를 이룬다.
④ 기질 : 영리하고, 호기심이 많으며 노는 걸 좋아한다. 지나치게 많이 울지는 않으며 다정하고, 사람을 좇는다. 혼자 놔두기에는 적합하지 않다.

4) 스노우슈(Snowshoe)

① 체중 : 3~5.5kg
② 원산지 : 미국
③ 외형 : 전통적인 샤미즈 품종의 무늬가 흰색 털 부분에 나타난다. 신발 모양의 흰색 털은 앞다리에서는 발목 부분까지, 뒷다리에서는 뒷무릎 관절까지 퍼져 나타나야 한다. 나이가 들수록 색깔이 더 짙어지는 편이고, 몸 색과 포인트 부분의 색조 대비는 더 뚜렷해진다.
④ 기질 : 영리하고, 외향적이며 노는 걸 좋아한다. 물을 즐기며 다정하고 느긋하다. 특히 한 사람하고만 강한 유대관계를 맺는 일이 잦다. 수다스럽지만 목소리가 샴보다 부드럽다. 장기간 혼자 놔두는 데 적합하지 않다.

5) 아메리칸 숏헤어(American Shorthair)

① 체중 : 3~7kg
② 원산지 : 미국
③ 외형 : 특이한 태비 무늬를 지니고 있으며 몸의 바탕색과 태비 무늬에 덧칠한 거처럼 토터스셀 무늬가 나타나서 생긴 것이다. '패치'는 몸에 붉은색이나 크림색 부분이 나타날 때, 또는 이 두가지 색채가 모두 나타날 때 쓰는 표현이다.
④ 기질 : 태평하고 적응력이 좋으며, 차분하다. 호기심이 많고, 노는 걸 좋아한다. 사교적이면서도 요구하는 게 많지 않아 탁월한 패밀리 캣이다. 사냥 본능이 꽤 강하다.

6) 아메리칸 와이어헤어(American Wirehair)

① 체중 : 3.5~7kg

② 원산지 : 미국

③ 외형 : 털이 숱이 많아 보이고 물결 모양인 것은 털이 곱슬거리기 때문이며, 특히 머리의 털이 눈에 띈다. 이 고양이의 털은 전체적으로 양털 같은 외형과 촉감을 보이고, 턱 아래쪽을 포함한 몸 아랫부분의 털은 윗부분의 털에 비해 성긴 편이다. 수염 털도 다른 부분의 털처럼 곱슬거린다.

④ 기질 : 느긋하고, 적응력이 좋으며, 차분하다. 요구하는 게 많지 않지만, 호기심이 꽤나 강하다. 탁월한 패밀리 캣이다. 사교적이고 다정하며 노는 걸 좋아한다.

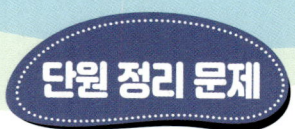

1. 다음 반려견 중에 원산지가 틀린 것은?

① 와이머라너 – 독일

② 보더콜리 – 영국

③ 달마시안 – 아르헨티나

④ 치와와 – 멕시코

2. 다음 설명하는 반려견으로 올바른 것은?

> 원산지는 영국이며 온순하고 우호적이며 뛰어난 상황 판단력을 가졌다. 또한 비만이 쉽게 되며 다리가 짧은 특징을 가졌다.

① 말티즈

② 웰시 코기 팸브룩

③ 치와와

④ 요크셔테리어

3. 다음 설명하는 반려견으로 올바른 것은?

> 19세기 중엽 스코틀랜드로부터 요크셔지방에서 유래 되었고, 공업지대에서 쥐를 잡던 견종이다. 주인과 있으면 드세고 쾌활해진다.

① 말티즈

② 시츄

③ 치와와

④ 요크셔테리어

단원 정리 문제

4. 다음 설명하는 반려견으로 올바른 것은?

> 원산지는 영국이며 전체적으로 균형 잡힌 체구와 유연하고 건강하고 튼튼한 개로 알려져 있고 다정하고 참을성이 강하며 복종적이다.

① 셔틀랜드 십독
② 보더콜리
③ 미니어처 슈나우저
④ 웰시코기 펨브로크

5. 다음 설명하는 반려견으로 올바른 것은?

> 주름지고 늘어진 피부를 가지고 있으며 후각이 다른 견종들 중에서도 으뜸에 속한다는 특징을 가지고 있다.

① 퍼그
② 바셋 하운드
③ 차이니즈 크레스티드
④ 닥스훈트

6. 다음 설명하는 반려묘로 올바른 것은?

> 원산지는 미국이며 앞발의 흰색 장갑 모양의 털이다.
> 이 흰색 장갑은 크기가 균일해야 한다는 특징을 가지고 있다.

① 메인 쿤
② 래그돌
③ 터키시 앙고라
④ 맹크스

7. 다음 설명하는 반려묘로 올바른 것은?

> '점잖은 거묘'라고 불리며 노는 걸 좋아한다.
> 물건을 던지면 물어서 갖고 오는 게임을 즐긴다.
> 물에 강한 흥미를 느낀다.

① 메인 쿤
② 맹크스
③ 샤트룩스
④ 엑조틱

8. 다음 단모종 설명이 옳은 것은?
① 고양이 털은 생김새가 모두 같다.
② 이중 털 구조를 갖는 고양이는 없다.
③ 고양이 털의 질감은 모두 같다.
④ 이중 털 구조 덕분에 몸이 더 커 보이는 고양이들도 있다.

단원 정리 문제

1
정답 : ③
문제 난이도 : 초급
해답 풀이 : ③ 달마시안의 원산지는 크로아티아다.

2
정답 : ②
문제 난이도 : 초급
해답 풀이 : ② 웰시 코기 팸브룩의 원산지는 영국이며 온순하고 우호적인 성격을 가졌다. 비만이 쉽게 걸린다는 단점이 있으며 다리가 짧은 특징을 가졌다.

3
정답 : ④
문제 난이도 : 초급
해답 풀이 : ④ 색은 어두운 청색으로 가슴, 머리, 다리에는 황갈색의 무늬를 가지고 있다.

4
정답 : ①
문제 난이도 : 초급
해답 풀이 : ① 셔틀랜드 십독은 다정하고 참을성이 강하며 복종적이며 전체적으로 균형 잡힌 체구와 유연하고 건강하고 튼튼한 개로 알려져 있다.

5
정답 : ②
문제 난이도 : 초급
해답 풀이 : ② 태평하지만 영리하고 독립심이 강하고 주름지고 늘어진 피부를 가지고 있다. 후각이 견공들의 세계에서도 으뜸에 속한다.

6
정답 : ②
문제 난이도 : 초급
해답 풀이 : ② 래그돌의 흰색 장갑은 앞으로는 발들 위의 굽은 부분, 뒤로는 뒤꿈치의 굽은 부분을 넘지 말아야 한다.

7
정답 : ①
문제 난이도 : 초급
해답 풀이 : ① 메인 쿤의 털은 주로 갈색이며, 눈에 띄는 태비 무늬가 있다.

8
정답 : ④
문제 난이도 : 초급
해답 풀이 : ④ 이중 털 구조로 인해 털이 서거나 할 때 더 커 보일 수도 있다.

2장

반려견, 반려묘 생리 및 특성

1 반려견 생리 및 특성

(1) 반려견의 성장 과정

1) 아기 강아지의 성장 과정(신생아기 2~3주령)

아기 강아지는 태어나서 2주가량의 시기를 신생아기라고 부르게 된다. 신생아기는 눈도 뜨지 못하고 귀도 열리지 않기 때문에 이 시기의 강아지는 듣지도 보지도 못하며 먹고 자는 데에만 거의 모든 노력을 기울이며, 보통 잘 움직이지 못하고 어미와 함께 태어난 형제들과 붙어 지내게 된다.

2) 이행기(2주~3주령)

이행기에는 눈이 뜨이고 귀가 열려 소리를 듣게 된다. 걸음마를 시작하고 이 기간이 끝날쯤 어미가 핥아 주지 않아도 스스로 배설을 할 수 있게 된다. 이행기에는 유치가 잇몸을 뚫고 나타나기 시작하며, 얼마 지나지 않아 물에 불린 부드러운 사료를 먹기 시작한다.

3) 사회화기(3주~12주령)

사회화기는 '감각기'라고도 불리게 되는데 이 시기에는 새로운 경험을 하면서 알게 되는 것들을 배우고, 받아들이는 아주 좋은 시기이다. 이 시기에 반려견이 평생 살아가면서 만나게 될 다양한 부류의 사람과 다른 강아지, 낯선 환경에 노출시켜 다양한 환경에 익숙하게 만들어 주기 좋은 시기이다.

4) 청소년기(4개월~7개월령)

반려견의 영역을 명확하게 하려고 하는 시기고 사춘기에 이르러 성장이 멈추게 된다. 성적으로 성숙하기 시작하여 수컷은 다리를 들기 시작하고, 소형견과 대형견에 따라 기간은 상이하지만 6~12개월 사이에 암컷은 첫 생리가 시작된다. 강아지의 털이 성견 털로 교체되고 영구치로 변화하는 시기이다.

5) 청년기(7개월~12개월령)

성견으로 탈바꿈을 마치게 되는 시기로 대부분 유견용 사료에서 성견에 적합한 사료로 바꾸어야 한다. 이 시기에는 보호자의 일관성과 예측 가능함이 매우 중요한 시기로, 복종훈련 하기 적합한 시기이다.

(2) 반려견의 생리

반려견의 일반적인 생리현상은 표 2-1과 같이 반려견의 수명은 평균적으로 15~20세이고, 체온은 38~39℃가 정상적인 체온을 갖는다. 맥박은 분당 70~120회, 호흡수는 분당 20~25회 호흡하고, 혈압은 70~120mmHg이다.

표 2-1 일반적인 생리

수명	체온	맥박	호흡수	혈압
15~20세	38~39℃	70~120회/분	20~25회/분	70~120mmHg

1) 치아와 치식

반려견의 치아는 육식동물과 같이 물고 찢고 씹기에 적합하도록 되어 있다. 젖니는 생후 3~5주부터 나기 시작하여 2개월 후 완성된다.

반려견의 치아는 앞니(Incisor) 음식을 씹어 끊는 역할을 하고 Incisor의 머리글자를 따서 I1, I2, I3라고도 하고 영구치는 3~5개월부터 시작된다. 송곳니(Canine)는 모든 치아에서 가장 길고 끝이 예리하여 음식이나 먹이를 고정하는 역할을 한다. 영구치는 5~7개월째부터 시작한다. 작은 어금니(Premolars)와 큰 어금니(Molars)는 음식을 잘게 부수기 쉽게 편평하지만, 개는 예리한 칼 모양으로 되어 있어 날고기도 찢기 쉽게 되어 있다. 작은 어금니는 대략 4~6개월째부터 나기 시작하고, 큰 어금니는 5~7개월째 나기 시작한다.

반려견의 유치와 영구치의 개수는 표 2-2와 표 2-3과 같이 치아가 다르게 나오는데 유치는 상악, 하악의 개수가 모두 같고, 영구치는 상악과 하악의 개수가 다르게 나온다.

상악을 절반으로 나누어 유치는 앞니 3개, 송곳니 1개, 어금니 3개로 I3-C1-Pm3으로 나오고, 총 치아의 개수는 28개이다. 영구치는 유치가 점점 빠지면서 나게 되는 이빨로 상악을 절반으로 나누어 보면 앞니 3개, 송곳니 1개, 작은 어금니 4개, 큰 어금니 2개로 치식이 I3-C1-Pm4-M2으로 나오고, 상악의 영구치의 개수는 20개이고, 하악은 앞니 3개, 송곳니 1

개, 작은 어금니 4개, 큰 어금니 3개로 치식이 I3-C1-Pm4-M3이 된다. 개의 영구치의 총 개수는 42개가 된다.

표 2-2 개의 유치 치식

유치		앞니(I)	송곳니(c)	작은어금니(Pm)	총	
상악	왼쪽	3	1	3	7	14개
	오른쪽	3	1	3	7	
하악	왼쪽	3	1	3	7	14개
	오른쪽	3	1	3	7	
	총	12개	4개	12개	28개	28개

표 2-3 개의 영구치 치식

영구치		앞니(I)	송곳니(c)	작은어금니(Pm)	큰어금니(M)	총	
상악	왼쪽	3	1	4	2	10	20개
	오른쪽	3	1	4	2	10	
하악	왼쪽	3	1	4	3	11	22개
	오른쪽	3	1	4	3	11	
	총	12개	4개	16개	10개	42개	42개

2) 피부와 땀샘

반려견의 피부의 땀샘이 있다. 하지만 에크린샘과 아포크린샘이라고 하는 두 가지 땀샘이 있는데 반려견은 땀샘의 분포가 사람과 달리 몸에 발달되지 않았고, 에크린샘이 발바닥(패드)부분에 약간 존재한다.

3) 항문낭과 분비액

항문 양옆에 한 쌍의 분비액이 들어 있는 주머니가 존재한다. 항문의 4시, 8시 방향에 위치해 있고, 항문낭은 특유한 냄새의 분비액이 나오며 이 분비액은 영역표시나 배변을 도와주는 용도로 사용된다. 항문낭 분비액은 정상적인 배변 시 혹은 운동을 하면서 자연스럽게 배출되지만 운동이 부족하거나 부드러운 음식을 장기간 먹게 되면 분비액이 고이고 염증이 생겨 항문 주위에 통증을 나타내며 배변 장애를 일으킬 수도 있다. 주 1회 목욕할 때 항문낭을 짜주면 항문낭 질환이 생기는 것을 예방할 수 있다.

4) 사람과 반려견의 나이 비교

반려견의 일생을 사람과 비교해보면 매우 짧다는 것을 알 수 있다. 반려견의 수명은 견종에 따라 차이가 있으나 평균 15년 정도이며 사람에 비교하면 약 80세에 해당한다.

반려견의 평균수명은 소·중형견이 15세, 대형견이 10세인데 최근 10년 사이에 약 3년이나 수명이 길어진 것으로 나타났다. 개의 노화 속도는 견종이나 개체마다 다르지만 일반적으로 소·중형견은 성장이 빠르고 노화가 느리며, 대형견은 성장이 느린 반면 노화에 빨리 돌입한다.

표 2-4 사람과 반려견 나이 비교

개 크기		소형견(9kg 이하)	중형견(10~22kg 이하)	대형견(23kg 이상)
개 나이		사람의 나이로 환산		
년 수	1년	15	15	15
	2년	24	24	24
	3년	28	28	28
	4년	32	32	32
	5년	36	36	36
	6년	40	42	45
	7년	44	47	50
	8년	48	51	55
	9년	52	56	61
	10년	56	60	66
	11년	60	65	72
	12년	64	69	77
	13년	68	74	82
	14년	72	78	88
	15년	76	83	93
	16년	80	87	120

반려동물관리사

2 반려묘 생리 및 특성

(1) 반려묘의 성장 과정

1) 아기 고양이의 성장

아기 고양이들은 4주간 급속히 성장한다. 촉각은 태중(太中)에서 발달해 태어나기 전에 완전히 가능하다. 아기 고양이들이 어미를 향해 직접 나가가는 탄생 첫날부터 매우 중요한 후각은 3주에 걸쳐서 서서히 성숙해진다.

아기 고양이들은 앞을 보지 못하는 채로 태어나며 생후 7일부터 10일 사이에 눈을 뜨기 시작한다. 눈을 완전히 뜨기까지 2~3일 걸리는 경우가 많다. 암컷은 수컷보다 일찍 눈을 뜨는 편이고, 어린 어미에게서 태어난 새끼들도 마찬가지다. 그 외에 아비의 유전적 영향이 눈을 뜨는 시기에 많은 영향을 주며, 생후 3주가 끝날 무렵 아기 고양이들은 후각이 아니라 시각을 활용해 어미의 위치를 찾는다.

갓 태어난 새끼는 귓바퀴가 납작하게 접혀 있고 관들이 막혀 있기 때문에 청각은 제한적이다. 3~4주 쯤 서서히 열리고, 그때가 되면 성묘가 그러는 것처럼 귓바퀴를 독립적으로 움직일 수 있다.

생후 첫 3주 내내 아기 고양이는 자기 체온을 조절하지 못하고 일정한 체온을 유지하기 위해 어미와 형제들의 온기에 의지하게 된다. 이후에는 체온을 조절할 수 있게 되면서 생후 7주쯤에는 성묘 수준의 체온 조절 패턴을 발달시킨다.

갓 태어난 보금자리에 있는 동안, 아기 고양이들은 어미로부터 그루밍을 받게 된다. 어미는 아기 고양이들의 눈과 털이 청결하도록 씻어 준다. 어미의 돌봄은 어미와 아기 고양이의 사회적 유대감을 돈독하게 해주는 역할도 한다. 아기 고양이는 성장하는 동안 어미를 핥아주고, 형제들과 그루밍 해주는 시간을 가지면서 어미의 도움 없이도 스스로 그루밍 하는 법을 배운다.

어미는 새끼고양이를 그루밍 해주는 동안 아기 고양이의 항문 부위에 특별한 관심을 기울인다. 아기 고양이는 생후 몇 주간 어미의 도움을 받아 소변이나 대변을 보게 되고, 어미는 보금자리의 청결 유지를 위해 아기 고양이의 배설물을 먹는다. 생후 3주가 지나면 아기 고양이는 자력으로 소변과 대변을 보게 되고 어미의 개입은 줄어든다.

아기 고양이의 균형기관은 탄생 이전에도 완전히 성숙되어 있다. 하지만 아기 고양이의 운동능력은 덜 발달되어 있고, 생후 2주 동안 아기 고양이는 허우적거리거나 기어 다니기만 할 수 있다. 걷는 능력은 3주 때 발달하기 시작하고, 4주쯤 아기 고양이의 보금자리를 떠나 돌아다니면서 형제들과 놀기(사회적 놀이) 시작한다.

2) 사회화시기(3주~8주령)

생후 3~8주까지는 고양이의 사회적 관계를 맺고, 환경의 우험성과 안전성을 구별하는 기초 정보를 학습하는 사회화시기이다. 이 시기를 어미, 형제와 함께 안정적인 환경에서 보내지 못한 고양이는 간혹 영구적으로 심리적 불안정을 보이기도 한다. 흔히 얘기하는 환경 변화에 취약하고 스트레스를 극복하는 데 어려움을 겪은 예민한 아이들이 이 범주 포함될 수 있다.

고양이는 각자가 가진 기질적인 성격은 사회화시기의 경험으로 고양이의 성격을 결정짓지는 않는다. 고양이는 타고난 기질적 성격을 바탕으로 형제와 소통하는 법을 배우고, 자신과 관계를 맺고 있는 상대를 구별하기 시작한다. 아기 고양이들은 형제와 뒤엉켜 놀 때부터 상대에게 어떤 행동을 하고, 자신의 행동에 대응하는 상대의 반응에 대한 정보를 모으기 시작한다. 그렇기 때문에 사회화 시기는 사회성이 낮은 고양이에게 함께 살 다른 동물을 소개하기에 가장 적합한 시기이다.

뛰는 능력은 생후 5주쯤 발달하고, 생후 6~7주쯤 성묘가 보여주는 운동패턴을 수행할 수 있으며, 어미와 함께 독자적인 생존에 필요한 사냥기술을 배우는 시기이기도 하다. 고양이가 추락하는 동안 몸을 돌려 발로 착지하게 해주는 공중 정위반사는 생후 4주쯤 발달하고 이후 2주 동안 향상된다. 생후 7~8주 사이에 고양이는 변기나 부드러운 바닥 표면을 자연스럽게 긁기 시작한다.

후각능력은 태어날 때부터 잘 발달되어 있지만, 성묘가 사회적 후각 커뮤니케이션을 할 때 사용하는 플레멘 반응 또는 입 벌리기는 생후 5주가 될 때까지는 발현되지 않고 생후 7주쯤에 완전히 발달 한다.

3) 유년기(3개월~5개월)

고양이는 사회화시기를 거치면서 기본적인 단어를 익히지만 언어를 능숙하게 구사하는 법은 모른다. 고양이의 3~5개월은 사회화시기 때 배운 단어를 문장으로 구성하는 법을 익히는 시기라고 할 만큼 중요한 시기이다. 이 시기에는 아기 고양이가 자신이 배운 고양이 언어를 상대에 따라 다르게 골라 사용하는 법을 체계화시킨다.

유년기를 지나는 아기 고양이는 함께 사는 성묘가 아주 중요한 요소인데 성묘가 아기 고양이의 행동을 피하거나 거부하면, 아기 고양이도 자신의 행동에 대한 상대방의 반응에 대해 올바른 정보를 습득하지 못한다. 유년기 시기에 자신을 아껴 주는 성묘와 잘 보냈다면 아기 고양이도 의사소통을 잘 하는 고양이로 자라게 된다.

(2) 반려묘의 생리

반려견의 일반적인 생리현상은 표 2-5과 같이 반려견의 수명은 평균적으로 15~20세이고, 체온은 38.6~39.2℃가 정상적인 체온을 갖는다. 맥박은 분당 120~240회, 호흡수는 분당 20~30회 호흡하고, 혈압은 150mmHg 미만이다.

표 2-5 일반적인 생리

수명	체온	맥박	호흡수	혈압
15~20세	38.6~39.2℃	120~240회/분	20~30회/분	150mmHg 미만

1) 치아와 치식

반려묘는 음식을 잘 씹지 않고 송곳니로 찢어서 혀로 핥아 삼킨다. 사람의 어금니에 충치가 잘 생기기 쉽듯이 고양이가 잘 이용하지 않는 작은 치아에도 염증이 생기기 쉽다.

새끼 고양이는 생후 4주가 되면 유치가 나고 생후 6개월쯤이면 영구치가 나기 시작한다. 반려묘의 치아는 반려견과 같이 앞니, 송곳니, 작은 어금니, 큰 어금니로 구분된다.

반려견의 유치와 영구치의 개수는 표 2-6과 표 2-7 같이 치아가 다르게 나오는데 유치와 영구치 모두 상악과 하악의 개수가 다르게 나온다.

상악을 절반으로 나누어 유치는 앞니 3개, 송곳니 1개, 어금니 3개로 I3-C1-Pm3으로 나오고, 하악은 앞니 3개, 송곳니 1개, 어금니 2개로 I3-C1-Pm2로 나오고 총 치아의 개수는 26개이다.

영구치는 유치가 점점 빠지면서 나게 되는 이빨로 상악 절반으로 나누어 보면 앞니 3개, 송곳니 1개, 작은 어금니 3개, 큰 어금니 1개로 치식이 I3-C1-Pm3-M1으로 나오고, 상악의 영구치의 개수는 16개이다. 하악은 앞니 3개, 송곳니 1개, 작은 어금니 2개, 큰 어금니 1개로 치식이 I3-C1-Pm2-M1이 되고, 반려묘의 영구치의 총 개수는 30개가 된다.

표 2-6 고양이의 유치 치식

유치		앞니(I)	송곳니(c)	작은어금니(Pm)	총	
상악	왼쪽	3	1	3	7	14개
	오른쪽	3	1	3	7	
하악	왼쪽	3	1	2	6	12개
	오른쪽	3	1	2	6	
	총	12개	4개	10개	26개	26개

표 2-7 고양이의 영구치 치식

영구치		앞니(I)	송곳니(c)	작은어금니(Pm)	어금니(M)	총	
상악	왼쪽	3	1	3	1	8	16개
	오른쪽	3	1	3	1	8	
하악	왼쪽	3	1	2	1	7	14개
	오른쪽	3	1	2	1	7	
	총	12개	4개	10개	4개	30개	30개

2) 수염과 촉각

고양이의 수염은 뇌에 정보를 보내는 또 하나의 감각기관으로, 윗입술, 뺨, 눈 위쪽, 앞다리에 나있다. 입 주변의 수염은 네 줄로, 위의 두 줄과 아래 두 줄은 따로따로 움직일 수 있다.

위쪽 수염은 얼굴 너비보다 길어서 몸 주변 공기의 흐름을 감지하기 때문에 고양이는 어둠 속에서도 물체에 부딪히는 일 없이 움직일 수 있다.

입 주변의 수염은 고양이가 아주 좁은 곳을 통과할 수 있을지 스스로 판단하는데도 쓰인다. 반려묘의 수염 길이가 몸의 너비와 일치한다고 하지만, 실제로는 많은 고양이가 과체중이기 때문에 수염 끝보다 몸통이 더 넓은 경우가 많다.

반려묘의 수염은 몸짓 언어에서도 중요한 역할을 한다. 반려묘의 수염이 앞쪽으로 쭉 펼치면 일반적으로 경계한다는 의미로 알 수 있고, 수염을 옆쪽으로 늘어뜨리면 편안한 상태라고 알 수 있다. 겁에 질리거나 공격하려고 할 때는 수염이 얼굴 뒤쪽으로 팽팽하게 펼친다.

3) 항문낭과 분비액

항문낭이란 반려묘뿐만 아니라 반려견 등의 대부분의 육식 동물에게 존재하는 기관이다. 항문의 4시 8시 방향에 위치해 있고, 항문낭은 항문낭액이라는 분비물을 생성해 배변 시 자연스럽게 몸 밖으로 배출한다. 하지만 배출이 제대로 되지 않아 항문낭액이 굳으면 염증이 발생되거나 항문낭이 파열되는 경우도 있다.

항문낭 질환은 반려견에도 생기지만 반려묘에게도 많이 발생하게 된다. 반려묘는 한 달에 두 번 정도 항문낭액을 짜주는 것이 항문낭 질환을 예방할 수 있다.

4) 사람과 반려묘의 나이 비교

고양이의 수명은 약 20년이나 최고 31년의 기록도 있다. 1살 이상이 되면 성적 성숙이 다 되어 사람의 성인에 해당된다고 볼 수 있다.

표 2-8 사람과 반려묘의 나이 비교

고양이의 연령	사람의 연령	고양이의 연령	사람의 연령
1개월	3세	8년	48세
1.5개월	4세	9년	52세
2개월	5세	10년	56세
3개월	6세	11년	60세
6개월	10세	12년	64세
9개월	14세	13년	68세
1년	16세	14년	72세
2년	24세	15년	76세
3년	28세	16년	80세
4년	32세	17년	84세
5년	36세	18년	88세
6년	40세	19년	92세
7년	44세	20년	96세
8년	48세	21년	100세

1. 다음 보기를 읽고 알맞은 답을 쓰시오.

> 눈도 뜨지 못하고 귀도 열리지 않은 시기이며, 듣지도 보지도 못하며 먹고 자는 데에만 거의 모든 노력을 기울이는 시기는 언제인가?

① 신생아기
② 이행기
③ 사회화기
④ 청소년기

2. 강아지 성장 시기 중 성견으로 탈바꿈하는 시기를 고르시오.

① 이행기
② 사회화기
③ 청소년기
④ 청년기

3. 다음 보기를 읽고 알맞은 답을 쓰시오.

> I3-C1-Pm3

① 반려묘 유치 치식
② 반려견 유치 치식
③ 반려묘 영구치 치식
④ 반려견 영구치 치식

4. 반려묘의 영구치 상악의 치식으로 알맞은 것을 고르시오.

① I3-C1-Pm4-M3
② I3-C1-Pm2-M4
③ I3-C1-Pm3-M1
④ I3-C1-Pm2-M1

단원 정리 문제

5. 반려견의 영구치 이빨의 개수로 알맞은 것을 고르시오.
① 상악 20개, 하악 20개 총 40개
② 상악 20개, 하악 22개 총 42개
③ 상악 22개, 하악 22개 총 44개
④ 상악 22개, 하악 24개 총 46개

6. 고양이의 2개월은 사람나이로는 몇 살이 되는지 고르시오.
① 3세
② 4세
③ 5세
④ 6세

7. 반려묘의 항문낭에 대한 내용이 아닌 것을 고르시오.
① 항문 양옆에 한 쌍의 분비액이 들어 있는 주머니가 존재한다.
② 항문의 4시 8시 방향에 위치해 있고, 항문낭은 특유한 냄새의 분비액이 나온다.
③ 1회 목욕할 때 항문낭을 짜주면 항문낭 질환이 생기는 것을 예방할 수 있다.
④ 반려묘는 항문낭 질환이 안생기기 때문에 관리하지 않아도 된다.

8. 반려묘의 수염에 대한 내용으로 틀린 것을 고르시오.
① 위쪽 수염은 얼굴 너비보다 길어서 몸 주변 공기의 흐름을 감지한다.
② 입 주변의 수염은 고양이가 아주 좁은 곳을 통과 할 수 있을지 스스로 판단하는데 쓰인다.
③ 반려묘의 수염이 앞쪽으로 쭉 펼치면 일반적으로 반갑다는 의미이다.
④ 수염을 옆쪽으로 늘어뜨리면 편안한 상태를 의미한다.

1
정답 : ①
문제 난이도 : 초급
해답 풀이 : ① 눈도 뜨지 못하고 귀도 열리지 않은 시기이며, 듣지도 보지도 못하며 먹고 자는 데에만 거의 모든 노력을 기울이는 시기로 보통 잘 움직이지 못하고 어미와 함께 태어난 형제들과 붙어 지내게 된다.

2
정답 : ④
문제 난이도 : 초급
해답 풀이 : ④ 성견으로 탈바꿈을 마치게 되는 시기로 대부분 유견용 사료에서 성견에 적합한 사료로 바꾸어야 한다.

3
정답 : ②
문제 난이도 : 중급
해답 풀이 : ② 반려견의 영구치는 유치는 상악, 하악의 개수가 모두 같은 I3-C1-Pm3의 치식을 갖는다.

4
정답 : ③
문제 난이도 : 고급
해답 풀이 : ③ 반려묘의 상악의 영구치 치식은 앞니 3개, 송곳니 1개, 작은어금니 3개, 큰어금니 1개로 I3-C1-Pm3-M1 치식을 갖는다.

5
정답 : ②
문제 난이도 : 중급
해답 풀이 : ② 상악은 앞니 3개, 송곳니 1개, 작은 어금니 4개, 큰 어금니 2개로 20개이고, 하악은 앞니 3개, 송곳니 1개, 작은 어금니 4개, 큰 어금니 3개로 22개이고, 총 42개이다.

6
정답 : ③
문제 난이도 : 중급
해답 풀이 : ③ 고양이의 2개월은 사람 나이로는 5세이다.

7
정답 : ④
문제 난이도 : 초급
해답 풀이 : ④ 항문낭 질환은 반려견에도 생기지만 반려묘에게도 많이 발생하게 된다. 반려묘는 한 달에 두 번 정도 항문낭액을 짜주는 것이 항문낭 질환을 예방할 수 있다.

8
정답 : ③
문제 난이도 : 중급
해답 풀이 : ③ 반려묘의 수염이 앞쪽으로 쭉 펼치면 일반적으로 경계한다는 의미이다.

3장

반려견, 반려묘 행동 발달

1 반려견 행동 발달

(1) 행동발달

1) 출생부터 8주

새끼 강아지는 어미에게 전적으로 의존한다. 시각과 청각의 기능 없이 태어나서 후각을 통해 어미의 젖을 찾아다니는 행동을 보인다. 이때의 행동은 Swimming 행동을 많이 한다. 이 행동은 시각과 청각이 발달하지 않아 후각에만 의존하여 흔히 헤엄치듯 기어 다니는 행동을 의미한다. 2주가 지나면서부터 시각과 청각이 서서히 발달하고 걷기를 시작할 수 있다. 대략 3주까지는 새끼의 경우 스스로 배설을 하지 못하므로 어미가 항문을 핥아서 배변을 자극해 주는 행동을 보이며, 3주가 지나면 어미의 도움 없이 스스로 똥·오줌을 누기 시작한다. 또한 3주차가 되면서 강아지는 깜짝 놀라는 행동을 보이기도 한다.

출생 후 4주가 되면 유치가 나기 시작하여 어미의 젖을 떼고 사료에 관심을 갖기 시작하고, 5주차에는 주변 사물에 대한 관심이 증가하며, 8주가 되면서 시각과 청각이 완전하게 발달하여 반응하는 행동을 보인다.

2) 8주~15주

8주부터 종 특이성 행동을 보이는 시기로 물기, 쫓기, 짖기, 싸우기 등의 행동을 보인다. 8주는 강아지가 한배에서 떨어져 입양한 가족에게 옮겨 가는 게 가능하며, 크레이트 교육, 리드줄 교육, 배변 교육을 이때 시작할 수 있다. 유치가 나기 시작하면서 딱딱한 사료가 섭취 가능한 시기이다. 14주부터 사람과 많은 교류가 가능한 최적의 사회화시기로 다양한 경험을 습득하기 용이한 시기이다.

3) 16주~11개월

4개월로 접어들기 시작하면 자신의 영역을 명확하게 하려는 모습을 보이기 시작한다. 그리고 생후 6~8개월에 사춘기가 시작되는 시기로, 암컷은 9~15개월 사이에 성적으로 성숙하며, 수컷은 7~12개월 사이에 성적 성숙이 이루어진다. 수컷은 다리를 들며 마킹을 시작하고 자신의 영역을 표시하는 행동을 보인다. 또한 5개월~12개월에는 새로운 사물, 사람 또는 상황에 대해서 갑자기 두려워하거나 부끄러움을 많이 타는 시기이다.

4) 1년 이후
이 시기는 완전한 사회화가 이루어진 시기라고 한다. 이전에 사회화가 이루어지지 않은 부분이 드러나는 시기이기도 하다.

(2) 행동학적 의미
1) 짖는 소리
① 반려견이 소리를 낼 때 저음은 지배성이나 위협을, 고음은 불안이나 공포를 나타내고, 짖는 소리가 빠를수록 흥분의 정도는 높다. 그중 가슴에서 나오는 듯한 낮은 으르렁거림은 화가 난 지배적인 개가 상대를 쫓을 때의 소리이다.

② 반려견이 중음으로 연속해서 서너 번 짖고, 사이에 틈을 두는 소리는 주변에 어떤 일이 발생한 것에 대해서 경계를 하는 것으로 흥미보다도 경계의 느낌이 강한 소리를 낸다.

③ 속도를 천천히 하고 음정을 낮추며 연속적으로 짖는 것은 나에게 가까이 불편한 뭔가가 다가 왔을 때를 의미하며, 불만이 가득하다는 것을 의미한다.

④ 반려견이 길게 계속 짖으며, 사이에 긴 틈을 두는 것은 혼자가 되거나 갇혔을 때 내는 소리이다.

⑤ 한두 번 커다란 소리로 날카롭고 짧게 안정된 느낌으로 짖는 것은 전형적인 인사나 인식의 신호, 친한 사람이 왔을 때 또는 그 모습을 발견했을 때의 소리이다.

⑥ 한 번 커다란 소리로 날카롭고 짧게 짖는 것은 방해 받았거나 털이 당겨졌을 때 등의 성가신 기분을 나타내는 소리이다.

⑦ 우물거리는 듯한 짖는 소리로 "우우우우 왕" 같은 소리는 놀아달라는 의미로 양 팔꿈치를 지면에 붙이고 허리를 높게 올려 놀이에 유인하는 자세를 수반한다.

⑧ 끝이 올라가는 짖는 소리는 재밌다는 의미로 한창 놀던 중이거나 주인이 공을 던지기를 기다릴 때 등의 많이 내는 소리이다.

⑨ 음정이 높아졌다 낮아졌다 하면서 흔들거리는 듯한 으르렁 거리는 소리의 경우 매우 자신감 없는 개의 공포 상태를 의미한다.

⑩ 낭랑한 소리로 길게 늘어지는 소리의 경우 자신의 존재를 멀리까지 전하고, 세력권을 주장할 때의 소리이다. 사람에게는 쓸쓸하게 들리지만, 개는 지극히 만족하고 있다는 의미이다.

⑪ 한 번의 높은 비명으로 매우 짧은 '캥'하는 소리는 돌연 생각지 못한 아픔을 느꼈을 때의 소리이다. 연속적인 높은 비명으로 매우 짧은 '캥'하는 소리는 싸움이나 두려운 상대를 피할 때 내는 소리이다.

⑫ 숨을 "하아하아" 쉬는 소리는 긴장, 흥분, 강한 기대를 나타내는 것이다.

2) 귀의 신호

① 귀의 신호는 다른 신호와 연관 지어 읽는다.
② 귀가 쫑긋 서거나 약간 앞으로 기울어 있는 것은 주목의 의미이다.
③ 귀가 완전히 앞으로 기울어져 있으면서 이빨을 드러내고 코에 주름이 잡혀 있는 경우는 지배적이고 자신감 있는 개의 적극적인 공격 신호이다.
④ 머리에 달라붙듯 양 귀가 뒤로 엎어져 있으면서 이빨을 드러내고 이마에 주름이 잡혀있는 것은 겁먹은 열위 개의 불안이 섞인 공격 신호이다.
⑤ 귀가 엎어져 있으면서 이빨은 보이지 않고 이마에 주름도 잡혀있지 않으며, 몸을 낮추고 있는 것은 화해를 청하는 복종적인 신호이다.
⑥ 귀를 뒤로 당기면서 양쪽으로 약간 내민듯한 형태는 눈앞의 상황에 긴장이나 불안을 느끼고 있는 신호. 다음 전개 상황에 따라 공격을 할 수도 겁먹고 도망갈 수도 있다.
⑦ 앞으로 기운 듯한 귀를 쫑긋쫑긋한 다음, 귀를 약간 뒤로 당기거나 아래로 향하는 것은 마음을 정하지 못하고, 약간의 불안도 품고 있는 개가 화해를 청하는 복종적인 신호이다.

3) 꼬리의 신호

① 꼬리의 위치가 높을수록 지배성이 강하고, 꼬리의 위치가 낮을수록 복종성이 강하다.
② 꼬리 흔드는 방식의 격함은 흥분의 정도를 나타낸다. 미세하게 흔드는 꼬리는 꼬리를 흔들고 있다고 보기보다 단지 긴장이나 흥분의 표시이다.
③ 꼬리 신호는 평소 꼬리 위치와 비교해서 읽을 필요가 있다(예를 들면, 안정되어 있을 때의 그레이하운드는 꼬리 위치가 낮고, 맬러뮤트는 꼬리 위치가 높다).
④ 꼬리가 올라가고 등 쪽으로 약간 구부러져 있는 것은 지배적인 개의 자신감을 나타내는 신호이다.

⑤ 꼬리가 뒷다리 근처까지 내려가 있고, 몸의 높이는 보통 상태, 꼬리가 좌우로 천천히 흔들리고 있는 경우는 육체적·정신적으로 스트레스가 있거나 불쾌해져 있는 신호이다.

⑥ 꼬리를 크게 흔들고 몸도 허리 위치도 낮지 않은 것은 우호를 나타내는 가벼운 신호로, 지배성은 일체 포함되어 있지 않다. 한창 놀던 중에도 이런 신호를 보낸다.

⑦ 꼬리가 뒷다리 사이에 말려 들어가 있는 것은 공포나 불안에 기인한 복종의 동작이다.

4) 보디랭귀지

① 자신을 크게 보이려고 하는 것은 지배적인 신호이고, 자신을 작게 보이려고 하는 것은 화해를 청하는 복종적인 신호이다.

② 몸이나 머리나 시선을 상대 개에게 향하는 것은 지배성과 위협을 나타내고, 몸이나 머리나 시선을 상대 개로부터 피하는 것은 상대의 기분을 달래는 화해의 신호이다.

③ 사지를 긴장시켜 똑바로 서 있거나 또는 사지를 뻣뻣이 경직시켜 천천히 앞으로 나오는 것은 우위성을 확립하려고 하는 지배적인 개의 적극적인 공격 신호이다.

④ 목부터 등 전체의 털이 곤두서는 것은 지배적이고 자신감 있는 개의 경우, 공격의 의사를 다지는 신호로 언제 공격이 일어나든 이상할 게 없다.

⑤ 위축된 듯 몸을 낮추고 상대를 올려다보는 것은 우위의 상대에 대해 화해를 청하는 복종적인 자세이다.

⑥ 코로 쿡쿡 찌르는 것은 뭔가 원하는 것이 있을 때 하는 행동이다.

⑦ 다른 개가 다가왔을 때 눌러앉아 자신의 냄새를 맡게 하는 것은 지배적인 개가 자신보다 약간 우위인 개를 만났을 때 온건하게 화해를 청하는 신호이다.

⑧ 옆을 향하거나 위를 향해 드러눕고, 완전히 상대의 시선을 피하는 것은 완전한 복종, 사람이 굴복하는 동작과 같은 의미를 갖는다.

⑨ 앞발을 뻗어 몸을 낮추고, 허리와 꼬리를 높게 올리는 것은 놀이에 유인하는 전형적인 몸짓이다. 상대에게 거친 위협의 행동을 진짜로 취하지 않도록 전할 때에도 사용한다.

5) 눈의 신호

① 눈동자가 크게 열려 있을수록 흥분의 정도가 높다.

② 눈의 형태가 크고 둥글수록 지배성과 공격성이 높다.

③ 눈이 작게 보일수록(닫힌 상태에 가까울수록) 화해를 청하는 복종의 정도가 높다.

④ 이마의 눈썹 근처의 움직임은 사람이 눈썹을 움직일 때와 거의 같은 감정을 나타낸다.

⑤ 똑바로 시선을 맞추는 것은 자신감 있는 개가 다른 개와 대립했을 때의 적극적인 지배와 공격의 신호이다.

⑥ 상대와 시선이 마주치지 않도록 눈을 피하는 것은 불만을 의미한다.

2 반려묘 행동 발달

(1) 행동발달

1) 출생부터 생후 2주

아기 고양이는 귀와 눈이 안 보이는 상태로 태어나기 때문에 생후 2주 무렵까지는 오로지 후각과 촉각에만 의존하고 어미의 냄새를 안전함의 기준으로 생각한다. 갓 태어난 새끼 고양이는 스트레스와 관련된 호르몬이 분비되지 않아 어미의 부재나 다른 위험 상황에 따른 스트레스 인해 치명적인 영향을 받지 않는다. 2주가 지나갈 무렵부터 스트레스에 대해서 반응하기 시작한다. 생후 2주까지 새끼고양이는 손톱을 집어넣지는 못하지만 3주차부터는 상당히 자유롭게 발톱 사용 능력이 발달한다.

2) 3주~8주

이 시기를 사회화시기라고 한다. 고양이가 사회적 관계를 맺고, 환경의 위험성과 안전성을 구별하는 기초정보를 학습한다. 이 시기에 어미, 형제와 함께 안정적인 환경을 보내지 못하면 심리적 불안정한 모습을 나타나는 경우도 있다. 한 달이 지나면 신체적인 움직임이 커지며 활발하게 활동을 한다. 때로는 다른 고양이에게 덮치기, 물기, 껴안고 뒷발로 긁기 등 과 같은 과격한 행동을 보이며 상대를 자극하기도 한다. 또한 이 시기에 성격이나 습관들이 형성되므로 식사예절, 화장실, 발톱갈이 등에 관해 확실히 가르쳐 주는 것이 필요한 시기이다.

3) 3개월~5개월

사회화시기를 거치며 기본적인 의사소통 방법에 대해서 습득을 하는 시기이다. 사용법을 체계화하고, 으르렁, 캭 등의 비명소리를 상대에게 나타내는 의사표현을 적극적으로 하는 시기이다.

4) 6개월~12개월

이 시기는 성적 성숙이 이루어지는 시기이다. 수컷의 경우 본격적으로 암컷을 찾는 행동으로 영역표시를 하는 스프레이(영역표시를 목적으로 오줌을 뿌리는 행위)행동을 한다. 이 행동을 통해 자신의 영역을 구축하여 그 영역 내에서 암컷과 짝짓기를 하려고 한다. 암컷의 첫 발정은 보통 6개월 전후하여 오기 시작한다. 이때 암컷은 바닥을 긁거나 몸을 뒹구는 행동을 하거나 몸을 웅크려 수컷을 받아들이는 자세를 취하기도 한다.

5) 1년 이후

눈에 띌만한 성격적인 변화를 보이는 시기이다. 이 시기를 거치면서 이전과 다른 성격적인 변화를 보이며, 동시에 각자가 가진 성격에 기반한 기호성이 명확해진다. 이전에 갖고 놀던 장난감에 대한 반응이 시큰둥하면서 새로운 놀이를 하고 싶어 하는 표현을 직접적으로 하는 시기이다. 또한 신체적으로 완전히 성숙하고, 자신감이 가장 최고조에 이르는 시기이면서 새로운 환경에 적응하는 데 어려움을 느끼기도 한다.

(2) 행동학적 의미

1) 다양한 울음소리와 그 의미

고양이는 마킹(marking)이나 몸짓 언어는 물론, 소리를 통해서도 효과적으로 의사를 전달한다. 보호자라면 때로는 섬세하고, 때로는 섬세하지 않은 고양이의 어휘에 익숙할 것이다. 또 '나랑 놀아줘'와 '저녁밥 아직 안 줬잖아'라는 뜻의 소리도 구분할 수 있다. 고양이는 꽤 광범위하고 다양한 소리를 낸다.

① 그르렁 그르렁(purring)

고양이가 내는 소리 중 가장 카리스마 넘치면서도 사랑스러운 소리다. 고양이가 어떻게 이 그르렁거리는 소리를 내는지는 오랫동안 미스터리였는데, 최근 밝혀진 정보에 따르면 후두부 근육과 횡격막을 수축시켜 성대문을 눌러서 낸다고 한다. 그르렁 소리는 입을 다문 상태에서 내며 숨을 쉬면서도 낼 수 있다. 25㎐의 진동이 사지로 전달되면 상처가 빨리 치유되고 골밀도와 근육량이 늘어나며 고통을 누그러뜨리는 데도 도움이 된다는 사실이 밝혀졌는데, 이 그르렁 소리가 바로 25㎐이다(1초에 25주기).

고양이가 일생에서 제일 먼저 듣는 그르렁 소리는 어미고양이가 새끼고양이와 의사소통을 하기 위해 내는 소리다. 아직 눈을 뜨지 못한 새끼는 이 그르렁 소리를 듣고 어미의 위치를 알 수 있다. 또 어미 스스로는 이 소리를 내면서 출산과 육아의 고통을 누그러뜨릴 수 있다.

보호자라면 고양이가 만족스러울 때나 보살핌을 받을 때 나는 그르렁 소리에 익숙하겠지만 고양이는 의외의 상황에서도 그르렁거린다. 아프거나 두려울 때도 스스로를 달래기 위해 그르렁거리기도 한다. 죽음을 맞기 직전의 고양이도 그르렁 소리를 내고 싸움을 피하고 싶은 고양이가 상대를 진정시키고 싶을 때도 낸다.

② 야옹(meowing)

야옹은 일반적으로 사람에게 하는 인사로 대개 고양이끼리는 '야옹' 소리로 의사소통을 하지 않는다. 고양이는 사람과 의사소통하기 위해 여러 가지 변형된 '야옹' 소리를 사용한다. 먹이, 관심, 인사, 혼자 있고 싶다는 요청 등 고양이가 무엇을 요구하는지 정확하게 파악하려면 야옹 소리뿐 아니라 고양이의 몸짓이나 자세, 주변 상황도 함께 고려해야 한다.

③ 약하게 미옹(mewing)

고양이끼리 위치를 파악하거나 서로를 식별하기 위해 사용하는 울음소리이다.

④ 처핑(chirping)

밥이나 간식 같이 뭔가 바라는 것을 곧 얻게 되는 상황일 때 기대에 차서 내는 부드러운 소리이다.

⑤ 트릴링(trilling)

처핑과 비슷하지만 더 음악적으로 들리며 주로 즐거운 마음으로 인사를 할 때 내는 소리이다.

⑥ 채터링(chattering)

이를 부딪치며 내는 딱딱 소리로 새나 쥐 같은 사냥감을 보고 흥분했을 때 낸다. 보호자라면 고양이가 창밖을 내다보다 새나 다람쥐를 보고 이런 소리를 내는 모습을 목격한 적이 있을 것이다.

⑦ 웅얼거림(murmuring)

입을 다물고 내는 부드러운 소리로 인사할 때 같이 만족스럽고 편안할 때 내는 소리이다.

⑧ 끄응끄응(grunting)

갓 태어난 새끼고양이가 내는 소리이다.

⑨ 하악(hissing)

방어적인 태도로 상대에게 경고할 때 내는 소리로, 입을 벌린 채 혀를 동그랗게 구부리고 입술을 말아올려 입에서 공기를 내뿜으며 낸다. 이 소리에 자세를 더하여 상대에게 폭력 행위를 하지 말라는 의미를 전달하려는 것이다. 만약 경고를 듣지 않으면 공격할 것이라는 뜻도 내포되어 있다.

⑩ 칵(spiting)

짧게 터지듯 내뱉는 소리로 고양이가 겁에 질렸거나 깜짝 놀랐을 때 내는 소리이다. 이 소리를 낸 다음 앞발로 땅바닥을 강력하게 탁 하고 치기도 하고, 함께 '하악' 소리를 내는 경우가 많다.

⑪ 으르렁(growling)

긴장이 최고조에 달했을 때 고양이가 내는 소리 중 하나다. 입을 벌린 채 낮게 울리면서 길게 이어지며, 이와 동시에 털을 부풀려서 몸을 더 크게 보이려고 한다. 공격하겠다는 의사일 수도 있고 방어 태세를 취하겠다는 소리일 수도 있다.

⑫ 윗입술 밀어올리기(snarling)

윗입술을 밀어올리는 것은 상대에게 겁을 주려는 행동이다(이 행동을 여기 포함시킨 것은, 윗입술 밀어올리기가 흔히 으르렁 소리와 함께 나타나기 때문이다).

⑬ 끼아아옹(shrieking)

가장 흔하게는 암고양이가 교미 후에 내는 소리이다. 수고양이의 음경에는 작은 가시가 나 있어 교미가 끝날 때 암고양이에게 통증을 느끼게 한다. 또 고양이가 급작스럽게 통증을 느끼거나 아주 공격적인 상대를 만났을 때 이 소리를 내기도 한다.

⑭ 신음 · 투덜대기 · 울부짖기(moaning yowling)

혼란, 당혹스러움이나 불편함을 표현하는 큰 소리이다. 나이 든 고양이는 방향감각을 잃으면 당황해 울부짖기도 한다. 흔히 한밤중에 모두가 잠들었을 때 깜깜하고 고요한 집 안을 돌아다니다가 울어댄다. 또 구토하기 바로 직전에 이런 소리를 내는 고양이도 있다.

⑮ 짝 부르기(mating call)

발정난 암고양이는 2음절로 된 울음소리로 짝을 부른다. 마울(mowi) 하는 소리는 이에 화답하는 수고양이의 울음소리다. 이 두 소리가 한밤중에 동네에 울려 퍼지면 잠에서 깬 사람들이 슬리퍼를 던지고, 물을 뿌리고, 갖가지 욕설을 쏟아내곤 한다.

2) 몸짓 언어와 의사소통

몸짓 언어는 크게 '거리 벌리기'와 '거리 좁히기', 두 가지 범주로 나눌 수 있다. 몸짓이나 자세로 무관심, 수용 또는 교류하고 싶다는 욕구를 나타낼 수도 있고, 반대로 더 이상 가까이 오지 말라, 심지어는 '저리 가'라는 뜻을 표현할 수도 있다. 예를 들어, 고양이가 네 다리로 뻣뻣하게 선 채 털을 있는 대로 바짝 세웠다면 의심할 여지없이 거리를 벌리고 싶다는 몸짓인 반면, 놀이 요청 자세는 거리 좁히기를 의미한다.

① 셀프 그루밍(self-grooming)

고양이가 털에 묻은 이물질을 제거하는 행동을 '그루밍'이라 한다. 그루밍을 통해 냄새 외에도 기름기, 먼지, 빠진 털, 기생충, 기타 잔여물을 없앤다. 고양이는 또 불안하거나 불확실한 상황을 회피하려는 목적에서 그루밍을 하기도 한다. 어떤 고양이는 극한 상황에 몰리면 그루밍을 너무 세게 한 나머지 몸 군데군데 털이 다 빠져버리기도 한다. 이렇게 극단적인 그루밍의 원인은 몇 가지가 있는데, 그 부위에 통증을 느끼거나 갑상선 기능 항진증 같은 특정 질병 등이 대표적 원인이다.

② 서로 그루밍(allogrooming)

고양이가 서로의 털을 핥아주는 행위는 여러 가지 기능을 한다. 서로 친숙한 고양이들끼리는 유대감과 사회성을 표시하는 행동이며, 스트레스를 해소할 뿐 아니라 지금의 평화로운 상황을 확고히 굳히기 위해서도 서로 그루밍을 해준다. 또 고양이가 보호자에게 그루밍을 하는 것도 아주 특별한 유대감의 표시다.

③ 머리 받기와 머리 비비기(bunting and rubbing)

고양이가 보호자나 같이 사는 다른 동물에게 자기 얼굴을 비비거나 쿡 찌르는 것은 이마와 얼굴에 있는 냄새 분비샘에서 나오는 냄새를 상대에게 묻히는 행위이다. 이 행동을 번팅(bunting)이라 하는데 마킹 차원이라기보다는 애정 어린 행동으로 유대감과 더 관련 있다.

④ 서로 비비기(allorubbing)

고양이가 다른 고양이에게 몸을 대고 비비는 것은 친밀한 고양이들끼리의 사회적 의사소통이다. 서로 친한 고양이들은 몸을 비비기 전이나 몸을 비비는 동안 서로 머리를 받기도 한다. 보호자에게도 이렇게 애정을 표시하는 고양이도 있다.

⑤ 털 세우기(piloerection)

'할로윈 고양이'라고도 부르는데, 고양이를 키우는 보호자라면 본 적 있을 것이다. 등을 아치형으로 위로 올리고 온 몸의 털을 곤두세운 채 상대에게 옆구리를 보이는 이 행동은 방어 동작으로, 적에게 자신의 몸을 더 크게 보여 위협하려는 것이다.

⑥ 공격 자세

공격자세로 적극적인 공격은 가능한 한 더 크고 강해 보이기 위해 네 다리를 쭉 뻗고 서 있으려 할 것이다. 몸을 크게 보이려고 털도 곤두세운다. 눈은 상대를 똑바로 바라본다. 동공은 수축되고, 귀는 뒤로 납작하게 눕히고 살짝 아래를 향한다. 꼬리는 내렸지만 몸 아래로 밀어 넣지는 않은 상태이다. 또한 방어적인 공격자세로 몸은 옆으로 선 채 얼굴은 상대를 향하고 있지만 똑바로 바라보지는 않는다. 대개 꼬리는 몸 밑으로 넣었고, 몸은 낮추어 땅에 대거나 아니면 털을 세운 채 들어올려 크게 보이려 한다. 동공은 확장되고 귀는 납작하게 머리에 붙인다.

⑦ 옆구리 보이며 걷기(side step)

친근한 환경에서 고양이가 상대에게 같이 놀자고 청하는 몸짓이다. 등과 꼬리를 아치형으로 약간 구부린 채 상대에게 옆구리를 보이며 네 발로 선다. 방어적 털 세우기 자세와 비슷하지만 털은 세우지 않고 표정에도 긴장감이 없으며 싸우겠다는 의지도 보이지 않는다.

⑧ 배 보이기

배를 드러내고 눕는 모습을 보면 만져주길 바라는 것이라 오해하기 쉽지만 긁어 달라거나 쓰다듬어 달라는 뜻은 아니다. 이 동작의 정확한 의미는 상황에 따라 다르다. 다른 고양이와 상대할 때 배를 보이고 드러눕는 것은 방어의 표현으로, 싸우고 싶은 생각은 없으나 만약 정 싸움을 걸어온다면 이빨과 발톱, 모든 무기를 총동원하겠다는 뜻을 전하는 것이다. 그러면서 상대가 그냥 가주길 바랄 때 이 자세를 한다.

느긋한 상황에서 고양이가 낮잠을 자거나 쉬면서 가장 취약한 부분인 배를 보이는 것은 더 없는 편안함과 신뢰감을 느끼고 있다는 의미이다. 하지만 이때 고양이의 배를 쓰다듬었다가는 편안함과 신뢰감은 바로 사라지고 반사적으로 방어 반응을 보이기 십상이다. 한편 고양이가 동료 고양이에게 놀자고 청할 때 배를 보이고 눕기도 한다.

⑨ 주무르기(kneading)

앞발로 번갈아가며 뭔가를 눌러대는 행동은 원래 새끼고양이가 젖이 더 많이 나오게 하려고 어미의 배를 누르는 동작이지만, 다 자란 고양이도 보호자의 무릎이나 담요처럼 부드러운 표면에 대고 이 동작을 한다. 이 경우 만족감과 느긋함을 나타낸다.

⑩ 눈 천천히 깜박거리기

보호자나 동료 고양이에게 고양이가 눈을 천천히 깜박거리는 것은 신뢰와 애정을 나타내는 동작이다.

⑪ 귀를 머리 뒤쪽으로 바짝 눕히기

귀의 정확한 위치는 물론 그때 동반되는 신체 언어에 따라 적극적인 공격성을 뜻하기도 하고 방어적인 공격성을 뜻하기도 한다.

⑫ 비행기 귀

고양이가 귀를 수평으로 눕혀 마치 비행기 날개처럼 보인다고 해서 붙여진 이름으로, 고양이가 귀를 이렇게 했다면 불안감을 느껴 공격하고 싶은 충동이 점점 커지고 있다는 뜻이다. 한쪽 또는 양쪽 귀를 계속 이 자세로 유지하고 있다면 귀 감염이나 귀 진드기, 그 외 이유로 귀가 불편하다는 의미일 수도 있다.

⑬ 꼬리 휙휙 휘두르기

고양이가 꼬리를 이리저리 채찍처럼 휘두르기 시작하면 불안감이나 긴장감을 느끼고 있다는 의미이다. 고양이를 쓰다듬는 중이라면 손길을 멈추는 것이 좋다. 실내에서 생활하는 고양이가 창밖으로 새를 바라볼 때 꼬리를 이리저리 휘두르는 것은 사냥감을 보며 쌓인 긴장감과 초조함을 해소하려는 몸짓이다.

1. 다음 행동발달에 대한 설명으로 옳지 않은 것은?
① 새끼 강아지는 시각과 청각의 기능 없이 태어나서 후각을 통해 어미의 젖을 찾아다니는 행동을 보인다.
② 8주부터 종 특이성 행동을 보이는 시기로 물기, 쫓기, 짖기, 싸우기 등의 행동을 보인다.
③ 2개월로 접어들기 시작하면 자신의 영역을 명확하게 하려는 모습을 보이기 시작한다.
④ 수컷은 7~12개월 사이에 성적 성숙이 이루어진다.

2. 다음 설명하는 신체부위로 올바른 것은?

> 이것의 위치가 높을수록 지배성이 강하고, 이것의 위치가 낮을수록 복종성이 강하다.

① 꼬리
② 머리
③ 발
④ 털

3. 다음 설명하는 개념으로 올바른 것은?

> 몸이나 머리나 시선을 상대 개에게 향하는 것은 지배성과 위협을 나타내고, 몸이나 머리나 시선을 상대 개로부터 피하는 것은 상대의 기분을 달래는 화해의 신호이다.

① 보디랭귀지
② 눈의 신호
③ 짖는 소리
④ 귀의 신호

단원 정리 문제

4. 다음 개의 행동학적 의미로 올바르지 않은 것은?

① 반려견이 소리를 낼 때 저음은 지배성이나 위협을, 고음은 불안이나 공포를 나타내고, 짖는 소리가 빠를수록 흥분의 정도는 높다.
② 머리에 달라붙듯 양 귀가 뒤로 엎어져 있으면서 이빨을 드러내고 이마에 주름이 잡혀있는 것은 겁 먹은 열위 개의 불안이 섞인 공격 신호이다.
③ 앞발을 뻗어 몸을 낮추고, 허리와 꼬리를 높게 올리는 것은 놀이에 유인하는 전형적인 몸짓이다. 상대에게 거친 위협의 행동을 진짜로 취하지 않도록 전할 때에도 사용한다.
④ 상대와 시선이 마주치지 않도록 눈을 피하는 것은 호감을 의미한다.

5. 다음 설명하는 고양이의 행동 발달 시기로 올바른 것은?

> 고양이가 사회적 관계를 맺고, 환경의 위험성과 안전성을 구별하는 기초정보를 학습한다. 이 시기에 어미, 형제와 함께 안정적인 환경을 보내지 못하면 심리적 불안정한 모습을 나타나는 경우도 있다

① 3주~4주
② 1년
③ 3개월~5개월
④ 출생 직전

6. 다음 고양이의 행동 발달에 대한 설명으로 옳지 않은 것은?

① 6개월 성적 성숙 시기이다.
② 수컷의 경우 본격적으로 암컷을 찾는 행동으로 영역표시를 하는 스프레이(영역표시를 목적으로 오줌을 뿌리는 행위) 행동을 한다.
③ 6주가 지나갈 무렵부터 스트레스에 대해서 반응하기 시작한다.
④ 4주에 성격이나 습관들이 형성되므로 식사예절, 화장실, 발톱갈이 등에 관해 확실히 가르쳐 주는 것이 필요한 시기이다.

7. 다음 설명하는 고양이의 행동 소리로 올바른 것은?

> 고양이가 내는 소리 중 가장 카리스마 넘치면서도 사랑스러운 소리다. 고양이가 어떻게 이 그르렁거리는 소리를 내는지는 오랫동안 미스터리였는데, 최근 밝혀진 정보에 따르면 후두부 근육과 횡격막을 수축시켜 성대문을 눌러서 낸다고 한다.

① 야옹(meowing)
② 그르렁 그르렁(purring)
③ 약하게 미옹(mewing)
④ 웅얼거림(murmuring)

8. 고양이의 몸짓 언어 대한 설명을 옳지 않은 것은?

① 그루밍을 통해 냄새 외에도 기름기, 먼지, 빠진 털, 기생충, 기타 잔여물을 없애고, 불안하거나 불확실한 상황을 회피하려는 목적에서 그루밍을 하기도 한다.
② 고양이가 보호자나 같이 사는 다른 동물에게 자기 얼굴을 비비거나 쿡 찌르는 것은 이마와 얼굴에 있는 냄새 분비샘에서 나오는 냄새를 상대에게 묻히는 행위이다.
③ 적극적인 공격자세의 경우 가능한 한 더 크고 강해 보이기 위해 네 다리를 쭉 뻗고 서 있으려 하며, 몸을 크게 보이려고 털도 곤두세운다.
④ 털 세우기는 방어적인 공격 자세이다.

단원 정리 문제

1
정답 : ③
문제 난이도 : 초급
해답 풀이 : ③ 4개월로 접어들기 시작하면 자신의 영역을 명확하게 하려는 모습을 보이기 시작한다.

2
정답 : ①
문제 난이도 : 초급
해답 풀이 : ① 꼬리는 흥분의 정도를 표현하기도 한다.

3
정답 : ①
문제 난이도 : 중급
해답 풀이 : ① 몸이나 머리나 시선을 상대 개에게 향하는 것은 지배성과 위협을 나타내고, 몸이나 머리나 시선을 상대 개로부터 피하는 것은 상대의 기분을 달래는 화해의 신호이기도 한다.

4
정답 : ④
문제 난이도 : 중급
해답 풀이 : ④ 상대와 시선이 마주치지 않도록 눈을 피하는 것은 불만을 의미한다.

5
정답 : ①
문제 난이도 : 중급
해답 풀이 : ① 이 시기를 사회화 시기로 사회적 관계가 가장 활발한 시기이다. 3주부터 8주까지 진행된다.

6
정답 : ③
문제 난이도 : 중급
해답 풀이 : ③ 2주가 지나갈 무렵부터 스트레스에 대해서 반응하기 시작한다.

7
정답 : ②
문제 난이도 : 중급
해답 풀이 : ② 그르렁 그르렁(purring)은 입을 다문 상태에서 내며 숨을 쉬면서도 낼 수 있다. 25㎐의 진동이 사지로 전달되면 상처가 빨리 치유되고 골밀도와 근육량이 늘어나며 고통을 누그러뜨리는 데도 도움이 된다는 사실이 밝혀졌는데, 이 그르렁 소리가 바로 25㎐이다

8
정답 : ④
문제 난이도 : 중급
해답 풀이 : ④ 등을 아치형으로 위로 올리고 온 몸의 털을 곤두세운 채 상대에게 옆구리를 보이는 이 행동은 방어 동작으로, 적에게 자신의 몸을 더 크게 보여 위협하려는 것이다.

4장

반려견, 반려묘 영양 관리

1 반려견, 반려묘 영양관리 및 에너지 요구량

(1) 반려견, 반려묘 에너지 요구량

일반적으로 강아지와 고양이는 성장하는 단계에 있기 때문에 성체에 비해 생후 6주~8주는 단위 체중 당 성체의 약 3배, 생후 16주~24주령은 성체의 2배의 에너지를 요구한다. 이 기간이 반려견의 일생 건강을 결정하는 중요한 시기로 필요한 영양분을 이상적으로 공급해 줘야 한다.

강아지는 식욕이 매우 왕성하다. 어린 반려동물을 처음 키울 때는 강아지의 사료 섭취량을 모르기 때문에 사료를 몇 알 씩 세어서 아주 조금씩 하루 세 번 급여 하는 경우가 많은데 제한적으로 먹이를 주는 방법은 강아지를 매우 심각한 상태를 만들 수 있다.

강아지의 하루 필요 칼로리는 현재의 체중에 따라 달라진다. 따라서 체중이 계속 증가하는 어린 강아지는 수시로 체크해 주어 체중에 따른 하루 필요 칼로리를 계산해서 제공해야 하고, 체중 뿐 아니라 반려동물의 개체와 활동량에 따라서도 차이가 있을 수 있다.

강아지는 어렸을 때부터 비만이 되면 평생 비만과 싸워야한다. 강아지의 비만이 되는 이유는 음식을 섭취함으로써 비만이 되기도 하지만 사람 음식은 지급하게 되면 불균형한 식단이 되고, 강아지에게 위험한 식품도 있으니 사료를 기본으로 주는 것이 좋다. 또한 성장기의 어린 강아지는 영양제 등을 주어 발육이 잘되도록 보조적인 역할을 하는 것이 좋다.

1) 개의 휴지기 에너지 요구량 계산

개의 유지에너지 요구량은 나이와 활동 정도에 따라 변한다. 일반적인 방법은 다음과 같다.

개의 휴지기 에너지 요구량(Resting Energy Requirement: RER)이란 사람에서 말하는 기초대사량과 같은 개념으로 생물체가 생명을 유지하는데 필요한 최소한의 에너지량을 말한다. 체온유지나 호흡, 심장 박동 등 기초적인 생명 활동을 위한 신진대사에 쓰이는 에너지량으로 보통 휴식, 또는 움직이지 않고 가만히 있을 때 필요한 에너지를 휴지기 에너지(RER)라 말한다.

2) 개의 일일에너지 요구량 계산

개의 일일에너지 요구량(Daily Energy Requirement)이란 반려견이 하루동안 활동하는데 필요한 에너지 요구량 이다. 반려견의 품종, 생활패턴, 활동성, 중성화수술 여부, 질병유무에 따라 같은 체중이라도 일일에너지 요구량은 반려견에 따라 달라지게 된다. 표 4-1을 참고하여 반려견 상태에 맞는 일일 에너지 요구량을(DER) 계산할 수 있다.

① 개의 휴지기 에너지 요구량(RER) 계산 공식

$$RER = 30 \times 체중(kg) + 70$$

② 일일 에너지 요구량(DER) 계산표

표 4-1 일일 에너지 요구량 계산표

Factor	개	고양이
4개월 이하	3	2.5
5~12개월 까지	2	2.5
비중성화	1.8	1.4
중성화	1.6	1.2
비만경향	1.4	1
체중감량	1	0.8

3) 반려견의 실제 필요 에너지 요구량 계산

① 체중 3kg인 중성화견의 휴지기 에너지요구량

RER = 30 × 3 + 70 = 160Kcal

② 체중 3kg인 중성화견의 일일 에너지요구량

DER = 160Kcal × 1.6 = 256Kcal

반려견과 반려묘에게 사료를 급여할 때 에너지 요구량에 맞게 계산해서 제공하게 되면 반려견, 반려묘의 비만을 예방할 수 있다.

(2) 반려견, 반려묘의 영양관리

반려동물의 에너지 공급원으로 탄수화물, 단백질 및 지방이 있고, 신체발달을 위해서는 아미노산, 미네랄, 비타민 및 지방산이 신체발달과 유지관리를 위한 영양소이다.

1) 탄수화물

탄수화물은 공통된 화학적 특성을 가진 탄소, 산소, 수소로 이루어진 분자를 칭하는 용어로 동물은 탄수화물을 섭취하지 않고도 살 수 있다. 아미노산에서 세포에 필요한 몇몇 유형의 탄수화물을 합성하기 때문이다. 하지만 탄수화물을 필수 영양소로 봐야하는 이유는 탄수화물을 섭취하게 되면 신체 기능을 크게 향상시켜 주기 때문에 탄수화물을 적절하게 공급해 주어야 한다.

탄수화물을 에너지 공급원으로 사용하면 칼로리가 함유된 다른 다량 영양소를 다른 용도로 사용할 수 있다. 예를 들어 단백질과 지방이 필요한 경우에 성장이나 치유 등 다른 생체 기능을 위해 남겨 둘 수 있고, 소화관의 건강 및 박테리아 개체수를 지원해주며, 반려동물에게 즉각적인 에너지 공급을 한다. 또한 동물에게 포만감을 주어 과체중 위험이 있는 반려동물에게 특히 도움이 된다.

탄수화물 공급원은 쌀, 옥수수, 밀, 보리, 감자, 우유, 과일, 베리, 뿌리 및 줄기 채소 등 식물에 기반을 두고 있지만, 최종적으로 분해·흡수 되면서 혈당은 글리코겐이 되어 혈류를 따라 전신에 공급되고, 남은 다량의 글리코겐은 지방이 되어 체조직에 축적되어 비만의 원인이 된다. 대부분의 사료의 주성분이 탄수화물이며, 일반적으로 열량은 탄수화물에서 공급받게 된다.

고양이 같은 경우 탄수화물을 많이 섭취하게 되면 당뇨병에 걸릴 수 있어 적당한 양의 탄수화물을 섭취해야한다.

건사료의 탄수화물 함량 계산법
탄수화물 함량(%) = 100−(조단백+조지방+조섬유+조회분+수분)

[연습문제] 아래 사료의 탄수화물 함량은 몇 %인가?

> 등록 성분 : 조단백질 30.0% 이상, 조지방 13.0% 이상, 칼슘 1.0% 이상, 인 1.10% 이하, 조섬유 5.00% 이하, 조회분 7.40% 이하 + 수분10%

답 : 100 − (30+13+5+7.4+10) = 34.6%

2) 단백질

단백질은 반려동물의 식단에서 탄수화물, 지방과 더불어 중요한 영양소 중 하나이다. 개와 고양이에게 단백질이 에너지 공급원으로 사용되지만 성장, 치유, 임신 등에 꼭 필요한 요소이기 때문에 많은 양이 필요하다. 단백질은 강아지와 임신한 동물, 질병이 있는 동물의 경우 다자란 건강한 성체보다 많은 양의 단백질이 필요할 수 있다.

단백질은 아미노산으로 이루어진 크고 복잡한 분자로 몸의 근육, 뼈, 털, 면역계통 등에 가장 우선시되는 구성성분으로 반려견이 건강하게 성장·발달할 수 있도록 하는 영양소이다.

몸에서 일어나는 생화학적 과정에 도움이 되는 효소를 생성하는데 근육과 생체 대사의 필수 물질인 단백질은 매일 체중 kg당 5g 정도가 필요하다. 아미노산을 제공하여 뼈와 근육을 형성하고, 피부를 재생시키고 성장 발육에 중요한 영양소로 작용한다. 하지만 단백질 양이 너무 많으면 간이나 콩팥에 부담이 되어 비만이 되기도 한다.

일부 아미노산은 몸에서 스스로 만들 수 없어 음식을 통해 섭취해야 하며, 이를 필수아미노산이라고 한다. 개와 고양이에게 필요한 필수아미노산은 10종이 있고, 반려묘는 11종이 있다.

개와 고양이는 아르기닌을 스스로 만들 수 없기 때문에 음식을 섭취하여 충족시켜야 하고 또한 고양이의 필수아미노산인 Taurine(타우린)도 체내에서 만들 수 없으므로 음식을 통해 섭취해야 한다.

단백질은 소화율에도 신경을 써야 하는데 흔히 질이 좋은 단백질이란 아미노산이 많이 들어 있으며, 쉽게 소화할 수 있어서 몸에 필요한 아미노산을 제공할 수 있는 단백질을 말한다.

동물마다 필요한 필수 아미노산의 함량이 다르기 때문에 똑같은 표준 양을 사용하면 안 되고, 동물에 따라 필수 아미노산의 함량을 확인하여 제공해야 한다.

표 4-2 필수아미노산

개(10종)	고양이(11종)
Phenylalanine(페닐알라닌), Valine(발린), Methionine(메티오닌), Arginine(아르기닌), Threonine(트레오닌), Tryptophan(트립토판), Histidine(히스티딘), Isoleucine(이소루신), Leucine(루신), Lysine(라이신)	Phenylalanine(페닐알라닌), Valine(발린), Methionine(메티오닌), Arginine(아르기닌), Threonine(트레오닌), Tryptophan(트립토판), Histidine(히스티딘), Isoleucine(이소루신), Leucine(루신), Lysine(라이신), Taurine(타우린)

또한, 고양이에게 필수적인 타우린은 근육, 심장, 뇌, 망막 등 몸 전체의 조직과 장기에서 발견되는 아미노산이다. 대부분의 아미노산과 달리 타우린은 단백질 세포를 생성하지 않지만 다른 여러 가지 중요한 역할을 담당하고 있다. 타우린은 심장강화, 건강한 혈류 지원, 망막 및 시력지원, 생식 건강증진 및 노화로부터 보호해 주는 항산화 효과를 갖는다.

반려묘의 사료에 타우린 함량이 너무 낮으면 결핍이 발생해 여러 가지 심각한 건강문제로 발전될 수 있다. 예를 들면 망막퇴화로 이어져 결국 시력을 잃게 될 수도 있으며, 확장성 심근병(Dilated Cardiomyopathy, DCM)과 같은 심장질환을 발생시킬 수 있다.

3) 지방

개와 고양이의 기본 에너지원으로 체내에서 필요한 에너지를 추출하기 위해 산화된다. 지방 1g은 대사 가능한 에너지 약 8.5Kcal으로 변환된다. 탄수화물이나 단백질 1g이 공급하는 양보다 2배 반가량 높다.

지방은 활동을 많이 하는 개와 고양이 일수록 많은 지방을 필요로 하며, 일부 지방산은 세포를 구성하는 역할을 하거나, 특정 호르몬의 전구물질 역할을 하게 되고, 지방은 일반적으로 맛을 좋게 하여 지방이 많은 먹이를 좋아한다. 따라서 잘 먹는다고 많은 양을 제공하게 되면 비만해 질 가능성이 높다.

지방은 동물의 중요 비타민 흡수를 돕고, 비타민 A, D, E 및 K와 같은 지용성 비타민 흡수 이용과 피부, 모질의 건강, 세포 조직의 건강에 매우 중요한 역할을 한다.

개와 고양이는 사람과 달리 비타민 C를 몸에서 만들어 낼 수 있어 필수 영양소가 아니다. 과다한 비타민 C는 신장, 방광 결석과 관련이 있으므로 비타민 C가 많이 함유되어 있는 음

4장 반려견, 반려묘 영양 관리

식은 적당량을 섭취하는 것이 좋다.

동물성 지방과 식물성 지방 음식을 통해 섭취할 수 있고, 지방산은 포화지방과 불포화지방산으로 나눌 수 있다. 포화지방산은 화학구조상 이중결합을 갖지 않는 지방산으로 산화 안정성이 좋지만 많이 섭취하게 되며 심혈관계가 좋지 않을 수 있다. 불포화지방산은 화학구조상 이중결합을 갖고 있는 지방산이다. 불포화지방산은 올리브오일, 카놀라유와 같은 식물성 오일에 많이 함유되어 있으며, 혈중콜레스테롤을 줄일 수 있어서 좋은 지방이다. 오메가3와 오메가6가 대표적이다.

오메가3지방산 EPA+ DHA의 기능

- 혈류량 증가: 심장·신장질환, 고혈압 완화에 도움을 줌
  혈관내피를 확장하여 혈관 확장 및 혈류량 증가 효과
- 항염증 작용 : 피부질환 증상 완화에 도움을 줌
  피부질환 발병 시 NSAID 계열의 소염 작용, 항염증 작용
- 동통 완화: 관절질환 등의 통증 완화에 도움을 줌
  소염작용, 프로스타글란딘의 합성을 저해하여 진통효과

오메가3는 EPA, DHA, ALA 등이 있고 생선기름에 많이 함유되어 있으며, 혈중 지방농도를 낮추고 염증을 감소시키는 효과가 있으며, 오메가6는 옥수수유, 해바라기씨유, 콩기름, 참기름, 홍화유 등에 많다. 아라키돈산과 리놀레산은 고양이의 필수 지방산으로 꼭 필요한 지방산이다.

4) 미네랄

개와 고양이에게 미네랄은 사람과 마찬가지로 각자 다른 역할을 담당하며 건강을 유지하고 있다.

미네랄의 종류는 크게 두 종류로 나눌 수 있는데 많은 양이 존재하는 미네랄을 대량 원소라고 하고, 양이 매우 적은 미네랄을 미량원소라고 한다. 미량원소는 적은 양을 필요로 하지만 신체 기능에는 필수적이다.

다량원소는 칼슘(Ca), 마그네슘(Mg), 나트륨(NA), 인(P), 염소(Cl), 황(S), 칼륨(K) 총 7가지이고, 미량원소는 철(Fe), 요오드(I), 아연(Zn), 구리(Cu), 셀레늄(Se), 망간(Mn), 불소(F) 등 총 11가지이다.

다량원소와 미량원소는 모두 필수 영양소로서 신체의 신진대사와 체조직의 기능을 수행하는 촉매역할을 하며, 균형 잡힌 식습관이 매우 중요하다. 보통 음식을 통해 섭취해야 할 영양소가 충족되지만 자칫하면 결핍과 중독 현상이 발생할 수 있게 되고, 부족하게 되면 큰 질병을 발생시킨다. 예를 들면 성장기의 어린 강아지는 kg당 칼슘이 500mg정도가 필요하다. 따라서 어린 강아지에게는 영양제를 사료와 함께 먹이는 것이 좋다.

미네랄은 체내에서 주로 하는 기능으로 뼈 형성, 에너지 전달, 세포이온 균형, 감각자극, 적혈구의 헤모글로빈합성, 피부건강지원, 연골 및 피부형성, 피부 색소 합성, 갑상선 기능 및 항산화 기능의 다양한 기능을 한다.

표 4-3 다량원소

미네랄	기능	함유된 식품
나트륨	체액평형, 신경 전달과 근육수축	소금, 우유, 일부 채소와 고기, 간장
칼륨	체액평형, 신경 전달과 근육수축	고기, 우유, 신선한 과일과 채소, 전곡, 콩, 쑥갓, 녹두
칼슘	건강한 뼈와 치아의 유지, 근육 수축과 이완, 신경의 정상 기능 유지, 혈액 응고, 혈압조절, 면역기능유지	우유 및 유제품, 두부(제조방식에 따라 함유량이 다르다) 짙은 녹색채소, 뼈, 콩, 연어
염소	체액과 위약의 성분, 체액 평형을 위한 요소	소금, 우유, 일부 채소와 고기
인	건강한 뼈와 치아의 유지, 세포 구조의 기초, 산-알칼리의 평형	생선, 달걀 노른자, 우유 및 유제품, 곡류, 육류, 가금류, 콩, 옥수수
마그네슘	뼈의 구조, 단백질 제조할 때 필수, 근육 수축, 신경전달과 면역반응 유지	콩, 씨, 녹색 채소, 두부, 곡류, 조개, 낙지 등의 해산물, 코코아, 사과, 참깨, 들깨
황	단백질(아미노산)성분	모든 단백질 원료(고기, 생선, 우유 등)

표 4-4 미량원소

미네랄	기능	함유된 식품
철	적혈구 속에서 산소를 운반하는 헤모글로빈에 함유, 에너지 대사에 필수	동물 내장, 돼지고기, 쇠고기, 건조과일, 녹색 채소, 달걀노른자, 해조류
아연	효소 대사에 필요, 단백질 구조의 유지, 상처 치유, 면역반응유지, 태아성장	쇠고기, 돼지고기, 닭고기, 체다치즈, 굴, 클로렐라, 생선, 전곡, 채소
요오드	갑상선호르몬의 성분	해산물, 요오드 강화된 소금, 유제품
셀레늄	항산화제	고기, 곡물, 연어, 성게, 게 등의 해산물
구리	일부 신체효소가 반응할 때 필요(조효소), 철 대사에 관여	콩, 씨, 전곡, 돼지 간 등 동물내장, 코코아, 굴
망간	일부 신체효소가 반응할 때 필요(조효소)	대부분의 음식에 함유
불소	뼈와 치아의 형성에 관여	생선

5) 비타민

비타민은 단백질, 탄수화물, 지방처럼 에너지를 만들어내는 영양소는 아니지만 생명을 유지하는데 없어서는 안 될 필수영양소이다. 비타민은 개와 고양이의 체내에서 큰 비중을 차지하고 있지는 않지만, 부족한 경우 생명에 영향을 끼칠 수 있는 중요한 영양소이다. 그래서 음식을 섭취할 수 있는 상태의 동물에게 수액을 놓을 때 수용성 비타민(주로 비타민 B군)을 함께 투여하기도 한다.

비타민은 효소, 효소전구물질, 조효소와 같은 기능을 하는 조절 분자이다. 화학적 구조와 작용은 아주 다양하다. 비타민은 에너지원이나 구조적 성분으로 사용되지 않으며 주기능은 다양한 생리과정을 촉진 또는 조절하는 것으로 알려져 있다.

반려동물의 비타민 요구량은 동물 종류별로 차이가 있다. 일반 시판사료에는 충분한 양의 비타민이 첨가되어 있다. 특히 수용성 비타민은 체내에 축적되지 않기 때문에 매일 일정한 양을 섭취하여도 된다.

고양이의 경우 개보다 비타민 B군의 요구량이 5배나 더 많으며, 지용성 비타민 A와 D는 간 조직을 원료사료로 사용하는 경우 과잉섭취의 위험성이 높아진다.

비타민은 지용성비타민과 수용성비타민으로 나누어진다. 지용성 비타민은 비타민 A, D, E, K의 4가지가 있고, 수용성 비타민은 B(B_1, B_2, B_6, B_{12}, 엽산, 판토텐산, 비오틴), C 그룹으로 나누어진다.

반려동물관리사

비타민의 기능은 다른 동물과 같다고 할 수 있다. 비타민 C는 개와 고양이는 사람과 달리 몸에서 스스로 만들 수 있으므로 필수 영양소가 아니다. 사료 중에 비타민 C를 첨가하는 이유는 항산화 작용을 위해 첨가하게 되는데, 과다한 비타민 C는 신장, 방광 결석과 관련이 있으므로 비타민 C가 많이 함유되어 있는 음식은 피하는 것이 좋다.

① 비타민 A
  ㉠ 시력, 상피세포의 건강, 뼈 성장에 도움을 주고 부족하면 식욕 부진, 성장 부진이 나타나며, 개는 청각장애가 나타날 수도 있다.
  ㉡ 비타민 A는 과도하게 섭취하면 과잉 증세로 식욕감퇴, 체중감소, 과민성, 사산 등이 나타난다.

② 비타민 D
  ㉠ Ca, P 흡수와 대사에서 중요한 역할을 한다.
  ㉡ 개와 고양이의 성장과 번식에 비타민 D_2와 D_3 모두 효과가 있으나 D_3이 D_2보다 효과가 더 좋다.
  ㉢ 자외선에 의한 피하의 7-디하이드로콜레스테롤(7-dehydrocholesterol)로부터의 비타민 D 합성이 충분하지 않다.
  ㉣ 결핍 시 어린 동물에서는 구루병, 성숙한 동물에서는 골연화증이 나타나며 그 외에 치아가 불규칙하게 자라기도 한다.
  ㉤ 중독증의 증세는 식욕부진, 구토, 콩팥기능 저하, 피로, 연조직의 석회화, 혈중 Ca 농도 증가, 설사, 탈수, 사망 등이다.

③ 비타민 E
  ㉠ 중요한 항산화 비타민으로 결핍되면 번식과 수유장애가 나타난다.
  ㉡ 사료 내 비타민 E는 쉽게 산화 되며, 다른 무기질(Fe, Gu)의 접촉에 의해 쉽게 파괴된다.
  ㉢ 불포화지방산이 많은 사료에서 쉽게 산화될 수 있다.

④ 비타민 K
  ㉠ 부족하면 출혈 시 응고시간이 지연된다.

ⓒ 간에 질환이 있을 때 결핍되기 쉬우며, 특히 개는 약물에 중독된 쥐 등을 섭취하여 이 비타민의 결핍에 걸리는 경우가 많다.
　　ⓒ 결핍증의 치료는 합성 비타민인 K인 menadione이 사용된다.

⑤ 비타민 B_1
　　㉠ 탄수화물 대사에서 중요하며, 고탄수화물 사료를 섭취할 때 비타민 B_1 요구량이 높아진다.
　　㉡ 열에 약해 사료 가공에 의해 쉽게 파괴되므로 사료제조시 미리 충분한 양을 첨가하여야 한다.

⑥ 비타민 B_6
　　㉠ 단백질대사에서 중요하며, 사료를 지나치게 가열하면 비타민이 파괴된다.
　　㉡ Pyridoxine의 좋은 급원은 밀배아, 우유, 육류, 물고기, Yeast 및 간이다.

⑦ 기타 비타민
　　㉠ Pantothenic acid는 열에 안전하며, 일반적으로 결핍되지 않는다.
　　㉡ 날계란의 난백에는 Biotin의 흡수를 방해하는 단백질(avidin)이 있어 동물들에게 날계란을 자주 먹이지 않는 것이 좋다. Avidin은 열처리에 의해 쉽게 파괴된다.
　　ⓒ 비타민 B_{12}는 심한 훈련을 하는 개에서 산소의 원활한 공급을 위해 특히 필요하다.
　　㉣ 비타민 C는 개와 고양이의 체내에서 충분히 합성된다.

6) 수분

　동물 몸의 약 70% 정도를 차지하고 있는 물은 신체의 대사를 위해서 꼭 필요한 영양소 이다. 하루에 먹는 물의 양은 하루에 먹는 '칼로리'와 같다. 즉, 칼로리가 많을수록 더 많은 물이 필요하다.
　물이 부족하게 되면 탈수가 발생하게 되며 탈수는 강아지 폐사의 결정적 요인이 된다. 물 섭취가 충분히 이루어지지 않으면 성격이 거칠고, 피부와 모질이 나빠지게 된다. 따라서 수분은 항상 신선한 것이 좋다.
　좋은 물이 건강을 지키는 데 가장 필요하다. 대부분 밥은 신경 쓰지만 개들에게 주는 물을 별로 관심을 갖지 않는데 며칠씩 지난 물을 먹거나, 오염된 물을 먹으면 분명히 문제가 생기게 된다. 보통 체중의 5~10%를 먹는 것이 정상인데, 어떤 질병은 물을 많이 먹는 증상이 나타날 수 있고 때론 물을 전혀 먹지 않는 경우도 있으니 물을 너무 많이 먹거나 물을 먹지 않을 때는 수의사와 상담하는 것이 좋다. 대부분 어린 강아지가 성견 보다 물을 더 많이 먹게 된다.

2 반려견, 반려묘 사료 종류와 장단점

(1) 반려견 사료 공급 및 주의사항

반려견과 반려묘의 사료는 크게 건식사료와 캔에 담긴 습식사료로 나뉜다. 그 중 건식사료가 가장 인기가 좋고 영양소 함유량이 더 높다. 캔 사료 보다 저렴하며, 딱딱한 치석을 줄이는데 도움을 준다.

당뇨병에서부터 비만, 알레르기에 이르기까지 각종 기능성 사료도 구할 수 있다. 이런 사료에서는 종종 양고기가 주성분인데, 양고기에 알레르기가 있는 동물은 거의 없기 때문에 많이 사용된다. 노령화되면서 신장의 단백질 대사 능력이 저하되기 때문에 노령견, 노령묘를 위한 저단백질 사료도 시중에 판매되고 있다.

시중에서 판매하는 사료 제품을 먹일 때에는 동물의 체중 유지를 위해 필요한 양보다 약간 많은 경향이 있기 때문에 처음에는 하루 권장량만큼만 먹이면서 조절하는 것이 좋고, 한 살이 넘은 개에게 고단백질 사료나 유아견용 성분의 사료는 제공하지 않아야 한다.

1) 반려견 사료 급여 방법

개의 미각은 사람의 1/5일 정도에 불과함으로 이것저것 자주 바꾸다 보면 입맛이 까다로워지는 원인을 제공하게 된다. 만일 먹이를 바꿀 때는 점진적으로 사료 비율을 섞어가며 5~7일간에 걸쳐 서서히 한다.

임신견 및 포유중인 모견, 성장기 강아지, 운동을 많이 하는 반려견은 더 많은 영양을 요구하며 1일 2~3회 나누어 급여하는 것이 좋다. 항상 조금 여윈 상태로 모든 움직임이 힘차고 민첩하게 건강을 유지하게 한다.

비만 여부를 체크 할 때에는 복부가 아래로 처져있는지, 위에서 내려다보았을 때 복부가 좌우측으로 불러있는지, 1,2늑골 부분이 육안으로 확인되지 않는지를 검토한다. 만일 비만하다고 생각되면 원하는 체중을 정해서 그 체중이 되도록 서서히 급여량을 줄이거나 운동량을 높여 준다.

갓 젖 뗀 강아지에겐 소화하기 쉬운 먹이를 주되 체중 당 영양소 요구량이 성견에 비해 2배 이상으로 많음으로 하루에 3차례씩 나누어 급여한다.

초소형 견종은 6개월, 소형 견종은 10개월, 중대형 견종은 12~24개월 만에 발육이 완성되며 최소한 이 기간 동안에 강아지용 사료를 급여해야 한다.

소형견종의 경우 이유 전(6~8주)까지는 습식상태로 급여하되 급여시간은 가능한 가족들의 식사시간에 맞추는 것이 좋다. 급여량은 대개 대변상태를 보고 급여 적량을 판단하는데 적량을 섭취한 반려견의 대변은 형태가 분명하고 어느 정도 수분이 있어 휴지로 줍기가 쉬우며 적당히 단단하다.

밥그릇은 매일 청소하고 신선하고 깨끗한 물을 항상 급여한다. 다만 건조 식품을 불려서 줄 때는 가능한 너무 차지 않은 물에 불려준다.

2) 반려견 사료 공급 시 주의사항

반려견에게 필요한 영양분은 각 개체에 따라 몸집, 활동 정도 및 나이에 따라 달라진다.

① 몸집이 작은 개들이 큰 개들보다 몸무게 1kg당 필요 칼로리가 더 많다.
② 활동량이 아주 적은 개는 같은 크기의 보통 개보다 30% 정도 필요 칼로리가 더 적다.
③ 아주 활동적인 개는 40~50% 정도 칼로리가 더 필요할 수 있다.
④ 임신을 했거나 새끼들에게 젖을 물리는 개는 보통 때 보다 30~50%까지 칼로리가 더 필요하게 된다. 때로는 원래 섭취하던 것 보다 두 배의 열량을 섭취해야 할 수도 있다.
⑤ 실외에서 키우는 개들은 겨울이면 일정한 체온을 유지하기 위해 음식이 더 필요할 수 있다.

3) 주의해야 할 먹이

① **파와 양파** : 개에게 매우 독이 되는 식품이다. 파와 양파는 적혈구를 파괴시켜서 혈뇨를 누게 하고 심한 경우 빈혈로 사망하게 만든다. 혹시 실수로 파와 양파를 먹은 경우에는 초기에 치료를 받으면 안전하게 회복 할 수 있으니 급히 병원으로 데려 가도록 한다. 항상 조심을 해야 될 것이 자장면이나 탕수육에 포함된 양파이다. 먹고 남은 탕수육이나 자장면을 함부로 놓아 두어 사고 나는 경우가 종종 있다.

② 새우 : 괜찮을 수도 있으나 소화 불량의 의한 구토증상을 보이는 경우가 많다.
③ 향신료 : 고추, 후추, 식초 등 자극성 음식 및 감미료, 위를 강하게 자극하여 위염이 되기도 한다.
④ 초콜릿 : '테오브로민' 성분이 중독의 원인이 되 심장질환을 일으키고 잘못 하다가는 치명적일 수도 있다.
⑤ 햄과 소시지 : 염분이 많아 해가 되기도 한다.
⑥ 닭 뼈 : 닭고기의 뼈 등은 매우 날카롭게 잘려서 찔리기가 쉬우므로 절대로 줘 서는 안 된다. 닭고기를 먹은 후 휴지통에 버릴 때에는 개가 접근하지 못하도록 각별한 주의가 요망된다. 간혹 휴지통의 닭 뼈를 먹고 사망하는 경우들이 발생한다.
⑦ 짠 음식 : 강아지는 땀샘이 적어 땀으로 배출이 안 된다.
⑧ 문어, 오징어 류 : 저단백이며 소화 잘 안 된다.
⑨ 꽁치, 정어리 등 : 지방이 많은 어류는 습진이나 알레르기, 탈모의 원인이 된다.
⑩ 과자, 사탕 등 : 당분이 많은 과자류는 충치의 원인. 설사의 원인이 되며 비만의 원인이 될 수 있다
⑪ 계란의 흰자위 : 설사의 원인
⑫ 우유 및 유제품 : 우유를 차게 하면 설사의 원인, 너무 뜨거우면 응고되어 흡수력이 떨어진다. 유당 분해 효소인 락타아제의 분비가 적기 때문에 사람이 먹는 우유를 먹게 되면 설사를 일으킬 수 있으므로 개전용 분유를 먹인다.
⑬ 뼈 : 과다하면 변비
⑭ 야채류 : 몸에서 비타민 C를 합성하므로 필요 없음(단, 변비에는 효과가 있음)
⑮ 포도 : 우발적 포도 섭취로 콩팥 손상으로 사망한 예가 보고되고 있어 주의하여야 한다.

(2) 반려묘 사료 공급 및 주의사항

1) 반려묘 사료 급여방법

반려묘의 급여 방법에는 자유급식, 시간제한적 급여 및 음식제한 급여 3가지 방법이 있다. 자유 급식에는 고양이가 소비하는 양보다 더 많은 양을 언제나 먹을 수 있도록 급여해야 하며, 고양이가 원하는 만큼 언제든지 먹을 수 있게 된다.

시간제한적 급여는 일반적으로 5~30분 정도의 시간이내에 음식물을 소비하도록 더 많은 양을 급여하는 방법이다. 반면 음식제한 급여는 원래의 소비량보다 적게 음식을 급여하는 방

식의 급여 방법이다. 두 가지 급여방법으로만 급여하기도 하며, 3가지 급여방법을 혼합하여 사용하기도 한다.

　건조 또는 반건조(Soft moist food) 자유급식하고, 캔 사료 등 특별한 음식은 식사시간에 맞추어 급여한다. 각각의 급여방법은 장단점을 갖고 있다. 자유급식의 가장 큰 장점은 보호자의 일거리가 가장 적고, 고양이에 대한 많은 지식이나 생각이 필요하지 않으며, 고양이가 충분한 양의 음식을 먹을 수 있는 장점을 갖는다. 만약 비만이 문제가 되거나 캔 사료만 먹으려고 하는 경우가 아니라면, 자유급식은 일반적으로 가장 쉽고 좋은 방법이다.

　밥그릇은 매일 청소하고 신선하고 깨끗한 물을 항상 급여한다. 다만 건조 애견식품을 불려서 줄 때는 가능한 너무 차지 않은 물에 불려준다.

　개와 고양이는 유당 분해 능력이 떨어지기 때문에 우유를 먹고 나서 설사할 수도 있다.

2) 반려묘 사료 공급 시 주의사항

① 고양이는 매우 예민한 동물이여서 어릴 때 먹어 본 적이 없는 음식은 성묘가 된 후에도 먹지 않기 때문에 어릴 때 다양한 음식을 주는 것이 좋다.
② 고양이는 개에 비해 장의 길이가 짧고 단순하기 때문에 영양소이든 소화 능력과 흡수력이 개보다 약하기 때문에 탄수화물에 대한 소화효소 분비량이 적어 탄수화물을 먹으면 소화력이 개보다 좋지 못하다.
③ 고양이는 타우린을 만들 수 없으므로 음식을 통해 섭취해야한다.
④ 고양이는 그루밍을하기 때문에 헤어볼(모구증)이 생기게 되어 사료 공급 시 헤어볼 예방사료로 공급하는 것이 헤어볼 예방을 할 수 있는 방법이다.

3) 주의해야 할 먹이

① **카페인이 함유된 모든 식품** : 비정상적인 이뇨 작용을 유발할 수 있어 고양이 건강에 치명적이다.
② **사람용 우유** : 생후 몇 개월이 지나면 고양이의 체내에 있던 유당분해효소가 사라져 복통·설사 등을 유발할 수 있다.
③ **알콜(발표된 생 밀가루 반죽포함)** : 고양이에게 구토, 설사, 호흡곤란을 일으키며 심한 경우 사망에 이르게 할 수 있다. 발효된 생 밀가루 반죽 역시 위에서 알코올 성분을 생성하므로 주의해야 한다.

④ **마늘, 양파, 파 류** : 적혈구를 파괴시켜 혈뇨를 일으킬 수 있다.
⑤ **소금** : 나트륨 함량이 지나치게 높은 식품은 심혈관계 질환에 악영향을 끼친다.
⑥ **초콜릿** : '테오브로민' 성분이 중독증상을 일으켜 심장과 중추신경에 치명적일 수 있다.
⑦ **날달걀** : 흰자에 아비딘 이라는 효소가 식품을 에너지로 전화하는데 쓰이는 체내의 비오딘(비타민 복합체)을 파괴 한다.
⑧ **뼈** : 목에 걸리는 사고가 빈번히 발생한다.
⑨ **참치** : 고양이가 아주 좋아하는 음식이지만 참치에는 고도불포화 지방이 포함되어 지방을 대사시키지 못하여 오래 급여하면 비타민E가 고갈되어 황색지방증이 생길 수 있다.
⑩ **사람용 의약품** : 간세포를 파괴할 수 있으며, 일부 약물은 소화되어 배출되지 않아 체내에서 독성을 일으킬 수 있다.

(3) 사료의 장단점

반려동물의 사료에도 영양성분을 표기할 법적의무가 있다. 그중에서도 영양성분과 영양상의 목적, 적합한 대상에 대해 반드시 명시해야 한다. 품질이 좋은 제품들은 AAFCO(미국 사료검사관협회)의 인증을 받았다는 표시를 발견할 수 있다.

건식 사료의 장점은 반려견의 필요에 맞게 균형 잡히고 영양학적으로 안정되었고, 고르게 영양을 공급할 수 있다. 건식사료는 급여 관리가 쉽고 잘 상하지 않으며 비용 또한 적게 든다. 건식사료는 씹는 과정에서 잇몸운동이 되고 치석제거에도 도움을 주는 장점을 갖지만, 건식사료는 탄수화물의 함량이 높은 단점을 갖고 있다.

습식사료의 장점은 수분공급이 잘되고, 건사료에 비해 탄수화물의 함량이 낮은 장점을 갖는다. 반면 비용이 비싸고, 영양이 밀집되어있지 않아 3개 이상을 먹어야 한다. 예를 들면 건식 사료 75g은 캔 사료 250g과 같은 영양성분을 포함한다고 볼 수 있으며, 주식으로 하려면 고가의 캔 사료 제품을 먹여야 한다.

표 4-5 반려견의 적절한 일일 필요 칼로리

몸무게	필요칼로리	
	자견	성견
2kg	500kcal	250kcal
4.5kg	850kcal	450kcal
9kg	1400kcal	700kcal
13.5kg	1800kcal	900kcal
18kg	2300kcal	1200kcal
22.5kg	2700kcal	1400kcal
27kg	3200kcal	1600kcal
31.5kg	3600kcal	1500kcal
36kg	-	1800kcal
40.5kg	-	2100kcal
45kg	-	2300kcal

표 4-6 반려묘의 상태별 적절한 일일 필요 칼로리

상태	몸무게	건사료량	캔사료량
활발한 성묘	2.2~4.5kg	55~115g	160~330g
차분한 성묘	2.2~4.5kg	50~90g	140~290g
노령묘(7세이상)	2.2~4.5kg	65~120g	190~220g
임신한 고양이 (임신5주 이후)	2.5~3.7kg	80~125g	230~370g
수유중인 고양이	2.2~4.0kg	170~310g	500~920g

1. 생후 6주~8주령의 강아지는 성체의 몇 배의 에너지 요구량이 필요한가?
① 2배
② 3배
③ 4배
④ 5배

2. 3kg의 중성화견의 일일에너지 요구량이 맞는 것을 고르시오.
① 256 Kcal
② 266 Kcal
③ 276 Kcal
④ 286 Kcal

3. 탄수화물의 공급원이 아닌 것을 고르시오.
① 옥수수
② 비타민
③ 우유
④ 감자

4. 다량원소가 아닌 것을 고르시오.
① 칼슘(Ca)
② 마그네슘(Mg)
③ 황(S)
④ 철(Fe)

단원 정리 문제

5. 다음 설명 중 맞지 않은 것은?
① 사람의 음식을 급여하면 영양의 균형을 잃기 쉽다.
② 유당을 다량 함유하는 유제품의 섭취 시 주 증상은 변비이다.
③ 초콜릿 중독은 섭취 후 5시간 이내에 구토, 설사, 요실금 등이 나타난다.
④ 계란 흰자를 생으로 섭취하면 어떤 종류의 비타민 결핍을 초래할 수 있다.

6. 다음 설명 중 올바른 것은?
① vitamin은 에너지원으로 어느 정도 기여한다.
② vitamin은 신체 구조 구성요소로서 중요하다.
③ 수용성 vitamin은 체내에 축적되기 쉽다.
④ vitamin B군은 보통 보효소나 보효소의 일부분이다.

7. 미네랄에 관한 설명 중 맞지 않는 것은?
① 주요 원소 가운데 체내함유량이 가장 많은 것은 체중 kg당 1g 정도가 된다.
② Homeostasis에 관여한다.
③ 효소의 활성화에 기여한다.
④ 특수한 유기성분의 구성인자가 된다.

8. 개에게 급여하여도 괜찮은 음식은?
① 양파
② 초콜릿
③ 닭가슴살
④ 오징어

1
정답 : ②

문제 난이도 : 초급

해답 풀이 : ② 생후 6~8 주령 성체의 3배, 생후 16~24주경 성체의 2배의 에너지 요구량이 필요하다.

2
정답 : ①

문제난이도 : 중급

해답풀이 : ① 체중 3kg인 중성화견의 휴지기 에너지 요구량은 160 Kcal이며, 중성화견의 일일 에너지요구량 256 Kcal이다.

3
정답 : ②

문제난이도 : 초급

해답풀이 : ② 탄수화물의 공급원은 쌀, 옥수수, 밀, 보리, 감자, 우유, 과일, 베리, 뿌리 및 줄기 채소 등 식물에 기반을 두고 있다.

4
정답 : ④

문제난이도 : 중급

해답풀이 : ④ 다량원소는 칼슘(Ca), 마그네슘(Mg), 나트륨(Na), 인(P), 염소(Cl), 황(S) 총 7종, 미량원소는 철(Fe), 요오드(I), 아연(Zn), 구리(Cu), 셀레늄(Se), 망간(Mn), 불소(F) 등 총 11종이다.

5
정답 : ②

문제 난이도 : 초급

해답 풀이 : ② 유당을 다량 함유하는 유제품을 섭취하면 설사를 일으킨다.

6
정답 : ④

문제 난이도 : 중급

해답 풀이 : ④ vitamin은 에너지원이나 신체 구조 구성 요소로 기여하지 않고 지용성 vitamin은 체내에 축적되기 쉬워 과잉급여에 주의를 요하며, vitamin C는 사람, 영장류, 코끼리, 박쥐, 기니피그를 제외하고 간과 장관에서 glucose로부터 생합성할 수 있으므로 심한 육체 피로 시 외에는 따로 급여할 필요가 없다.

7
정답 : ①

문제 난이도 : 초급

해답 풀이 : ① Ca는 15g/kg(BW), P는 10g/kg(BW)에 달한다.

8
정답 : ③

문제 난이도 : 초급

해답 풀이 : ③ 양파는 적혈구를 파괴해 혈뇨를 일으킬 수 있고, 초콜릿은 테오브로민' 성분이 중독증상을 일으켜 심장과 중추신경에 치명적일 수 있다. 오징어는 저단백이며 소화 잘 안 된다.

5장

반려견, 반려묘 질병 관리

1 반려견 질병과 예방

(1) 부위에 따른 분류

1) 피부병

① 탈모증
  ㉠ 증상 : 털이 빠지는 증상을 탈모증이라고 하는데, 먼저 털갈이에 의한 탈모와 질병의 의한 탈모를 구분해야 한다. 질병에 의한 탈모는 주로 몸에 부분적으로 털이 빠지고, 가려움증을 느끼는 경우가 많다. 털이 빠진 부위가 헐거나 붉게 변하고 염증이 있으면 병적인 탈모이다.
  ㉡ 원인 : 탈모의 원인은 매우 다양하다. 기생충, 세균, 호르몬 장애, 곰팡이 등이 흔한 탈모의 원인이다.

② 아토피
  ㉠ 증상 : 아토피는 특정한 원인에 대하여 관민반응을 보이는 것으로 피부의 가려움증과 호흡곤란과 같은 증상으로 나타나는데, 대부분 개들은 호흡기 증상보다 피부과 증상으로 아토피가 나타난다.
  ㉡ 원인 : 보통 한 살에서 세 살 사이에 발생하고, 유전적 원인이 대부분이다. 아토피의 알레르기를 일으키는 물질을 확인하면 치료와 예방이 가능하지만 원인물질을 확인하는 것이 쉽지는 않다.

③ 지루증
  ㉠ 증상 : 피지에 문제가 있는 것을 지루라고 하는데, 지루에는 건성지루와 습성지루가 있다. 건성지루는 건조한 비듬과 분비물이 피부에 많이 생기고 가려움이 심한 것이고, 습성지루는 끈끈한 점액이 묻어 있고 냄새가 심하게 난다.
  ㉡ 원인 : 다양한 원인이 있는데, 선천적인 경우와 기생충, 영양상의 문제, 아토피, 진균 감염 등이 흔한 원인이다.

④ 개선충(옴)
- ⑤ 증상 : 개선충은 피부에 사는 아주 작은 벌레인데, 매우 심한 가려움을 유발해 신경질적으로 긁어 대기도 한다. 자주 긁기 때문에 비듬이 많이 생기게 되고 피부가 헐고 염증이 생긴다.
- ⑥ 원인 : 옴이라는 기생충이 원인인데 보통 지저분한 곳이나 집단사육 하는 환경에서 여러 마리의 강아지가 같이 지내면서 전염되는 경우가 많다.

⑤ 모낭충
- ⑤ 증상 : 모낭충은 털주머니에 사는 벌레이다. 탈모가 주된 증상이고 주로 다리 끝이나 얼굴 주변에 자주 발생한다.
- ⑥ 원인 : 모낭충은 유전되기도 하며 보통 면역이 약한 개들에게 발생한다. 감염이 쉽고 다른 이차적으로 세균감염을 일으키게 된다.

⑥ 벼룩 알레르기
- ⑤ 증상 : 벼룩에 의해 알레르기가 일어나면 매우 심한 가려움증을 보인다. 특히 아랫배 부위에 빨간 반점이 생기고 털이 빠지는 증상이 나타난다.
- ⑥ 원인 : 벼룩은 가려움증 뿐 아니라 빈혈과 리켓치아 질병을 옮기기도 한다.

2) 호흡기계 질병

① 단두종 증후군
- ⑤ 원인 : 단두종은 주둥이가 짧은 퍼그, 시츄, 페키니즈 등을 말하는데, 이러한 품종들은 선천적으로 코가 짧아 입천장과 목젖에 해당하는 연구개가 늘어져서 숨길을 막는 증상이 나타날 수 있다. 또한 코가 짧아서 숨쉬기가 곤란하여 호흡이 어려운데 이러한 증상들을 총칭해서 단두종 증후군이라고 부른다.
- ⑥ 증상 : 숨을 쉴 때마다 연구개가 떨려 소리가 나고, 잘 때는 코고는 소리가 심하며, 비염과 기관지염 등을 보이기도 한다.

② 상부 호흡기 질환
- ⑤ 증상 : 상부 호흡기는 코, 콧구멍, 인후두 기관을 말한다. 호흡기 질환은 급성으로 심한 것들이 아니면 일반적으로 상부 호흡기 감염이 먼저 일어난후 기관지와 폐

로 진행하는 하부 호흡기질환이 발생한다. 상부 호흡기질환의 특징적인 증상은 재채기이다.
- ⓒ 원인 : 가장 흔한 것은 바이러스와 세균의 감염이고 드물게 곰팡이가 원인이 되기도 한다.

③ 비염
비염이란 코의 내부 점막에 염증이 생긴 상태를 말하며 급성과 만성염증으로 구분된다.
- ㉠ 원인 : 주로 전신적인 항병력이 약해져 있을 때 건조하거나 환기가 안 좋으면 비점막에 세균 등의 미생물이 침입하는 것이 일반적인 현상이다.
- ⓒ 증상
  - 급성비염

  재채기를 동반하며 처음에는 콧구멍에서 맑은 수양성 콧물(nasal discharge)이 흐르다가 곧이어 짙은 흰색 또는 염증색의 농이 흐르게 되며, 비공의 내벽은 비후되고 발적 증상을 나타낸다.
  - 만성 비염

  한쪽 또는 양쪽 비공에서 비루가 계속 반복되어 흐르는 경우를 만성비염이라 한다.

④ 하부 호흡기 질병
- ㉠ 증상 : 하부 호흡기는 기관지와 폐포를 말하는데, 감염된 질병들은 상부 호흡기를 통해 하부 호흡기로 질병이 진행되어 온다.
- ⓒ 원인 : 대부분 바이러스, 세균, 진균 등의 감염과 알레르기가 원인이다. 때에 따라 세균과 바이러스나 곰팡이가 혼합적으로 감염 되는 경우가 있다.

⑤ 폐렴(pneumonia)
- ㉠ 원인 : 손상에 의한 폐렴은 교통사고나 총상 등 가슴 부위의 심한 손상으로 인해 급작스럽게 발생되며, 염증성 폐렴은 폐 조직에 세균이 침입했을 때 일어나며 혹한에 시달리거나 영양실조, 각종 질병 시 개의 저항력이 약해졌을 때 많이 발생한다.
- ⓒ 증상 : 호흡이 매우 거칠어지며 점차 들이쉬는 숨은 짧아지고 내쉬는 숨은 길어지면서 호흡 속도가 빨라진다.

⑥ 기관 협착증

기관은 파이프처럼 생긴 물렁뼈로 된 숨길인데, 어떤 경우 이 물렁뼈가 약해져서 파이프 속이 눌리는 경우가 있다. 이것은 기관협착증이라고 부른다.

3) 소화기 질병
① 식도 질병
㉠ 식도염

종종 식도에도 염증이 생기는 수가 있다. 식도에 염증이 생기면 구역질이 나고 침을 흘리고 음식을 삼키는 것을 싫어한다.

㉡ 식도 이물

갈비뼈, 탁구공, 바늘 같은 이물을 꿀꺽하고 삼키다가 식도에 걸리는 강아지들이 종종 있다.

㉢ 거대식도

어떤 질병이나 혹은 유전에 의해 식도가 늘어진 경우가 있다. 식도가 크게 늘어나서 거대식도라고 부르는데, 음식을 먹으면 늘어진 식도에 고여 있다가 입으로 게워 내는 특징이 있다.

② 위장의 질병
㉠ 급성위염과 출혈성 위장염

갑자기 심각한 구토 증세를 보이는 경우가 있는데 이러한 것은 음식물의 자극이나 세균 또는 바이러스와 같은 병원균에 의해 위의 점막 세포가 손상된 때문이다.

㉡ 위 내 이물

강아지는 특히 아무거나 가리지 않고 먹는 습성이 있어 이물을 삼키는 경우가 많다. 장난감이나 스타킹은 물론 심지어 바늘이나 칼을 삼키기도 한다. 이유 없이 구토를 할 때는 위 내 이물이 있는 경우가 종종 있다.

㉢ 위 염전

위안에 가스가 차올라 위가 꼬이는 것을 위 염전이라고 부른다. 위가 꼬이고 가스가 더 차오르면 숨이 막히고 체액 대사에 이상이 생겨 쇼크로 사망하게 된다.

㉣ 위염

개의 위점막은 전체가 다 소화액을 분비하는 위선으로 구성되어 있으며 이로 인해서 개가 구토를 쉽게 일으키는 것으로 알려져 있다. 위염이란 이러한 위점막에 염증이 생긴 증상을 일컫는다.

③ 장염

㉠ 기생충성 장염
- 증상 : 단순하게 기생충에 의한 장염일 경우 설사나 구토 증상을 보이지만, 식욕은 좋은 것이 특징이다.
- 원인 : 기생충만 감염이 되어 장염이 되는 경우도 있지만, 때에 따라 기생충에 의한 면역저하 현상에 의해 장염이 되기도 한다.

㉡ 세균성 장염
- 증상 : 가장 흔한 장염의 원인은 세균에 의한 것인데, 심한 설사를 하게 된다.
- 원인 : 흔히 이질균이라고 불리는 세균의 감염에 의해 장염이 된다.

㉢ 바이러스성 장염
- 증상 : 바이러스가 장내로 들어와 장점막 상피세포에서 증식하며 점막 세포를 손상시켜 증상을 일으키게 된다. 바이러스에 의한 장염은 순차적인 진행을 보이는데, 밥을 먹지 않다가, 구토를 하고, 설사와 혈변을 보이는 순서로 진행되는 경우가 많다.
- 원인 : 여러 가지 바이러스가 강아지에게 장염을 일으킨다. 파보, 코로나 등의 바이러스가 가장 흔한 원인이다.

㉣ 대장염

대장염은 대장에 염증이 생긴 것으로 일반적인 장염과 다른 증상을 보이는 경우가 많다. 장염은 대부분 소장의 염증을 말하는데, 대장은 변을 담아두고 배설하는 기관이기 때문에 대장염으로 인한 증상은 배변을 어려워하는 증상을 보인다.

㉤ 췌장염

한 번에 많은 양의 지방 음식을 먹게 되면 췌장에서 지방을 소화하기 위해 많은 소화액을 분비하다 췌장에 염증이 생기는 것이다. 급성췌장염은 아주 심각하여 사망할 수도 있지만 적절한 치료로 회복되는 경우가 대부분이다.

4) 눈의 질병

① 각막염

　각막은 눈을 감싸고 있는 유리창 같은 조직으로 눈동자 가장 바깥쪽의 투명한 막이다. 각막염은 각막에 염증이 생긴 것으로 대부분 외부의 자극이나 감염에 의해 각막염이 발생한다.

② 결막염

　결막은 눈꺼풀 안쪽과 각막이 연결되는 부분의 조직이다. 결막에 염증이 생기면 작은 실핏줄이 늘어나 붉게 눈이 충혈되는 것을 볼 수 있다.

③ 백내장

　㉠ 증상 : 백내장은 수정체가 백색으로 탁하게 변화되는 것을 말한다. 노령견에게 보이는 대표적인 질병이다. 눈을 보아 수정체 안쪽이 하얗게 흐려져 있는 것을 관찰 하게 되면 백내장을 의심해야 한다. 당연히 시력이 떨어지고 진행되면 실명할 수도 있다.

　㉡ 원인 : 성견의 경우에는 당뇨병에 의한 합병증으로 오는 경우나 선천적인 경우가 많고 노령견은 노화에 의해 나타난다.

④ 건성 각결막염

　눈물이 부족해서 각막과 결막이 건성화 되는 것을 건성 각결막염이라 한다. 안구가 건조해져서 각막이나 결막에 염증이 생기게 되고 가려워서 앞발로 자꾸 긁게 된다. 건조 상태가 방치되면 염증이 심해진다.

⑤ 안검 내번증

　안검은 눈꺼풀을 말하는데 안검 내번증이란 안검이 안쪽으로 말려 들어가 있는 상태를 말한다. 눈꺼풀이 안쪽으로 말려있기 때문에 눈동자를 찌르고 자극하여 각막 표면에 불쾌감이나 통증을 일으키고 각막염과 결막염을 유발한다.

⑥ 안검 외번증

　안검 내번증과는 반대되는 현상이다. 안검이 위로 추켜올려 있거나 늘어져 있어 눈꺼풀 안쪽의 눈물샘이나 결막이 항상 공기에 드러나기 때문에 세균 감염이 쉽게 된다.

⑦ 순막 노출증

어느 날 갑자기 강아지의 눈 안쪽에 콩알만하게 빨간 혹이 돋아나는 경우가 있다. 개의 눈 안쪽에는 제 3안검이라는 특별한 조직인 순막이 있는데, 이것이 밖으로 빠져 나온 것이다.

⑧ 유루증(Tear staining syndrome, TSS)

유루는 눈물이 흐르는 것으로 유루증이란 눈물이 과도하게 흘러 눈 밖으로 넘쳐나는 것을 말한다. 주로 말티즈, 푸들 같은 품종에서 흔하게 나타나는데, 눈물 속의 라이소자임 색소가 흰털을 물들여 갈색이나 검은색으로 지저분하게 변색시키게 된다.

5) 귀의 질병

① 외이염

외이염은 외이도에 염증이 있는 것을 말하는데, 외이도란 고막까지의 귓구멍을 말한다. 코커스패니엘 같이 귀가 늘어져 있는 품종에서 흔히 발생하는데, 알레르기가 있는 개들에서 외이도염이 나타나기도 한다.

② 귀 진드기

어린 강아지에게서 흔히 볼 수 있는 외부 기생충 중 하나가 외이도 내에 번식한 개선충의 일종인 귀 진드기이다. 심한 가려움증을 일으키고 악취를 내며 흑갈색의 지저분한 귀지가 생긴다.

6) 치과질병

강아지 때는 입 장난을 좋아해서 양치를 길들이기 적합한 시기이다. 이때를 놓치고 양치하는 것이 습관화되지 못한 개들은 대부분 3살을 전후해서 심한 치석을 가지게 된다. 치석은 치아와 잇몸 사이에서부터 생겨 잇몸에 염증을 일으키고 치아 뿌리를 썩게 만들고 심한 입냄새와 구내염을 일으킨다.

7) 항문낭 질병

① 항문낭이란?

개에게 있는 특이한 구조물로 항문 양 옆에 있는 항문낭(anal sac)이 있는데 항문낭은 개 특유의 냄새가 나는 곳이다.

② 항문낭 짜주기
  ㉠ 주로 목욕하기 전에 실시하는 것이 좋다.
  ㉡ 개를 움직이기 않게 한 후 꼬리를 잡아들어 올린다.
  ㉢ 오른손으로 항문 부위에 휴지를 덮고, 항문의 4시, 8시 방향의 위치를 엄지와 검지를 이용해 항문주변을 향하여 안쪽에서 위쪽방향으로 밀어올려 항문낭에서 액이 나오면 휴지로 닦아준다.
  ㉣ 연속적으로 엄지와 다른 손가락도 함께 가까이 대어 개의 항문 주변을 향하여 안쪽에서 바깥 위쪽 방향으로 밀어 올린다. 항문낭에서 액이 나오면 종이로 닦아 준다.
  ㉤ 이러한 방법을 2-3회 반복하여 항문낭액을 완전히 제거한다.
  ㉥ 항문주위에 조금 묻어 있는 항문낭액은 목욕 시 닦아 낸다.

③ 항문낭 염증이 있는 경우
  항문낭 염증이 있는 경우 개의 항문 주위에 역한 냄새를 풍기는 액들이 흘러나와 묻어 있는 경우가 많으며 개는 항문이 가려워 바닥에 항문을 비비는 행동을 자주 보인다.

8) 비뇨생식기 질환

① 급성 신부전(acute renal failure)
급성 신부전은 콩팥이 갑자기 기능 이상을 일으키는 것을 말한다. 외부 비뇨기관을 통해 세균이나 바이러스가 콩팥까지 거슬러 올라가 감염되거나, 또는, 독성 물질에 자극을 받거나, 요도나 방광에 결석이 있어 오줌길이 막히는 경우 콩팥에 손상을 입고 신부전 증상을 보이게 된다.

② 만성 신부전(chronic renal failure)
만성 신부전은 천천히 콩팥의 기능이 나빠져 오랫동안 신부전 증상을 보이는 경우인데, 여러 가지 질병의 말기에 나타나는 증상이기도 하다.

③ 사구체 신염(Glomerular nephritis)
대부분 7년 이상의 노령견에서 발생한다. 사구체 신염의 75% 정도는 수캐에서 발생한다. 혈전에 의해서 마비가 오기도 하며, 심하면 요독증(uremia) 증상을 보인다.

④ 방광염
오줌을 누려고 하는데 잘 나오지 못하거나 오줌에 피나 고름이 섞여 나와 오줌 색깔이 이상하면 방광염을 의심해 볼 수 있다. 방광염은 가장 흔한 하부 비뇨기계의 질병이다.

⑤ 결석
결석은 몸 안의 무기질이 뭉쳐서 돌처럼 변한 것을 말한다. 결석은 종류가 아주 많은데 문제가 되는 것은 결석의 종류뿐만 아니라 결석이 생긴 위치이다.

(2) 대사성 질환

1) 갑상선 기능 저하증
① **증상** : 선천적 또는 후천적으로 갑상선 기능 저하에 따른 피부의 탈모증세가 나타날 수 있다.
② **원인** : 몸의 좌우가 대칭적인 탈모 증세와 피부에 색소가 침착 하는데 이것은 갑상선 기능이 저하되어 체내의 대사가 원활하지 못하기 때문에 나타나는 증상이다.

2) 부신 피질 기능 항진증과 부신피질 기능 저하증
뇌하수체의 문제가 생긴다든지 부신종양 및 스테로이드 제제의 과잉 복용 등으로 부신 기능이 항진되거나 약화 되어 발생한다. 부신 피질 기능 항진증은 쿠싱 증후군이라고도 하는데, 비만과 탈모 등의 특징적인 증상을 보인다.

3) 당뇨병
췌장의 이상이나 원인 불명으로 인슐린 호르몬 분비에 문제가 생기는 경우에 당뇨병이 발생한다.

4) 저혈당증(hypoglycemia)
만성 소모성 질환에 걸린 경우 또는 영양 결핍의 경우에 섭취한 당에 비해 배설되는 당의 증가로 저혈당증을 보이게 된다. 저혈당증을 보이는 개체는 활동할 수 있는 에너지원의 고갈로 운동실조와 심한 경우 혼수상태로 발견이 된다.

5) 뼈와 관절의 질환

① 골절
교통사고나 싸우다 물린 경우에 골절이 흔히 발생한다.

② 고관절 이형성
고관절은 엉덩이 관절을 말하고 이형성은 형성이 잘되지 못한 상태를 말한다. 주로 대형견에서 자주 나타나지만 소형견에서도 종종 발생한다.

③ 대퇴골두 괴사증
골반 뼈에 끼워지는 대퇴골의 머리 부분이 괴사 되는 경우가 있다. 뼈 조직의 괴사 때문에 대퇴골두 괴사증이라고 부른다.

④ 슬개골 탈구
슬개골은 무릎뼈를 말하는데, 슬개골 탈구란 무릎뼈가 빠지는 것이다. 슬개골 탈구가 있으면 다리를 들고 다니거나 절게 되는데 오래되면 관절변형이 된다.

⑤ 영양성 골절
뼈에 필요로 하는 무기질과 영양소가 부족하여 뼈가 부러지는 것을 영양성 골절이라고 한다.

⑥ 관절염
관절에 염증이 생기는 경우는 감염이 되는 경우와 그렇지 않은 경우가 있다. 나이가 들면서 생기는 퇴행성 관절염은 감염과는 무관하게 생기는 염증이다.

6) 미네랄 영양소 결핍

① 칼슘(Calcium)
칼슘은 뼈의 형성과 세포의 기능에 필수적인 영양소로 성장기 동물의 칼슘 결핍은 구루병(rickets)이라 하여 다리뼈가 구부러지고 등이 굽는 증상을 보이고 골다공증(osteoporosis)으로 뼈가 약해져 골절이 자주 발생하게 된다.

② 인(phosphorus)

인은 칼슘과 더불어 뼈의 형성에 관여하며 인 영양소의 결핍은 구루병(rickets)이나 골연화증(osteomalacia)이 일어나며, 이물질 섭취(pica), 번식률 감소 등의 증상을 보인다.

(3) 감염성 질병

1) 바이러스 감염증

① 광견병

모든 온혈동물에 감염되는 치명적인 법정전염병으로서 사람이나 다른 동물을 물었을 때 타액을 통해 전파되어 사람에게는 공수병을 일으킨다. 사람도 감염되면 치명적인 인수공통 감염병으로 주의를 요한다.

㉠ 원인 및 침입 경로

원인은 레오바이러스(Reo virus)에 속하는 광견병 바이러스(Rabies virus)로 병든 개의 타액 속에 있다가 상처나 공기, 점막감염 등으로 침투된 바이러스는 말초신경을 따라 중추신경계로 침범하여 신경 증상을 일으킨다.

㉡ 증상

광견병에 걸린 개는 나중에는 인후두가 마비되어 쉰 소리를 내거나 먹이를 삼킬 수가 없게 되어 물을 먹을 때 심한 통증이 따르기 때문에 물을 두려워하게 되는「공수병」에 걸린다. 질병의 말기에 가서는 근육이 마비가 되어 입을 벌린 체 침을 흘리고 휘청거리다가 쓰러져 죽게 되는데 대체적으로 발병일로부터 1주일이면 죽게 된다.

㉢ 예방

동물은 1년에 한 번 이상 광견병 백신을 접종하는 것이 최선의 예방책이다.

② 파보 바이러스 감염증

㉠ 원인

개 파보바이러스가 원인체로 감염된 개의 변을 통해 접촉이나 경구적으로 전염이 이루어지며 주요증상은 출혈성 장염의 형태로 많이 나타난다. 다행히 사람에 전파되지 않는다.

㉡ 증상

• 심장형

3~8주령의 어린 강아지에서 많이 나타나며 심근 괴사 및 심장마비로 급사하기 때문에

아주 건강하던 개가 별다른 증상 없이 갑자기 침울한 상태로 되어 급격히 폐사되는 것이 특징이다.

- 장염형

강아지의 경우 급속한 탈수로 인해 발병 24~48시간 만에 폐사되는 수가 많다.

③ 개 홍역(canine distemper)

㉠ 원인

Paramyxovirus 속의 Canine distemper virus가 원인체로서 혈청형은 한가지이며 눈물이나 콧물을 통한 공기 전파와 접촉 및 경구감염이 가능하다.

㉡ 증상

흡입 감염된 canine distemper virus는 증식하면서 바이러스혈증(viremia)을 일으키는데 가벼운 식욕감퇴, 결막염, 발열 등의 증상을 일으키며 회복되는데 이를 1차 발증이라 한다. 바이러스에 노출된 후 14~18일 정도에 발열, 의기소침, 식욕감퇴, 침 흘림과 호흡기 증상(혈액화농성안루, 비루, 기침), 소화기 증상(구토, 설사, 체중감소, 탈수증)을 보이며 폐사에 이른다. 다른 감염병과 다른 특이 사항으로 홍역은 사람의 간질과 같이 발작하는 신경 증상 시기를 제외하고는 식욕이나 다른 활동이 정상적으로 보여 치료 시기를 놓치는 경우가 많이 발생한다.

④ 전염성 간염(infectious hepatitis)

㉠ 원인

Canine adenovirus에 속하는 개 전염성간염 바이러스(infectious canine hepatitis virus) 감염이 원인이다.

㉡ 증상

정도에 따라 황달이 나타나며 7일 정도 지나면 회복기에 들어가는데 이때 눈의 각막이 희게 또는 자주빛으로 흐려지는 경우가 많으나 2차 감염이 없는 한 회복되면 자연히 맑아진다.

⑤ 개 코로나 바이러스 장염

㉠ 원인

1970년 초 독일에서 처음 개 코로나바이러스(canine corona virus: CCV)를 분리하였으며 개과에 속하는 모든 동물에 감수성이 높고 실온에서 병든 개의 분변 내에 있는 병원체는 6개월 이상 감염력을 가진다.

ⓒ 증상

장점막 섬모의 괴사와 탈락으로 분비성 설사와 구토 증상을 보인다. 파보바이러스에 비하여 열이나 혈액변의 발생은 약하게 나타나고 때로는 복부 내 가스가 차서 통증을 보일 때도 있다.

⑥ 개 감기

㉠ 원인

Canine parainfluenza 바이러스 감염이 원인이다.

ⓒ 증상

발병되면 열이 나고 눈 점막의 충혈, 콧물, 재채기 등의 증상을 보인다. 정도에 따라 진행되어 폐렴에 이를 수 있다.

⑦ 개 허피스바이러스

㉠ 원인

개 허피스바이러스(canine herpes virus) 감염에 의하여 발병된다. 한국에서는 1992년 겨울 경기도 오산에서 진돗개에서 출산된 한 배 새끼가 출생 후 일주일 만에 폐사하여 부검 의뢰된 케이스를 서울대학교 수의학과에서 최초로 개 허피스바이러스 감염증 확인을 하고 보고하였다.(당시 개 허피스바이러스 확인을 담당한 김옥진 교수는 현재 원광대학교 교수로 재직)

ⓒ 증상

2주령 이하의 어린 강아지는 허피스바이러스의 전신 감염증으로 전신 장기 출혈과 괴사에 의하여 수포 형성, 고통스런 울부짖음 등의 증상을 보이다가 사망에 이른다. 나이든 개체는 감염 후 특이 증상 없이 평생 감염이 이루어져 전파를 유발하는 감염원이 된다.

2) 세균성 감염증

① 렙토스피라증(leptospirosis)

㉠ 원인

Leptospira 세균인 「렙토스피라 케니콜라」 및 「렙토스피라 익테로헤모레지」라는 세균 감염에 의하여 발생 되며 주요 감염경로는 렙토스피라 세균에 감염된 쥐의 오줌에 의해 전파

되며 이 세균에 감염된 개나 소, 돼지와의 접촉도 원인이 된다.
　ⓒ 증상
　개의 경우에는 렙토스피라증의 주요증상은 출혈형과 황달형으로 나눌 수 있으며 출혈형의 경우 41℃ 이상의 발열과 심한 구토가 있으며 뒷다리의 통증으로 다리를 절뚝거리기도 한다.

② 켄넬코프(kennel cough)
　㉠ 원인
　보더텔라 브롱키셉티카(Bordetella bronchiseptica) 세균이 관여해서 일어나는 급성호흡기 질병으로 번식장(kennel)과 같이 집단 사육하고 환기가 잘 안되는 불결한 사육환경에서 키우는 개들의 경우에 집단적으로 발생한다.
　ⓒ 증상
　어린 강아지에게서 심한 증상을 나타내며 나이든 개에도 감염이 된다. 수양성 비루와 폭발적인 건성 기침이 특징적이며 연속적인 기침 후에 구토가 뒤따른다.

③ 개 브루셀라병(canine brucellosis)
　㉠ 원인체
　Brucella canis에 의해서 야기되지만, 이 균외에 B. abortus, B. suis, B. melitensis에 의한 감염도 보고된 바 있다.
　ⓒ 감염경로
　이 질병의 전파방법은 주로 유산 후 유산태아나 유산물질, 질 분비물로부터 브루셀라균의 흡식이나 섭식에 의해서 이루어진다.

④ 개 라임 병(canine Lyme Disease, canine Borreliosis)
　㉠ 원인체
　Borrelia burgdorferi 세균에 의하여 감염이 일어난다.
　ⓒ 감염경로
　개와 사람에 전파는 진드기 일종인 deer tick(Ixodid)에 의한다.
　ⓒ 증상
　감염된 개는 열과 식욕부진, 임파절 종창, 관절염 및 보행 장애 등의 증상을 보인다.

3) 기생충 감염증

① 심장사상충

㉠ 원인충

심장사상충(Dirofilaria immitis)은 온대 지방의 개의 우심실과 폐동맥에 기생하는 사상충(絲狀蟲)으로 길이는 ♀ 25~30cm, ♂ 12~16cm이다.

㉡ 증상

3가지 유형의 증상을 보이는데 다수의 성충이 일시에 죽어서 폐동맥을 막아 생기는 증상으로서 호흡 곤란, 운동 기피, 발작성 실신, 객혈 등의 증상이 관찰된다.

② 원충감염

㉠ 지알디아증

주원인은 Giardia canis, 2개의 핵과 편모를 가진 이자형의 원충으로서 개의 상부 소장에 기생하면 돌발적으로 악취가 나는 수양성 설사와 식욕감퇴를 주 증상으로 하는 급성형과 만성적으로 흡수 장애를 일으키는 만성형으로 구분된다.

㉡ 트리코모나스증

비위생적인 견사에서 사육되는 자견에 Trichomonas spp 편모를 가지며 운동성이 있는 원충이 감염되어 발생하는 질병으로서 수양성 설사를 유발하는 원인이 된다.

㉢ 크립토스포리디아증

콕시디아 속 원충인 크립토스포리디움(Cryptosporidium)의 중요한 보균가축은 소이지만 개와 고양이의 분변에서도 검출되며 이 원충은 많은 동물을 감염시키고 감염된 동물의 대변으로 나온 낭포체는 전염성을 가지고 있다.

㉣ 톡소플라즈마증

톡소플라즈마증은 편성 세포내 원충인 톡소플라스마 곤디(Toxoplasma gondii)의 감염에 의해 발생하며 사람에 감염되면 인체의 면역능력에 따라 무증상에서 뇌염, 폐렴 등의 증상을 나타낼 수 있으면 급성형으로 나타나거나 만성화할 수 있다.

③ 아메바증

아베마란 무성생식으로 기생하는 원충류로서 크기가 10~60μ 정도인 이질아메바(Entamoeba histolytica)가 개, 고양이, 쥐, 돼지 등에 감염되어 대부분 무증상으로 경과되지만, 급성으로 진행되는 경우 소화기관 내에서 궤양을 일으키며 점액성 설사를 유발하기도 한다.

④ 바베시아증

진드기 매개성 주혈원충증(住血原蟲症)으로서 Babesia canis, Babesia gibsoni 등의 원충이 문제가 되며 주 증상으로는 발열, 빈혈증상, 혈색소뇨, 황달이 특정인 증상을 보이며 종대 된 간이나 비장 등이 촉진된다. 인간이 감염되면 초기에는 비특이적인 발열 질환으로 나타난다.

4) 외부 기생충

① 개 선충(scabies)

주원인은 개 선충(Sarcoptes scabies)의 감염으로 옴이라고도 불리는 증상을 유발한다. 개 선충에 감염된 개는 가려움에 피부를 긁고 긁는 상처에 감염된 세균에 의하여 피부에 염증이 유발된다.

② 개 모낭충(demodex)

주원인은 개 모낭충(Demodex canis)의 감염으로 모낭충에 감염된 개는 모낭 안에 기생충 감염에 의한 염증으로 털이 빠지고 가려워 긁은 피부에 2차 세균감염으로 염증이 유발된다.

③ 귀 이(Ear mite)

주원인은 ear mite의 감염으로 증상이 유발된다. 귓속에 귀지와 염증을 유발하며 가려워 긁기 때문에 귀에 2차 세균감염이 일어난다.

④ 이(lice) 및 벼룩(flea)

주원인은 이와 벼룩으로 이와 벼룩의 감염은 위생적 관리로 예방할 수 있다.

5) 내부 기생충 감염증

① 선충류(線蟲類)

선 형태의 모양을 한 견회충(Toxocara canis), 견소회충(Toxocara leonina), 개편충(Trichuris vulpis) 등이 있으며 구충류(鉤蟲類)는 갈고리가 있는 형태를 갖춘 견십이지장충(Ancylostoma caninum), 비경구충(Uncinaria stenocephais) 이 있다.

② 조충류(條蟲類)

납작한 선모양의 형태를 한 깃갱충으로서 긴촌충(Diphyllobothrium latum), 촌충(Echinococcus spp) 일반조충(Taenia spp), 두상조충(Taenia pisifomis), 고양이 조충(Taeniataenia formis), 다두조충(Multiceps spp) 등이 있다.

③ 흡충류(吸蟲類)

창형흡충(D. lanceolatum) 묘흡충(O. tenuicollis). 간흡충(Fasciola hepatica), 페디스토마(P. westermanii) 등이 있다.

㉠ 회충증

개에 있어서 가장 많이 감염된 선충류로서 모견의 체 조직에 잠재하던 3기 자충이 임신 말기(42일경)에 태반을 통과하여 태아에 감염되거나 아니면 분만 후 약 30일 정도 모견의 유즙을 통하여 배설되어 포유 자견이 감염됨으로 생후 20일이면 대부분의 자견이 회충에 감염된 것으로 보아야 한다.

㉡ 구충증

견십이장충 등의 충란이 외부에서 부화한 감염기 자충이 경피감염(피부를 통하여 감염) 또는 경구감염을 통하여 증상을 일으키며 주요 임상 증상으로는 흑변, 심혈성빈혈, 피부소양증 등이 있다

㉢ 조충증

촌충(Tapeworm) 또는 충충류(Cestode)인 편절 기생충으로서 개 조충(Diylidium canium)은 개에서 아주 흔하며 중간숙주는 벼룩이다. 사람의 경우 우연히 이 유충을 지닌 벼룩을 섭식하여 발생하는 것으로 보고되고 있다.

㉣ 포낭충증

국내에서는 문제가 되지 않는 질병으로서 주로 양을 방목하는 목야지에서 사육되는 개들이 감염원이 될 수 있다. 단방조충, 다방조충(E. granulosus, multilocularis) 등의 충란을 섭식하여 감염된다.

6) 곰팡이 감염증

피부 곰팡이 감염증은 진균에 의하여 유발되며 인수공통감염병으로 사람 피부에도 감염이 유발된다.

(4) 예방접종의 종류와 접종 프로그램

　모체이행항체가 소실되기 이전인 생후 6주령부터 예방접종을 실시하여 방어항체 수준을 끌어올리기 위해서 백신을 프로그램에 따라 반복 접종을 한다.

표 5-1 반려견 예방접종의 종류와 접종 프로그램

백신 종류	예방 병원체	접종 프로그램
5종 종합백신 (DHPPL)	개 홍역, 개 간염, 개 감기, 개 파보장염, 렙토스피라	생후 6주부터 2~4주 간격으로 5회 접종 이후 매년 1회 보강 접종
코로나 장염	Canine corona virus	생후 6주부터 2~4주 간격으로 2~3회 접종 이후 매년 1회 보강 접종
켄넬코프	Bordetella bronchiceptica Parainfluenza virus	생후 8주부터 2~4주 간격으로 2~3회 접종 이후 매년 1회 보강 접종
개 인플루엔자	Canine influenza	생후 10주부터 2주 간격으로 2회 접종 이후 매년 1회 보강 접종
광견병	Rabies virus	생후 3~4개월령 1회 접종 이후 6개월마다 보강 접종

2 반려묘 질병과 예방

(1) 고양이의 비전염성 질병

1) 심근병(Cardiomyopathy)

타우린과 같은 필수 영양소의 부족으로 알려져 있다. 타우린 결핍은 고양이 심근 비대증을 유발한다.

2) 만성신부전(Chronic renal failure)

① 원인과 병의 진행

신부전은 고양이의 주요한 사망의 원인이 되고 있다.

② 증상

처음 증상은 물을 자주 마시고 오줌의 양도 많다. 식욕이 떨어지며 여위고 기운이 없어진다. 신부전이 진행되어 요독증을 일으키면 구토, 식욕도 없고, 더욱 진행되면 신경 증상을 일으켜 경련을 일으킬 수 있다.

3) 자궁축농증(Pyometra)

① 원인

자궁 세균감염으로 농이 쌓인 상태를 자궁축농증이라고 한다.

② 증상

기운이 없으며 식욕 저하, 발열, 복위 팽만, 구토, 다음(물을 많이 마심), 다뇨, 그리고 생식기에서 분비물 등이 전형적인 증상이다.

4) 고양이의 Struvite 결석증 증상
① 소변을 빈번히 보고 생식기를 자주 핥는다.
② 소변보는 시간이 길어지고 통증을 동반한다.
③ 소변에 때때로 혈액이 보인다.
④ 식욕이 감소한다.

5) 구내염과 충치
① 원인
구내염을 일으키는 원인은 다양하지만 전염성 전신 질병을 유발하는 전염병에 걸린 경우와 치석이나 이것으로 인한 세균 감염, 진균(곰팡이) 감염, 비타민 결핍, 신장병 그리고 자기 면역 질환 등이 원인이 될 수 있다.

6) 헤어볼(Hairball)
① 원인
고양이는 자기 털을 핥고 다듬는 습관이 있어서 털을 많이 삼키게 되는데, 배출되지 않은 털은 위에 남아 서로 엉키게 된다. 이것을 헤어볼(Hairball)이라 하고 자기 털을 유난히 자주 핥거나 길고 굵은 털을 가진 고양이들이 헤어볼 또는 모구증(毛球症)이 발생할 확률이 더 높다.

(2) 고양이의 전염병
1) 바이러스
① 광견병(Rabies)
광견병 바이러스 감염에 의하여 유발되며 광견병에 걸린 야생동물 또는 다른 동물에 의해 물릴 때 생긴 상처로 체내에 들어온 바이러스가 신경세포를 타고 뇌로 들어가 뇌세포를 손상시켜 신경마비와 광폭증상을 보이다 치명적으로 사망한다.

② 범백혈구감소증(Feline panleukopenia, FPV)
고양이 홍역(distemper) 또는 고양이 전염성 장염이라고 불리기도 하는 바이러스 질환으로 고양이 파보바이러스 감염에 의한다. 혈액 속에 모든 백혈구가 감소하는 것으로, 심한 장염을 일으키는 것이 특징 이다.

③ 백혈병바이러스 감염증(Feline leukemia virus, FeLV)

레트로바이러스에 속하는 고양이 백혈병바이러스 감염에 의해 유발된다. 백혈구에 암이 유발되는 것으로 이 병에 걸린 고양이의 타액에는 대량의 바이러스가 존재하므로 같은 식기로 먹던가, 몸을 서로 핥는 것으로 감염된다.

④ 고양이 바이러스성 호흡기 질환

2개의 고양이 호흡기 바이러스(칼리시바이러스, 허피스바이러스)에 의해 발생하는 경우가 많다. 감염 시 콧물, 눈곱, 구내염, 침흘림 등의 증상을 보이다가 심한 경우 폐렴으로 사망한다.

　㉠ 고양이 비기관염(Feline rhinotracheitis)

　고양이 허피스 바이러스(Feline herpesvirus)감염에 의한다. 평생 감염으로 완치되지 않고 지속적으로 재발한다.

　㉡ 고양이 칼리시바이러스(Feline calicivirus)

　고양이 칼리시 바이러스(Feline calicivirus)감염에 의한다.

⑤ 전염성 복막염(Feline infectious peritonitis, FIP)

고양이 코로나바이러스가 원인으로 생기는 병으로 전신의 장기를 침입한다. 복막염으로 인해 복수가 차거나, 가슴에 물이 차는 경우가 있다.

⑥ 고양이 면역결핍증 바이러스(Feline immunodeficiency virus, FIV)

고양이 면역결핍바이러스가 원인으로 생기는 병으로 면역 저하로 만성 구내염, 치은염, 기도염, 임파절 부종, 설사와 빈혈 증상을 보인다.

2) 클라미디아

Chlamydia Pschittasi 감염에 의한다. 결막염이 유발된다.

3) 기생충

① 톡소플라즈마

원충에 의한 전염병으로 사람과 고양이에 공통된 인수공통전염병이다. 원충은 고양이 몸 어딘가를 침입, 발열, 폐렴, 설사, 간장애(황달) 등의 여러 가지 증세를 일으킨다.

② 회충

ㄱ 생활사와 형태

고양이 회충은 고양이가 회충 충란에 오염된 음식물 등의 섭취를 통하여 전염된다.

③ 조충

고양이조충은 길이가 15~40cm로 체절을 가지고 있으며 고양이의 소장에 기생한다. 고양이가 자기의 몸을 핥을 때 감염된 벼룩이 입으로 들어가 감염을 일으키게 된다.

④ 콕시디움 감염증

몸이 약한 고양이가 감염되면 증상이 특히 심하며 장에 많은 병변을 일으킨다. 감염 후 3~5일 정도의 잠복기를 거친 뒤 수양성(watery) 설사가 시작되고 식욕 저하 또는 아무것도 먹지 않고 심한 점액성 혈변을 배출한 후 결국 사망하게 된다.

⑤ 벼룩 감염증

만약 많은 수의 벼룩이 고양이 몸에 기생하여 장기간에 걸쳐 다량의 피를 흡혈하면 빈혈이 생길 수도 있다. 또한 벼룩에 흡혈했던 부분은 빨갛게 일어나며 알러지를 일으켜 고양이가 가려워 할 수도 있다.

⑥ 외이염과 귀진드기 감염증

ㄱ 원인

귀 안에 작은 개선충이라고 하는 일종의 진드기가 기생하여 일어나는 병이다. 귀속에서 암갈색의 귀지가 보이며 매우 전염력이 강하여 다른 고양이에게 옮기고, 심하게 긁으면 머리나 귀에 상처가 생길 수 있으며 이혈종으로 진행될 수도 있다.

4) 진균(곰팡이) 감염증

① 곰팡이성 피부병

ㄱ 원인과 증상

주로 털 관리가 제대로 되지 않아 곰팡이에 감염되어서 발생하는 피부병이다. 증상은 털이 많이 빠지고 가려움증을 동반하며 몸 전체로 번진다.

(3) 전염병의 예방접종

1) 고양이 예방접종 종류

① 3종 종합백신
고양이 범백혈구감소증(Feline Panleukopenia virus, 고양이 파보바이러스, FPV)과 바이러스성 호흡기질환으로 고양이 바이러스성 비기관염 바이러스(Feline Viral Rhinotracheitis virus, 고양이 허피스 바이러스), 고양이 칼리시 바이러스(Feline Calici virus)의 3개 병원체에 대한 예방

② 4종 종합백신
3종 종합백신 병원체+클라미디아의 4개 병원체에 대한 예방

③ 단독백신
 ㉠ 고양이 전염성 복막염(Feline infectious peritonitis, FIP)
 ㉡ 고양이 광견병: Ravies virus 예방
 ㉢ 고양이 백혈병 바이러스(Feline leukemia virus, FeLV)
 ㉣ 클라미디아: Chlamydia psittaci 병원체 예방
 ㉤ 고양이 면역결핍 바이러스(Feline immunodeficiency virus, FIV): lentivius 일종

2) 고양이 예방접종 스케쥴

표 5-2 고양이 예방접종의 종류와 접종 프로그램

연 령	백 신 종 류
6~8주령	1차: 3종(or 4종) 종합백신「백혈구감소증(FPV)+바이러스성 호흡기질환(FVR, FCV)」(+클라미디아)
12주령	2차: 3종(or 4종) 종합백신「백혈구감소증(FPV)+바이러스성 호흡기질환(FVR, FCV)」(+클라미디아) 1차: 백혈병(FeLV)
16주령	1차: 전염성 복막염(FIP), 광견병(rabies) 2차: 백혈병(FeLV) 3차: 3종(or 4종) 종합백신「백혈구감소증(FPV)+바이러스성 호흡기질환(FVR, FCV)」(+클라미디아)
매년	3종(or 4종) 종합백신「백혈구감소증(FPV)+바이러스성 호흡기질환(FVR, FCV)」(+클라미디아), 백혈병, 전염성 복막염, 광견병

* FPV: 고양이 백혈구감소증, FVR: 고양이 바이러스성 비기관염, FCV: 고양이 칼리시 바이러스, FeLV: 고양이 백혈병, FIP: 고양이 전염성 복막염

1. 개의 아토피에 대한 설명으로 바른 것은?

> 가. 아토피 질환은 알레르기 증상을 보인다.
> 나. 만성적이고 재발 되는 피부질환이 나타난다.
> 다. 음식이나 환경에 원인이 있을 수 있다.
> 라. 외이도염이 재발하고 심한 가려움증을 보이기도 한다.

① 가, 나
② 가, 나, 다
③ 가, 나, 라
④ 가, 나, 다, 라

2. 반려견의 치아건강관리에 대한 내용 중 틀린 것은?

① 유치가 남아 있으면 치아와 잇몸에 문제를 일으키므로 발치해 주어야 한다.
② 치석이 끼면 치아에만 문제를 일으키고 잇몸에는 문제를 일으키지 않는다.
③ 주기적인 칫솔질로 치태를 제거해 주어야 한다.
④ 사람이 쓰는 치약을 사용하면 안 된다.

3. 결막염 환자의 설명으로 옳지 않은 것은?

> 가. 결막염이 심한 경우 파보바이러스 감염증을 의심할 수 있다.
> 나. 결막염이 바이러스나 세균감염으로 나타나는 경우 한쪽 눈에단 증상을 보인다.
> 다. 결막염이 진행되면 유루증이 있고 외이도염이 발생한다.
> 라. 호흡기 질환이나 구내염이 진행된 경우에도 결막염이 생길 수 있다.

① 가, 나, 다
② 가, 나, 라
③ 가, 다, 라
④ 나, 다, 라

단원 정리 문제

4. 흑색변을 보이는 경우는?
① 유문 폐쇄
② 대장염
③ 대장 내 출혈
④ 소장 내 출혈

5. 다음 중 구토의 원인이 아닌 것은?
① 위염
② 외이도염
③ 췌장염
④ 자궁축농증

6. 예방접종과 항체 검사에 대한 설명으로 틀린 것은?
① 예방접종은 체내의 바이러스에 저항하는 항체를 생성하기 위한 방법이다.
② 예방접종에 의해 항체가 생성되는 것은 인공능동면역이라 한다.
③ 모유를 통해 자견에게 전해진 항체는 평생 유지 된다.
④ 모유를 통해 자견에게 전해지는 것을 자연수동면역이라 한다.

7. 기생충 예방에 대한 설명으로 옳은 것은?
① 반려동물의 기생충은 내부기생충과 외부기생충을 함께 예방하는 것이 좋다.
② 기생충약은 증상이 나타나는 경우에만 투여한다.
③ 외부기생충만 예방하면 내부기생충까지 예방된다.
④ 내부기생충만 예방하면 내부기생충까지 예방된다.

8. 다음 중 인수공통전염병이 아닌 것은?
① 피부사상균
② 렙토스피라
③ 브루셀라
④ 귀진드기

1
정답 : ④
문제 난이도 : 초급
해답 풀이 : ④ 알레르기성 항원, 곰팡이 음식 등이 원인, 심한 가려움증 증상을 보이며 만성적이고 재발되는 피부병, 외이염과 눈물이 발생한다.

2
정답 : ②
문제 난이도 : 초급
해답 풀이 : ② 치석으로 인해 치아의 문제뿐만 아니라 치은염 등의 잇몸에도 염증을 일으킨다.

3
정답 : ①
문제 난이도 : 중급
해답 풀이 : ① 결막염은 호흡기 질환(디스템퍼 등)에서 볼 수 있고, 바이러스 및 세균감염인 경우 양측으로 증상이 나타난다. 결막염이 진행되면 유루증은 있지만 외이염과는 무관하다.

4
정답 : ④
문제 난이도 : 중급
해답 풀이 : ④ 상부위장관의 출혈이 있는 경우 검정색의 자장과 같은 변을 보게 되는데 이를 흑색변이라 한다.

5
정답 : ②
문제 난이도 : 초급
해답 풀이 : ② 구토의 원인으로는 자극성 있는 음식물 섭취, 위염, 당뇨병, 신장염, 췌장염, 자궁축농증, 소화기계 이물질 존재, 내부기생충 감염, 바이러스 감염 등이 있다.

6
정답 : ③
문제 난이도 : 중급
해답 풀이 : ③ 모유를 통해 자견에게 전해지는 면역을 자연수동면역이라 하고 생후 첫 몇 주 동안에만 유지하게 된다.

7
정답 : ①
문제 난이도 : 초급
해답 풀이 : ① 기생충은 동물의 체표에 사는 외부기생충과 체내에 사는 내부기생충으로 구분되고 외부기생충은 벼룩, 진드기가 있고, 내부기생충은 회충, 조충, 심장사상충 등이 있다. 기생충 예방은 내부 및 외부기생충을 함께 예방하는 것이 좋다.

8
정답 : ④
문제 난이도 : 초급
해답 풀이 : ④ 인수공통전염병은 동물로부터 사람에게 감염되는 전염병으로 세균성(브루셀라, 렙토스피라 등), 바이러스(광견병 등), 진균성(피부사상균 등), 원충성(톡소플라즈마, 지알디아 등), 기생충성(회충, 조충, 개선충 등)이 있고, 귀진드기는 인수공통전염병이 아니다.

6장

반려견, 반려묘 미용관리

1 기초그루밍 이해

(1) 반려동물 미용의 역사

　반려동물 미용은 정확한 시기는 알 수 없지만 유럽에서 시작 되었다. 사냥개의 무거운 털을 손질하여 민첩성을 높이고 활동하기 쉬운 형태로 만들었던 것 부터 시작된 것이다. 그 당시에는 건강이나 아름다움의 목적을 위해서가 아니라 사냥하기 편하게 실용적으로 미용을 하였다. 이후 시대와 유행의 흐름에 따라 그리고 견종에 따라 특색 있는 견종 자체의 매력을 최대한으로 늘려서 각기 견종의 규정에 맞는 스타일을 만들기에 이르렀다.

　트리밍이란 단순히 털을 잘라주는 것이 아니고 결점을 커버 하고 장점을 살려서 반려동물을 보다 아름답고 멋지게 하기 위한 작업이다. 집에서 기르는 가정견들 뿐만 아니라 모든 견종에는 그루밍과 트리밍이 필요하다.

(2) 그루밍(grooming)이란?

　전반적인 피모의 손질 과정을 말한다. 말의 손질에서부터 유래된 용어로 반려동물의 트리밍과 브러싱, 베이싱등 손질 전반을 총칭한 단어라고 할 수 있다. 여기서 트리밍(trimming)은 미용이나 다른 목적을 가지고 반려동물에게 필요 없는 털을 뽑아주거나 깎고 자르는 행위를 말한다.

1) 그루밍의 목적

　반려동물의 피부와 피모를 청결하게 유지해주고 건강한피부와 아름다운 피모를 갖게 해주는 것이 목적이다.

2) 그루밍의 효과

　① 보호자와 반려견, 반려묘의 접촉을 통해 교감과 신뢰를 쌓을 수 있다.
　② 반려견과 반려묘를 터치함으로써 마사지의 운동 효과를 기대 할 수 있다.

3) 그루밍이 반려동물에게 주는 영향

　야생 동물의 경우는 풀숲을 뒹굴거나 물웅덩이에 뛰어들거나 여러 가지 방법을 활용하여 몸체를 깨끗하게 유지하는 생활을 해왔을 것이다.

　하지만 인위적으로 사람의 목적에 의해 만들어진 품종은 혼자서 그루밍을 할 수 없는 경우도 있다. 특히 털이 많이 자라나는 반려동물은 그러한 품종에 속한다. 인간과 함께 생활해오면서 반려동물은 인간의 보살핌이나 털 손질을 받음으로써 깨끗하고 건강한 삶을 누릴 수 있게 되었다. 반려견의 경우 대부분 털로 덮여있고 더위나 추위에 대응하여 체온조절을 하기 위해 털이 나기도 하고 빠지기도 한다.

　또한 호르몬 이상, 스트레스, 외상, 기생충 감염 등에 의해 털이 빠지거나 상처 등에 털이 빠져서 나오지 않는 경우도 있다.

　견종에 따라 털갈이의 방법과 차이는 있지만 그루밍만 잘해 주어도 건강한 피부와 피모를 유지할 수 있다.

4) 반려견, 반려묘에 있어서 좋은 환경 온도

① 갓 태어난 새끼를 제외하고 15℃~25℃ 가 적당하다.
② 체온이 30℃ 이하가 되면 기관 장애를 일으키고 25℃이하가 되면 폐사할 수 있다.
③ 환경 온도가 35℃가 넘으면 체온 상승을 보이고 40℃가 되면 천속 호흡에 의해 기능은 유지되나 환경 온도가 43℃가 되면 체온조절기능이 파괴되고 신경이상증세가 발생하고 열성경련을 일으켜 폐사하게 된다.
④ 추울 때 갑자기 털을 밀게 되면 체온이 떨어지므로 전신을 가위로 커트하거나 옷을 입히는 것을 추천하며 여름철에 털을 너무 짧게 밀어도 자외선과 외부 기생충에 노출될 수 있으니 적절한 미용 방법을 선택하는 것이 좋다.

2 반려동물 브러싱

(1) 기초그루밍 용어와 그루밍에 필요한 도구의 올바른 사용방법

1) 브러싱이란?

　브러싱은 반려동물 미용의 기본 작업이며, 브러싱을 하기 전에 본인이 키우고 있는 반려동물의 털 상태와 개체를 미리 파악하는 것이 중요하다. 반려견, 반려묘의 털은 매일 빠지고 다시 자라고 한다. 이때, 빠진 털을 제거하지 않고 방치하게 된다면 기존에 건강한 털과 엉키고 뭉치게 되어 피부의 상태도 나쁘게 될 수 있다. 또한, 털이 뭉치게 되면 오물이나 먼지가 잘 달라붙어 위생적이지 못하게 되며, 뭉친 털이 주위의 털까지 잡아당겨 피부병을 유발할 수 있다. 따라서 브러싱을 자주 해주어 빠진 털을 제거하고 털이 뭉치는 것을 방지하여 반려동물의 피부와 털을 건강하고 깨끗한 상태로 유지해야 한다.

2) 브러싱의 효과

　① 피부에 적당한 자극과 마사지 효과로 신진대사와 혈액 순환이 원활해지면서 피부와 털을 건강하게 유지할 수 있다.
　② 피부의 각질을 제거해 새로운 세포의 증식을 활발하게 해주어 피부를 깨끗하게 유지할 수 있다.
　③ 더러운 이물질이나 먼지, 빠지는 털을 제거해서 털이 뭉치는 것을 방지할 수 있다.
　④ 털 속 피부 상태와 외부 기생충을 예방할 수 있다.
　⑤ 피부에서 자연적으로 발생하는 유분이 피모 전체에 퍼져 일종의 보호막을 형성해 윤기 나는 피모를 유지할 수 있다.
　⑥ 브러싱 과정에서 반려동물과 사람과의 교감이 형성된다.

3) 브러싱의 횟수와 방법

① 반려동물 품종에 맞는 브러시를 선택하여 매일 꾸준히 빗질 해주는 것이 가장 좋으며 장모종, 단모종 모두 브러싱을 해주어야 피부의 각질 생성 감소 및 건강한 피부와 털을 유지할 수 있다.

② 목욕 전에 브러싱을 해주어야만 하는 이유는 피부에 쌓인 각질과 이물질, 먼지, 오염물, 눈과 항문 주변에 붙은 분비물을 제거하고 목욕을 시켜야만 깨끗하게 잘 씻길 수 있고 엉켜있는 털이 물과 묻으면 더욱 단단해져서 풀기 어려우므로 미리 엉킨 털을 풀고 목욕을 해주는 것이 바람직하다.

③ 반려동물을 브러싱을 할 때에는 엉켜있다고 잡아당기면서 브러싱을 하게 되면 반려동물이 고통스러울 수 있기 때문에 강도를 조절하면서 브러싱 하고 엉켜있다면 털 끝쪽에서 안쪽으로 풀면서 브러싱을 해주어야만 잘 빗어진다. 너무 엉켜있다면 손으로 살살 풀어서 브러싱한다.

④ 반려동물의 약한 부위를 주의하면서 브러싱 한다. 빗에 의해 눈이나 귀, 생식기, 뼈가 돌출된 부위나 약한 부위는 찰과상에 유의하면서 브러싱 해야 한다.

⑤ 브러싱 후에 뭉침이나 엉킴이 남아있는지 콤(일자빗)으로 반드시 체크해서 엉킨 여부를 확인하고 부족한 부분은 슬리커 브러시나 핀 브러시로 다시한번 털을 풀어준다. 여기서 브러싱 컨디셔너를 적당히 뿌리고 브러싱 하면 엉킨 털 푸는 데 도움이 되고 오염물로 인해 털이 착색되는 것을 방지하며 정전기 발생을 줄여 털이 뭉치는 것을 예방할 수 있다.

4) 브러시의 종류와 사용방법

① 슬리커 브러시

슬리커 브러시는 반려동물의 엉킨 털과 죽은 털을 제거하는데 사용된다.

목욕 전, 후에 드라이하면서도 많이 사용되는 빗이다.

브러시를 옆에서 보면 핀이 「〈」모양으로 되어 있고 핀이 단단한 것과 부드러운 슬리커브러시의 종류가 있으며, 핀이 망가진 슬리커 브러시는 반려동물이 다칠 수 있음으로 새로운 것으로 교체하여 사용해야 한다.

그림 6-1 슬리커 브러시

㉠ 슬리커 브러시 잡는 방법

슬리커 브러시를 그림 6-2처럼 엄지와 검지를 사용하여 손잡이를 잡고 나머지 손가락은 슬리커브러시 판에 살짝 대고 쥐어준다. 여기서 핀에 찔리지 않게 주의하면서 사용한다.

너무 세게 잡거나 바르지 못한 슬리커 브러시를 할 경우 브러시에 가해지는 힘의 차이를 느낄 수가 없기에 최대한 안전한 브러싱을 하기 위해서는 올바르게 잡는 방법이 중요하다.

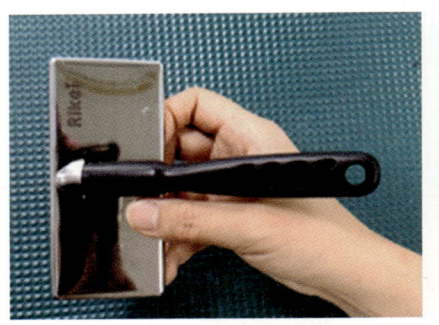 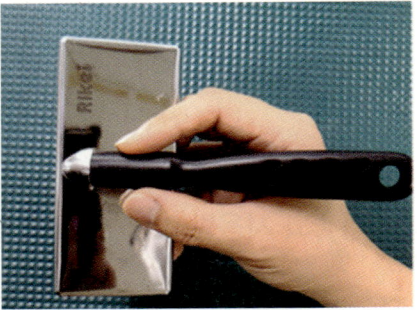

그림 6-2 슬리커 브러시 잡는 방법

㉡ 슬리커 브러싱 방법

그림 6-3처럼 반려견을 한 손으로 안전하고 부드럽게 잡은 후 슬리커브러시로 찰과상에 유의하며 브러싱해 준다. 한곳만 계속 브러싱을 할 경우 피부에 상처가 생길 수 있기 때문에 조심히 브러싱한다. 눈 주위, 생식기 주위도 세심한 주의가 필요하며 너무 강도를 세게 하여 빗질하지 않도록 한다.

6장 반려견, 반려묘 미용관리

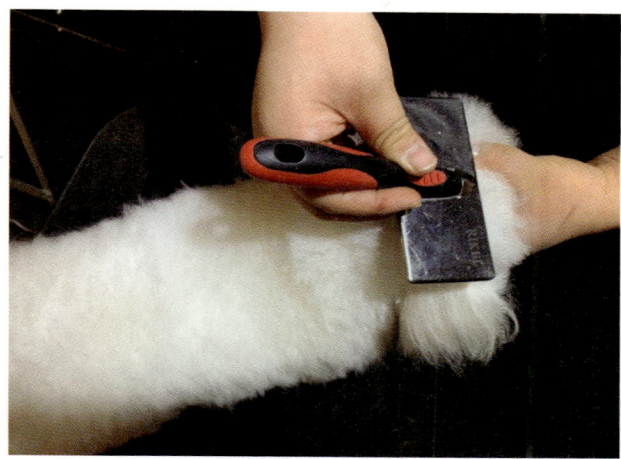

그림 6-3 슬리커 브러시 사용 방법

② 핀 브러시

　핀 브러시는 손잡이가 달린 판에 고무를 덧대고 고무 부분에 핀이 심어져 있는 브러시이다. 별도의 힘을 들이지 않고 브러시 자체의 무게를 이용해 반려동물의 털을 가볍게 브러싱을 할 수 있는 장점이 있고 주로 장모종에 많이 사용된다. 핀의 길이에 따라 품종에 맞는 빗을 사용하는 것이 좋다.

그림 6-4 핀 브러시

㉠ 핀 브러시 사용방법

그림 6-5처럼 반려견을 안전하게 한손으로 부드럽게 잡은 후 핀 브러시로 찰과상에 유의하며 안전하게 브러싱을 해준다.

그림 6-5 핀 브러시 사용방법

③ 브리슬 브러시

브리슬 브러시는 말, 멧돼지, 돼지 등 여러 동물의 털로 이루어져 있어 반려동물의 피모에 오일 이나 파우더 등을 바르거나 피부 마사지용으로 사용하기 적합하며 사용 목적에 따라 길이나 재질이 다양하게 나온다.

그림 6-6 브리슬 브러시

㉠ 브리슬 브러시 사용방법

털이 짧은 반려동물에 사용하면 피부에 부착된 오염물질과 각질 등이 털려 나오며 피모가 윤기가 나면서 건강한 피부를 만들 수 있다. 그림 6-7 과 같이 사용하면 된다.

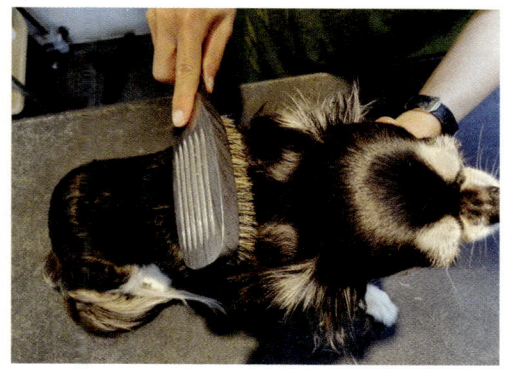 

그림 6-7 브리슬 브러시 사용방법

④ 콤

콤은 브러싱 도구 중 가장 필요한 도구이며 반려동물의 털을 정리하거나 죽은 털 제거, 엉킴 제거 등에 다양하게 사용할 수 있다. 다양한 길이와 콤의 종류에 따라 부위별로 콤을 나눠서 사용하면 편리하다.

그림 6-8 콤(일자빗)

㉠ 콤 사용방법

반려동물을 한 손으로 부드럽게 잡고 다시 한 번 털을 정리하는 데 사용하며 미용 시 털을 세우는 데도 사용된다. 그림 6-9처럼 사용하는데 엉킨 부분이 있으면 털끝에서 부터 안쪽으로 풀면서 들어가면 엉킴이 잘 풀린다.

그림 6-9 콤(일자빗) 사용방법

㉡ 반려묘 페이스콤 사용 방법

반려묘의 얼굴을 브러싱 할 때는 그림 6-10과 같이 촘촘한 페이스 콤으로 사용하여 죽은 털을 제거하는데 도움이 된다. 눈을 찌르지 않게 조심하면서 브러싱 한다.

그림 6-10 페이스콤(일자빗) 사용방법 반려묘 적용예시

3. 반려동물 발톱 관리

(1) 발톱 관리하기

1) 발톱 관리

① 발톱의 구조

반려견과 반려묘는 앞발에 다섯 개, 뒷발에 네 개의 발톱이 있다. 반려견에서 종종 뒷 발에도 며느리발톱이 있는 경우도 있다.

발톱은 그림 6-11에서와 같은 구조로 혈관과 신경이 발톱 안쪽에 분포되어있다.

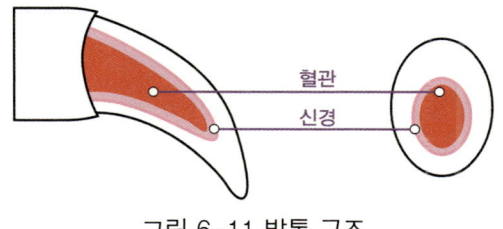

그림 6-11 발톱 구조

② 발톱의 역할과 관리 방법

발톱은 체중을 지탱하거나 지면으로부터 발가락뼈에 가해지는 충격을 흡수하는 역할을 하고, 개의 경우는 두껍고 강한 발톱의 형태를 가지고 있다. 그러나 고양이는 얇고 날카로우며 무기로도 사용되는 발톱의 형태를 가지고 있다. 또한, 발가락뼈와 발톱은 견고하게 연결되어 있다.

야성에서 생활하는 개과 동물이나 고양잇과 동물들은 나무 긁기나 땅 파기 등 일부러 사람의 손길이 안 닿더라도 사냥하러 다니면서 자연스럽게 발톱이 갈리는 경우가 대부분이다. 가정견이라 해도 산책을 많이 다니는 견은 발톱이 자연적으로 갈리는 경우가 많지만, 일부 동물에서는 지나치게 발톱이 자라버리면 나선형으로 돌아 자라면서 발바닥 볼록 살에 박히는 경우가 특히 며느리발톱에 흔하게 나타난다. 산책을 많이 하더라도 가정에서 키우는 반려동물은 며느리발톱 관리가 잘되지 않는 경우 사람이 깎아줘야 한다. 반려견이나 반려묘의 발톱은 혈관과 신경이 연결되어있는데 발톱을 잘못 잘라 신경을 건드리게 되면 출혈이 생기고 아파하기에 발톱을 자를 때는 혈관을 주의하면서 잘라 줘야한다.

하지만 발톱이 길면 혈관도 같이 자라기에 수시로 확인하면서 관리를 해 주어야한다. 혈관이 보이는 발톱은 깎기 수월하지만, 혈관이 보이지 않는 발톱은 혈관이 보이지 않아 어려운 경우가 있다.

발톱을 자르다가 피가 날 경우에는 반려견이 많이 아파하기에 당황하지 말고 소독 후에 지혈해준다. 대형견일 경우에는 발톱 혈관도 굵기 때문에 피가 나지 않게 잘라주는 것이 좋다. 산책하거나 밖을 다닐 때 혈관에 이물질이 끼일 경우 곪는 현상도 생기기 때문에 주의하도록 한다.

발톱을 깎기 어려운 경우에는 발톱 갈이로 갈아주는 것을 추천한다.

③ 발톱 관리를 안 해주었을 경우에 일어날 수 있는 현상
  ㉠ 발톱은 끊임없이 성장하고 또한 안쪽으로 기울게 자라게 되면 발가락의 기형을 만들 수 있다.
  ㉡ 발톱이 살을 파고들어 반려동물에게 상당한 고통을 줄 수 있다.
  ㉢ 반려견의 발톱이 길어질 경우 발바닥이 지면에 닿는 것을 방해하기도 하여 다리 관절에 무리를 주어 관절 손상을 입을 수 있다.

④ 발톱 관리 도구 종류
  ㉠ 집게형 발톱 깎기
    • 집게처럼 생긴 발톱 깎기로 주로 중형견 이상 견종에게 많이 사용 된다
    • 반려묘, 소형견에 써도 무방하다.

그림 6-12 집게형 발톱 깎기

ⓒ 소형 발톱 깎기
- 반려묘, 소형견 발톱 깎기로 대형견발톱은 깎기가 조금은 힘이 든다.
- 작은 발톱깎기에 용이하다. 가위처럼 양쪽 구멍에 손가락을 넣고 잘라주면 된다.

그림 6-13 소형 발톱 깎기

ⓒ 전동 발톱갈이
- 발톱을 깎은 후에 거칠어진 발톱 표면을 전동 발톱 갈이로 갈아준다.
- 발톱만 깎을 경우 발톱 깎은 표면이 거칠어져 사람도 반려견도 다칠 수가 있다.
- 발톱으로 얼굴을 긁거나 보호자의 다리나 팔을 긁을 때 상처가 생길수가 있기에 네 일줄이나 전동 발톱 갈이로 갈아주면 쉽게 갈 수 있다.

그림 6-14 전동 발톱 갈이

ㄹ 네일줄
- 발톱을 깎은 후 거칠어진 발톱 표면을 네일줄로 갈아준다.
- 전동발톱 갈이로 많이 쓰기도 하지만 없을시 에는 네일줄로 거칠어진 표면을 갈아주면 피부를 긁어서 상할 수도 있는 경우를 줄여줄 수 있다.

그림 6-15 네일줄

ㅁ 지혈제

발톱을 깎거나 갈다가 피가 났을 경우 발톱에서 피가 나는 부분에 지혈제를 발라준다. 이때 면봉에 지혈제를 찍어서 지혈해주면 손으로 묻혀서 바르는 것 보다 편하게 지혈해 줄 수 있다. 지혈제는 상비용으로 보관해두는 것이 좋다.

그림 6-16 지혈제

⑤ 발톱 모양

발톱은 혈관이 보이는 발톱과 혈관이 보이지 않는 발톱이 있다.

발톱이 투명한 발톱은 혈관이 잘 보여서 자르기가 수월하지만 검은 발톱이나 갈색 발톱은 혈관까지 자를 수도 있기 때문에 주의하면서 잘라주어야 한다.

㉠ 혈관이 보이는 발톱

그림 6-17처럼 혈관이 잘 보이는 발톱은 자르기가 수월하다. 신경이 다치지 않게 자른 후에 표면을 갈아준다. 반려견을 안전하게 보정 한 후에 발톱을 자르고 거칠어진 부분을 네일줄이나 발톱갈이를 이용해서 갈아준다.

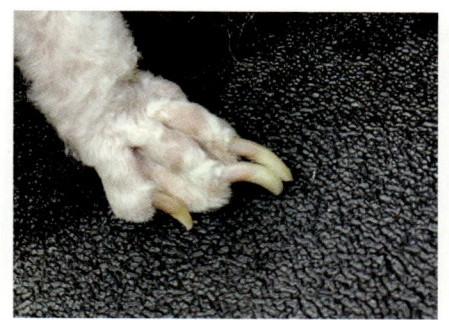 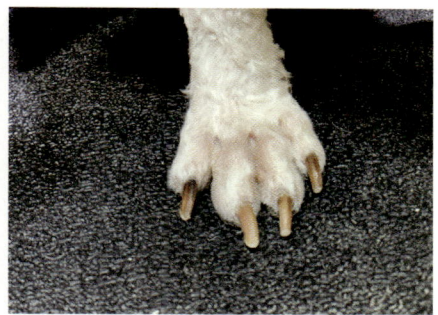

그림 6-17 혈관이 보이는 발톱과 자른 모양

㉡ 혈관이 보이지 않은 발톱

그림 6-18과 같이 혈관이 보이지 않은 검은 발톱이나 갈색 발톱은 혈관이 잘 보이지 않아서 자르다가 피가 나는 경우가 많다. 밝은 빛에 비추어보면 혈관 있는 부분이 더 어둡게 보이기도 하지만 잘 안 보이는 경우가 대부분이다. 발바닥 지면과 닿는 부분 까지 잘라주면 혈관이 다치는 경우는 드물지만 무섭다고 조금만 자르다 보면 발톱도 길어지고 혈관도 같이 자라기 때문에 조금만 잘라도 피가 나는 경우가 생길 수 있다. 어릴 때부터 짧게 자르는 습관을 길들이면 혈관도 짧아지기 때문에 피가 나는 경우가 줄어든다.

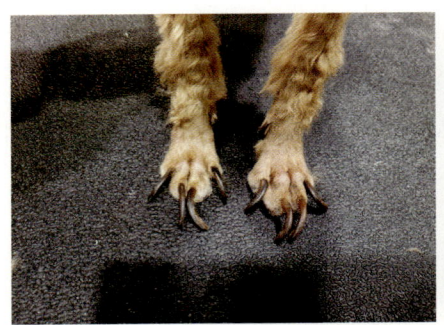 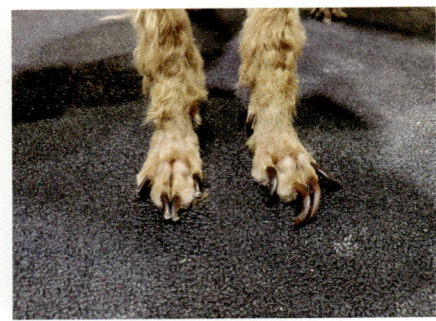

그림 6-18 혈관이 안 보이는 발톱과 자른 모양

⑥ 발톱 자르기

반려동물의 관절을 안전하게 보정한 후 혈관이 다치지 않게 잘라준다.

반려묘는 발톱을 숨기고 있기 때문에 손가락을 이용해 관절을 살짝 눌러주면 뾰족한 발톱이 나오는데 혈관이 다치지 않게 날카로운 부분을 잘라준다. 이때 발톱에 할퀴지 않도록 조심한다.

발톱을 한번만 잘라주는 것보다는 그림 6-19에 나와 있듯이 각을 없애면서 잘라주면 거친 표면의 발톱을 정리해 줄 수 있다.

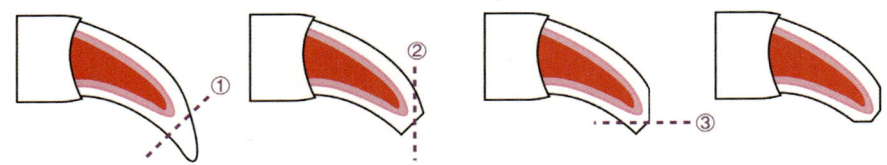

그림 6-19 발톱 자르는 순서

⑦ 발톱 자르는 방법

㉠ 그림 6-20처럼 반려동물을 사람의 몸 쪽으로 붙게 하고 한 손으로 안전하게 보정한 후 발톱 깎기로 잘라준다.

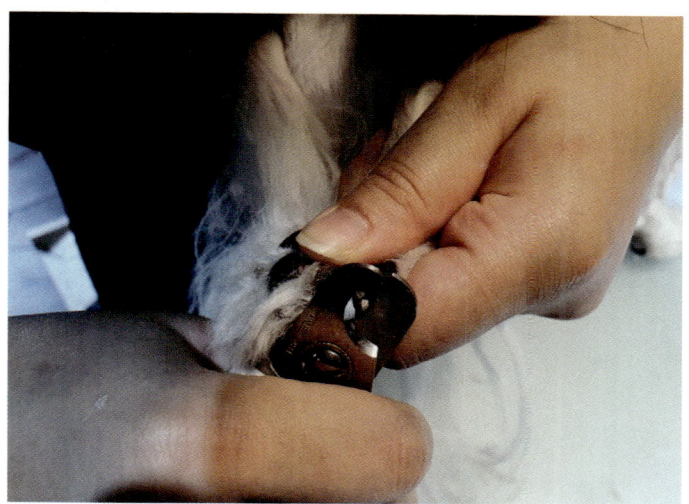

그림 6-20 발톱 자르는 방법

ⓒ 뒷발을 깎을 때 그림 6-21처럼 반려동물의 몸을 팔꿈치로 보정하여 사람 몸 쪽으로 붙인 후 뒷발을 살짝 들어 발톱을 안전하게 잘라준다. 얼굴 쪽이 발톱깎는 쪽으로 넘어오지 못하게 잘 보정한다.

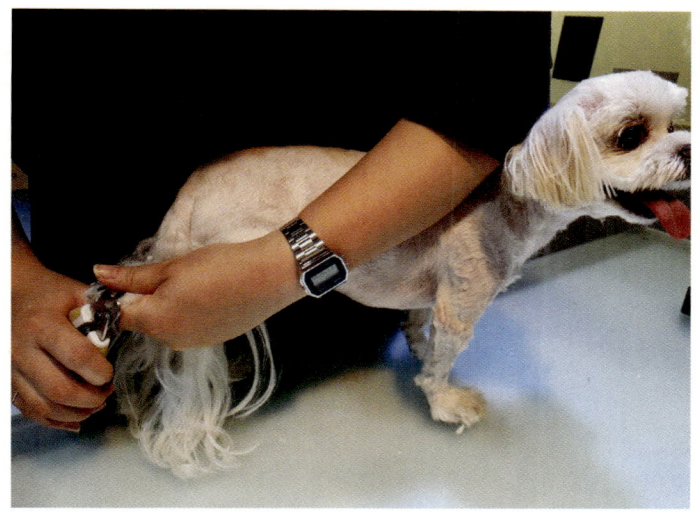

그림 6-21 뒷 발톱 자르는 방법

ⓒ 그림 6-22와 같이 앞발을 조심히 뒤로 젖힌 후에 발톱을 안전하게 잘라준다. 이때 사람 몸 쪽으로 반려견을 잘 보정한 후에 작업하는 것이 좋다.

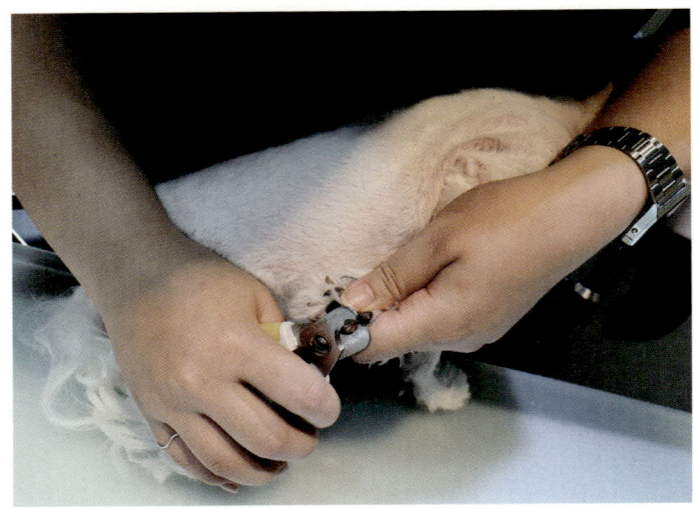

그림 6-22 앞 발톱 자르는 방법

ⓔ 앞발을 뒤쪽으로 꺾는 것을 싫어하는 반려견도 있다. 이때는 그림 6-23처럼 반려견을 안아서 발톱을 자르면 수월하다. 반려견이 발톱깎이를 물지 않도록 조심한다. 사람도 반려동물도 안전하게 발톱을 자른다.

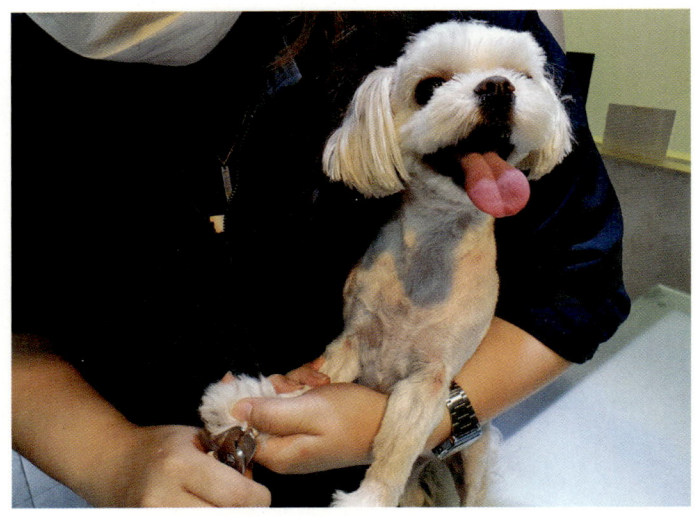

그림 6-23 앞 발톱 자르는 방법

ⓜ 발톱을 잘라서 거칠어진 각을 네일줄이나 그림6-24와 같이 전동 발톱 갈이로 부드럽게 갈아준다.

처음에는 발톱을 갈아주는 것을 싫어할 수도 있다. 칭찬해주면서 습관화를 들이면 익숙하게 발톱을 갈아줄 수 있다.

그림 6-24 전동발톱 갈이 사용 방법

4 반려동물 귀 관리

(1) 귀 관리

1) 반려동물 귀 구조

 반려동물의 귀는 외이, 중이, 내이로 나뉘며 사람의 귀 형태와 다르게 L 자형 구조로 되어 있어 공기가 쉽게 통하지 않기 때문에 세균번식이 용이하고 염증이 자주 일어나기도 하며 악취가 발생하기도 한다.

2) 반려동물 귀 관리

 반려동물 귀의 질병 발생은 내이와 외이도에 원인이 있는 경우가 대부분이다. 귓속을 관리해주지 않으면 외부 기생충이 기생하기도 하고 귓속에 털이 자라는 반려동물은 목욕에 의해 습기가 쉽게 차고 습도도 높기 때문에 세균이 번식하기 쉬워 방치하게 된다면 귓병의 원인이 된다.

 귓속에 털이 안 나는 견종은 이어 클리너를 사용하여 귓속을 닦아내며 귓털이 자라는 견종은 털을 뽑아내거나 잘라주어서 습하지 않게 만들어주어야 하며 마찬가지로 이어 클리너로 잘 닦아 주어야 한다.

 반려묘는 이어 클리너를 탈지면에 묻혀 부드럽게 귀 내·외부를 닦아주어 내이 쪽 피부가 다치지 않게 잘 닦아주어야 한다. 더럽다고 너무 세게 닦아내면 오히려 피부가 상하게 되므로 귓속이 더럽거나 염증이 있는 경우에는 반드시 동물병원에 내원하여 진료를 받도록 한다.

① 반려동물 귀 청소하는 방법

 ㉠ 귓속 털을 제거하기 위해 그림 6-25처럼 귓속에 이어 파우더를 뿌려준다.

 이어파우더를 뿌려주는 이유는 귓속의 털을 겸자로 뽑을 때 미끄럽지 않게 잡아주고 피부 자극과 피부 장벽을 느슨하게 해주며 모공수축의 역할을 한다. 그냥 뽑을 때 보다 자극을 덜 받게 된다.

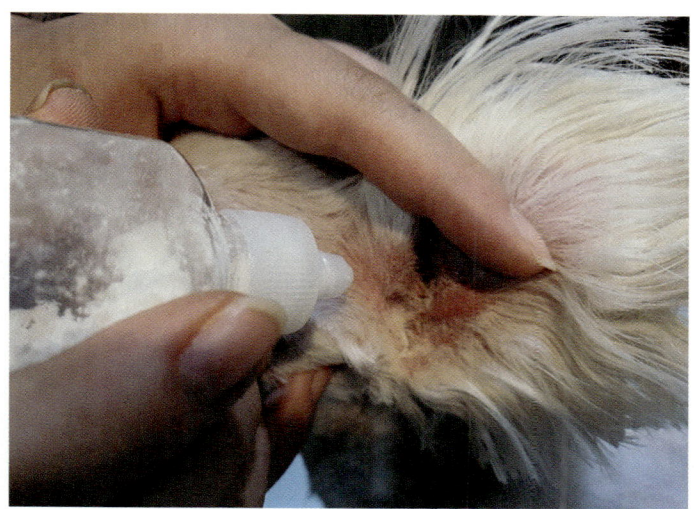

그림 6-25 귀속에 이어파우더 뿌리는 방법

ⓛ 그림 6-26처럼 이어파우더 뿌린 곳에 귓속 털을 겸자로 뽑아준다.

한 번에 많은 털을 잡고 뽑으면 아프기 때문에 조금씩 뽑아서 털을 제거한다. 어린강아지나 귀가 안 좋은 반려견은 귓털 가위를 사용해서 잘라 주는 것도 좋다. 귓털 가위로 자르면 뽑았을 때보다 자극을 덜 받기 때문에 반려견의 귓청소를 조금은 수월하게 할 수 있다.

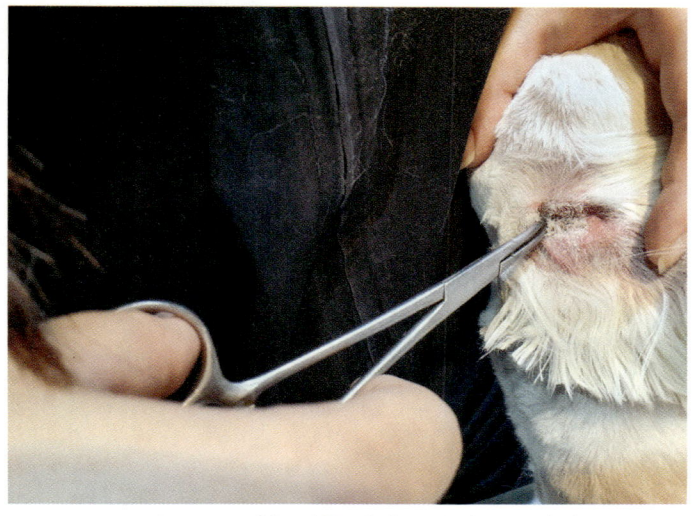

그림 6-26 귓속 털을 겸자로 뽑아주는 방법

ⓒ 겸자에 탈지면을 그림6-27과 같은 방법으로 만들어준다.

겸자의 집게부분에 탈지면을 꼽은 후에 탈지면을 돌려서 면봉처럼 말아준다.

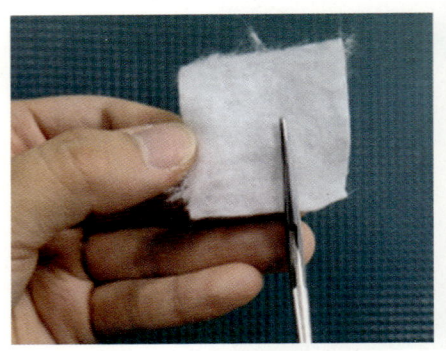

㉮ 집게부분에 탈지면을 끼운다.   ㉯ 손바닥에 놓고 돌려준다.

㉰ 면봉처럼 만들어준다.   ㉱ 귓구멍에 맞는 크기로 만들어준다.

그림 6-27 겸자로 면봉 만드는 방법

ⓓ 그림 6-28과 같이 면봉처럼 만들어놓은 탈지면에 이어클리너를 묻혀 귓속을 부드럽게 닦아낸다.

너무 세게 닦아내지 않도록 주의한다.

이어 클리너는 귀지의 용해를 도와 이물질 제거에 효과가 좋으며 귓속에서의 미생물 번식 억제와 악취 제거에 도움이 된다.

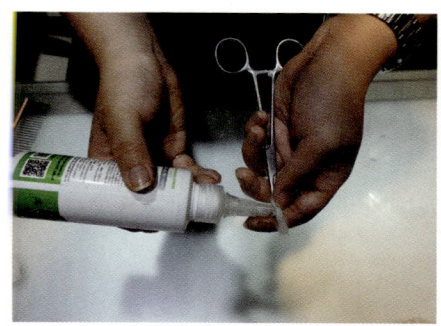 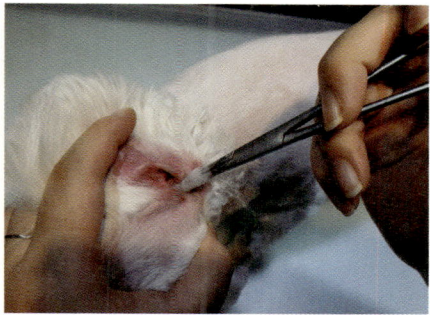

그림 6-28 귀 청소하는 방법

　㉤ 귓속 털에 수분이 있으면 잘 뽑히지 않고 미끄럽기 때문에 목욕 전에 귓속 털을 제거해주는 것이 좋다.
　㉥ 어린 강아지나 귀에 염증이 심한 경우 귓속 털 자르는 가위로 잘라주는 것이 자극을 덜 받게 한다.
　㉦ 귓속이 아주 더러운 경우에는 이어 클리너를 귓속에 넣고 마사지하듯이 귀밑 부분을 문질러주면 귀지 용해가 쉬워 귀 청소하기가 용이하다.
　㉧ 귀가 너무 더럽다고 염증이 있으면 귀 청소할 때 혈흔이나 고름이 묻어나온다면 너무 세게 닦지 말고 수의사의 진료를 권장한다.

② 귀 관리가 안 되었을 때 나타날 수 있는 현상
　㉠ 귓속에 이물질이 쌓이면서 냄새가 난다.
　㉡ 귀를 자주 긁으며 외이의 피부가 정상인 피부보다 두꺼워지고 붉어 보인다.
　㉢ 이도가 많이 좁아지고 귀의 표면이 부어있고 한쪽 귀가 처지며 머리가 한쪽으로 기울어지는 현상이 나타난다.
　㉣ 귀 만지는 것을 무척이나 싫어한다.

반려동물관리사

5. 반려동물 치아관리

(1) 치아 관리

반려동물의 치아 관리는 매우 중요하다. 태어나서 4개월 시기부터 유치가 빠지고 영구치가 나오기 시작한다. 유치가 빠지는 시기에 개 껌이나 장난감을 주어 자연스럽게 빠지게 하는 것이 좋지만 8~9개월 이상이 되어서도 유치가 남아있다면 수의사의 도움을 받아 발치를 해주어야 한다. 이시기에 동물병원에서 치아 발육상태를 확인하는 것도 좋다.

1살 이상이 되면 치아와 잇몸 관리가 필요하다. 매일 칫솔질을 해주는 것이 좋지만 그렇게 해주지 못하는 경우가 대부분이다. 다양한 개 껌과 치아를 튼튼하게 해주는 식품들을 이용해 치아 관리를 해주는 것도 추천한다.

어린 동물들이 처음에 칫솔을 거부하는 경우가 있기에 그때는 손가락에 끼워서 사용하는 치아 관리 제품을 사용하면 좋고 그다음에 점차 반려동물 치아에 맞는 칫솔을 구매하여 반려동물이 익숙하여지도록 만들면 치아 관리가 수월해질 수 있다.

치아 관리는 반려동물의 건강관리에 매우 중요한 부분을 차지한다. 치석은 잇몸염증을 유발하며, 치석의 세균들이 반려동물의 건강을 안 좋게 만들 수 있기에 치아 관리만 잘하여도 반려동물이 건강하게 지낼 수 있다.

치아 관리에 필요한 반려동물 전용 치약과 칫솔을 사용하도록 한다.

1) 치아 관리방법

① 손가락 거즈로 치아를 닦아내거나 칫솔에 치약을 묻혀 조심히 닦아내도록 한다.

② 치아 닦는 방법

㉠ 처음에 칫솔질을 하지 못하는 어린동물에게 많이 사용 되는 거즈형 치아관리 용품이다. 그림 6-29와 같이 한 손으로 윗입술을 위로 젖힌 후 손가락에 끼운 거즈로 조심히 닦아낸다.

칫솔질에 익숙하지 않은 동물에 먼저 사용하면 좋고 이때 물리지 않도록 주의한다.

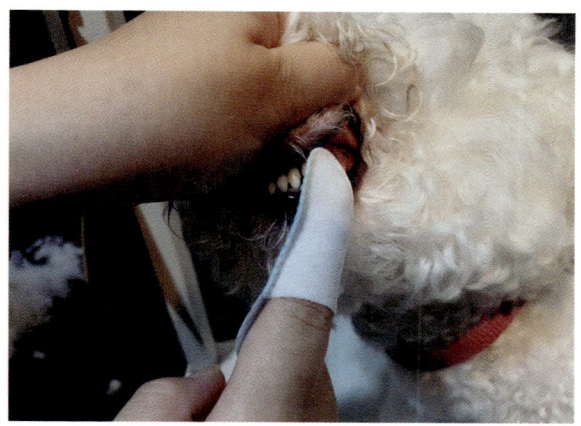

그림 6-29 손가락 거즈 치아관리 사용방법

ⓒ 그림 6-30처럼 한 손으로 윗입술을 위로 젖힌 후 칫솔에 치약을 묻혀 칫솔질한다. 치아 사이사이에 끼인 이물질을 제거한다. 칫솔질할 때 잇몸이 많이 안 좋아 피가 나는 경우 또한 치석이 많이 끼인 경우 수의사의 진료를 받는 것을 권장한다.

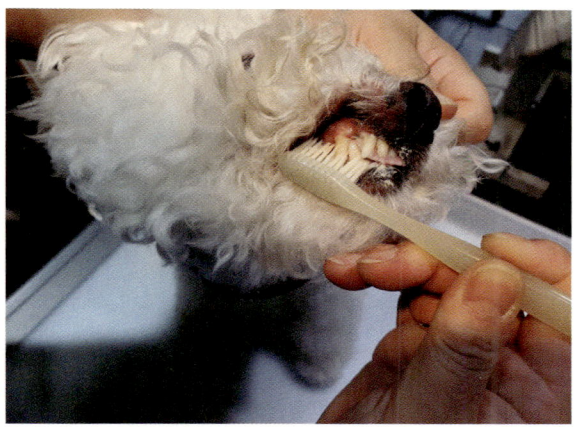

그림 6-30 칫솔 치아관리 사용방법

ⓒ 치아에 치석을 방치할 경우 잇몸에 염증이 생길 뿐만 아니라 치아 뿌리 신경까지 염증이 생겨 발치를 해야 하는 경우도 생긴다.
ⓔ 특히 치아 송곳니 부분의 염증은 얼굴 부분까지 염증이 퍼질 수 있기에 치아관리에 신경 쓰지 않으면 반려동물의 건강을 해칠 수 있다.
ⓜ 반려동물의 치아가 좋지 않을 경우에는 반드시 전문 수의사의 진료를 받도록 한다.

6 반려동물 위생미용

(1) 위생 미용

반려동물의 건강을 위한 위생 미용은 발톱 관리, 귀 관리, 항문, 생식기, 발바닥 털 제거 등이 포함된다. 눈앞에 털도 정리해 주면 깨끗하게 관리할 수 있다.

1) 발바닥 관리

발바닥의 털이 자라지 않는 동물도 있지만, 털이 자라는 경우 발바닥 털을 제거해야 보행에 지장을 주지 않는다. 미끄러워서 관절 손상을 입을 수 있기 때문에 발바닥 털은 제거해주는 것이 좋다.

반려견이 산책하러 자주 나가는 경우에는 너무 발바닥 속까지 파지 않는 것이 좋다. 반려묘도 길게 자란 발바닥 털을 제거하여 관절 손상을 입지 않도록 주의한다.

2) 발바닥 털 제거 방법

① 발바닥 털 제거되지 않은 모습

그림 6-31에 나와 있듯이 발바닥 패드를 덮고 있는 발바닥 모습이다.

이렇게 털이 많이 자라 있으면 반려동물이 미끄러지기도 하고 걸을 때 모양도 제대로 걷지 못하는 모습을 볼 것이다.

그림 6-31 발바닥에 털이 있는 모습

② 발바닥 털 제거하기

장모종인 견은 발바닥 털도 길게 자라난다. 그렇게 때문에 털을 제거하는 것이 좋고 또한 중단모종들도 발바닥털이 발 패드를 덮고 있는 경우가 많기 때문에 털을 제거해 주는 것이 좋다.

그림 6-32의 모습은 털이 긴 견종과 중단모의 발바닥 털을 클리퍼로 제거하는 모습이다. 안전하게 반려동물을 보정한 후에 발을 살짝 들어 올려서 발바닥 털을 제거한다.

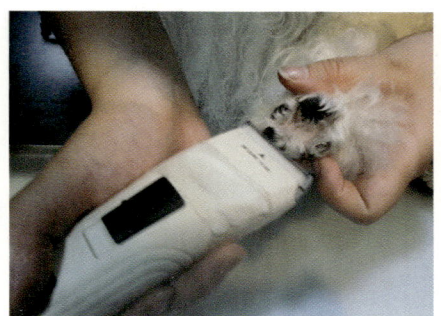 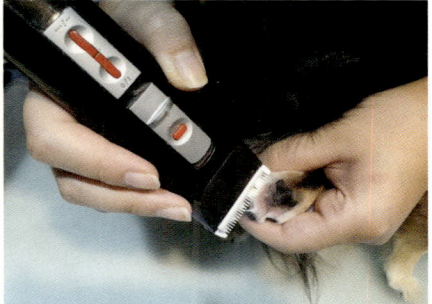

그림 6-32 발바닥 털 클리핑

③ 그림 6-33의 발바닥 털 제거 후의 모습은 발 패드주변의 털이 제거되어 반려동물의 발 패드가 정확하게 보인다. 발바닥 털을 제거함으로써 반려동물이 미끄러지는 것을 방지할 수 있다.

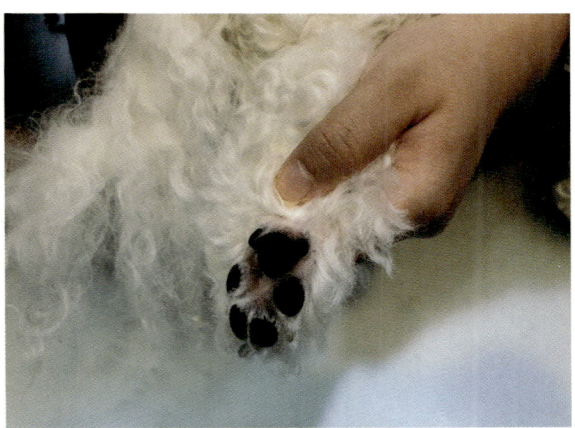

그림 6-33 발바닥 털 클리핑 후

2) 항문, 생식기

항문 주변이나 생식기 주변에 털이 많이 자라 있어서 분비물 묻어서 제거되지 않으면 염증 유발의 원인이 될 수도 있기 때문에 항상 청결하게 유지하도록 한다. 주의할 점은 너무 짧게 밀어서 트러블이 생기는 것에 유의하도록 한다.

3) 항문, 생식기 털 제거 방법

① 항문주위의 털은 짧게 유지해주는 것이 좋다. 항문 주변에는 잔주름이 많이 형성되어 있어서 너무 짧은 클리퍼로 밀다보면 상처가 생길수도 있기 때문에 주의하며 클리핑 한다. 그림 6-34처럼 항문 길이만큼 꼬리 위아래 밀어주며 마름모 형태로 밀어주면 위생적으로 관리할 수 있다.

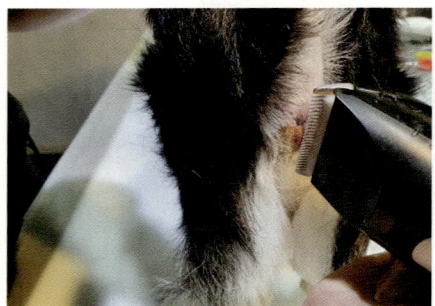
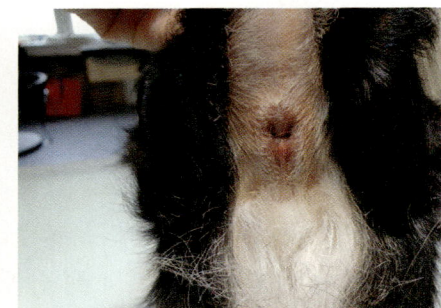

그림 6-34 항문 털 클리핑

② 암컷 생식기 주변의 털은 그림6-35처럼 생식기 주변의 털을 제거해 주는 것이 관리하기 편하다. 배부분은 ∩ 형태로 배꼽 부위까지 밀어준다.

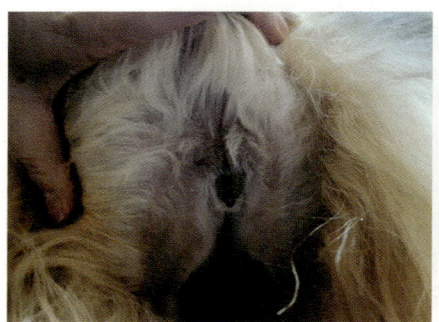
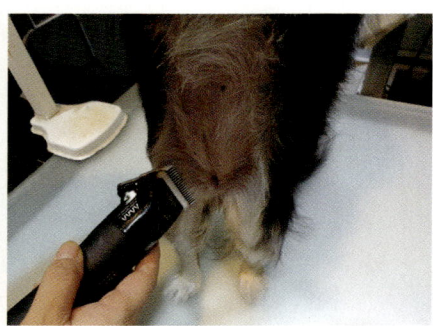

그림 6-35 암컷 생식기 주변 털 클리핑

③ 그림 6-36과 같이 숫컷은 생식기 위로 역 ∧로 밀어준다. 태꼽 부위까지 밀어주면 된다. 서혜부 부분과 사타구니 부분도 살짝 정리해준다. 상처가 생기지 않게 조심해서 밀어준다. 고환부분은 피부가 얇기 때문에 조심해서 밀어준다.

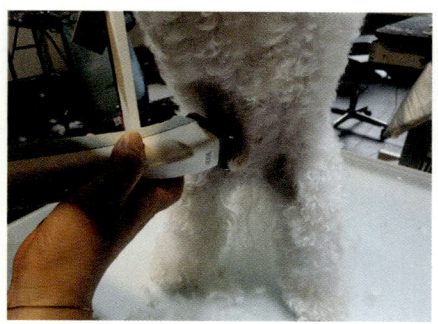 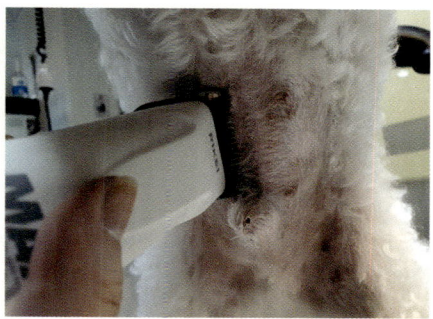

그림 6-36 수컷 생식기 주변 털 클리핑

7 반려동물 목욕

(1) 반려견, 반려묘 목욕 관리

1) 어린 동물 목욕 관리

태어나서 처음으로 그루밍 경험이 없는 어린 동물은 안정감을 매우 중요하게 여긴다. 생후 3~4주가 되면 항문 주변에 분비물이 많이 묻을 수도 있기 때문에 청결함을 유지해야 한다. 특히 목욕할 때는 더욱 유의하면서 어린 동물을 다뤄줘야 한다.

놀이 개념으로 익숙하여지도록 하는 것이 중요한데 브러싱 할 때도, 목욕할 때도 거부감이 생기지 않게 익숙하게 만든 후에 관리가 들어가는 것이 좋다. 처음 경험에서 길들여진 버릇이나 안 좋은 기억들이 평생을 가기도 한다.

목욕할 때 물 온도를 잘 맞추고 샤워기로 뿌려서 하기 보다는 손으로 물을 떠서 털을 적시고 거부감이 들지 않게 목욕을 하는 것이 좋으며 이왕이면 최단 시간에 자극을 받지 않도록 하면서 진행하는 것이 좋다. 마지막 헹굴 때에는 혹시나 눈에 들어간 샴푸 제나 린스 제를 말끔히 씻어내는 것이 중요하다. 필요하다면 생리식염수나 인공눈물로 닦아내는 것도 추천한다.

2) 노령동물 목욕 관리

나이가 많은 노령동물도 어린 동물과 마찬가지로 관리가 매우 중요하다. 나이가 들어서 다시 어린 동물처럼 말을 잘 듣지 않는다거나 여태 잘 해왔던 모든 것들을 거부할 때도 생길 수 있기 때문에 어린 동물처럼 부드럽게 잘 다뤄줘야 한다. 단시간에 미용이나 목욕을 마치는 것이 좋고 특히 코에 물이 들어가 호흡에 지장을 주게 되면 쇼크가 일어날 수 있기 때문에 최대한 조심해서 다뤄줘야 한다.

목욕 시 마지막 헹굴 때는 혹시나 눈에 들어간 샴푸 제나 린스 제를 말끔히 씻어내는 것이 중요하다. 필요하다면 생리식염수나 인공눈물로 닦아내는 것도 추천한다.

3) 샴푸

목욕 시 샴푸를 사용하는 목적은 동물의 피부와 털에 쌓여있는 노폐모, 오염물질을 제거하고 건강하고 청결하게 유지하는 목적이 있다.

반려견의 피부와 사람의 피부는 다르기 때문에 사람용 샴푸는 반려견 피부에 자극적일 수 있다. 그러므로 반려동물 전용 샴푸 사용을 추천한다.

반려견, 반려묘, 품종별로 다양한 샴푸들이 출시되고 있다.

개체에 맞는 샴푸 제를 선택하여 사용하는 것이 좋다. 너무 향이 강한 샴푸는 반려동물에게 자극적일 수 있기 때문에 은은한 향 향이 나는 것을 추천한다. 사람의 입장보다는 반려동물의 입장에서 생각하면서 샴푸 제를 선택하도록 한다.

동물의 피부와 털의 건강을 위해서는 피부에 어느 정도 유성을 유지하는 것이 좋고 적절한 유성은 피부 보호막 역할을 해준다. 세정력이 강한 제품을 오랫동안 사용하거나 너무 자주 샴푸를 할 경우 피부 장벽을 무너뜨려 오히려 피부병 발생의 원인이 될 수 있으므로 주의해야 한다.

세척력이 강한 샴푸는 오염된 부위만 사용하는 것을 추천하며 샴푸 제가 남지 않게 충분히 헹구어주어야 한다.

반려동물과 맞지 않는 샴푸를 계속해서 사용하게 되면 오히려 피부와 털을 상하게 만들기도 한다. 반려동물의 피부와 모질 상태에 따라서 또한 오염 정도에 따라서 제품을 선택하는 것이 바람직하다.

피부 상태가 좋지 않을 경우에는 약용샴푸를 쓰기도 하는데 반드시 동물병원에 내원하여 수의사의 진료를 받고 선택하도록 한다.

샴푸하기 전에 항문낭 관리를 해주는 것이 좋다. 산책을 자주 하는 반려견은 영역 표시할 때 항문낭이 같이 배출되기도 하여 적은 양의 항문낭이 발성하기도 하는데 가정에서 키우는 반려견은 항문낭 액을 주기적으로 배출해주지 않으면 항문선이 붓고 염증이 생길 수 있고 방치할 경우 항문낭이 막혀 배변 활동 시 어려움을 느끼고 염증이 심해져 터지는 경우도 생겨 수술해야 하는 상황까지 이를 수 있기 때문에 꾸준한 관리를 해주는 것이 바람직하다.

① 항문낭 배출 방법

그림 6-37처럼 한 손으로 꼬리를 잡고 꼬리 밑둥 부분에 바짝 대면 4시 8시 방향으로 볼록하게 항문낭이 보이는데 안쪽에서 바깥쪽으로 살살 마사지해가며 짜내면 쉽게 항문낭이 배출된다. 꼬리만 들어서는 항문낭 배출이 어렵기 때문에 반드시 그림 6-37과 같은 방법으로 작업하는 것이 좋다.

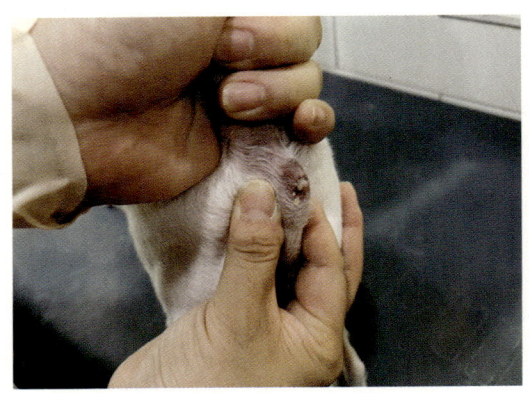

그림 6-37 항문낭 배출방법

② 샴푸 순서와 방법

㉠ 그림 6-38처럼 손등에 물 온도를 체크한다.

너무 차갑거나 너무 뜨겁지 않게 주의한다. 너무 미지근한 물은 때가 잘 빠지지 않기 때문에 체온보다 살짝 높은 온도가 가장 때가 잘 빠진다.

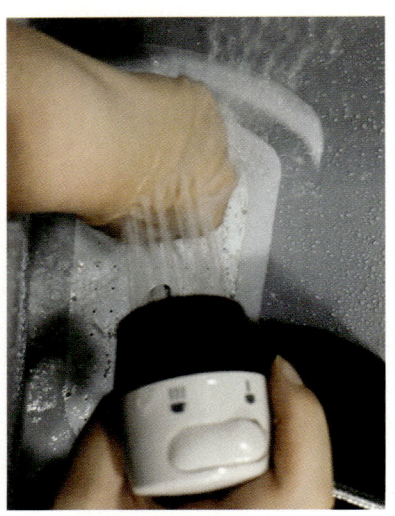

그림 6-38 물온도 체크

ⓛ 물 온도 체크가 끝나면 그림 6-39와 같이 심장보다 먼 엉덩이쪽부터 물을 적셔나간다.

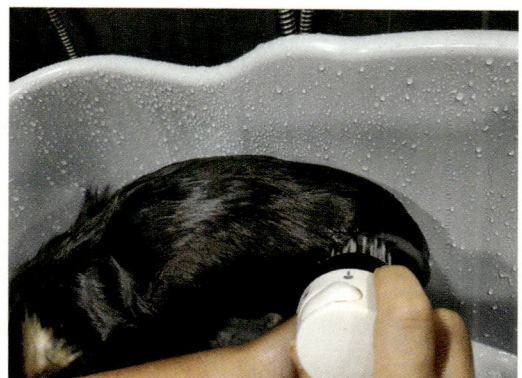

그림 6-39 엉덩이 쪽부터 물 적시기

ⓒ 그림 6-40과 같이 코에 물이 들어가지 않게 샤워기를 두부에 대고 코 쪽을 위로 향하게 한 후 물을 적신다.

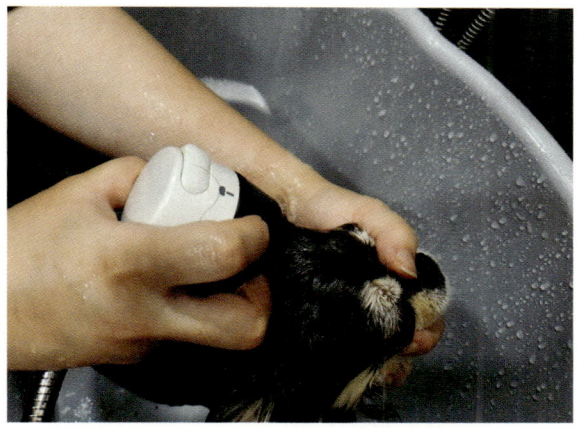

그림 6-40 코를 위로 향하게 하고 물 적시기

ⓔ 희석한 샴푸 액을 그림 6-41과 같이 거품 타올에 묻혀서 거품을 내준다.
거품 타올을 사용하는 이유는 거품도 잘나고 샴푸 액을 개체에 묻히는 것이 용이하다.

그림 6-41 거품 타올에 샴푸액 묻히기

ⓜ 전체적으로 몸을 마사지하면서 샴푸 액을 묻힌 거품 타올로 그림 6-42와 같이 문질러 준다.

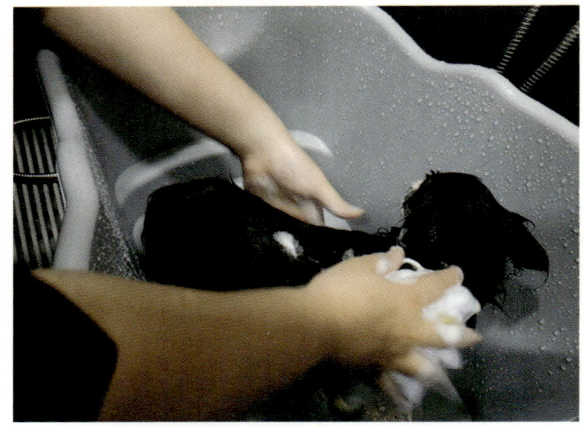

그림 6-42 몸에 샴푸액 묻히기

ⓑ 얼굴 부분은 눈과 코 주변을 주의하면서 그림 6-43과 같이 손으로 마사지하듯이 샴프 해준다. 눈에 거품이 들어가지 않게 주의한다.

그림 6-43 얼굴부분 샴푸방법

ⓢ 헹굴 때에는 그림 6-44처럼 머리부터 헹궈주는 게 좋다.

그림 6-44 머리부터 헹구기

◎ 머리를 헹군 후에 그림 6-45 처럼 몸 전체를 샴푸 액이 남지 않게 깨끗하게 씻어내려 간다. 그 다음에 같은 방법으로 린스를 해준다.

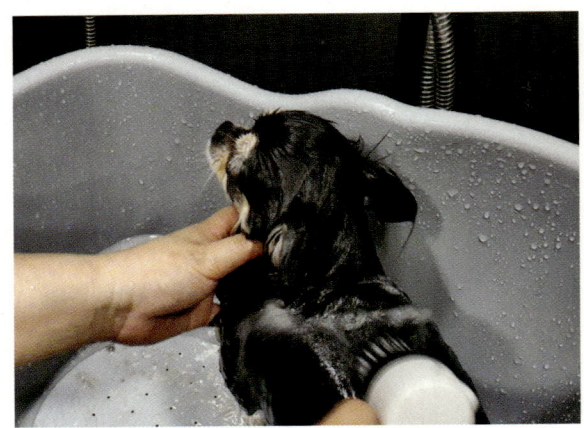

그림 6-45 몸 헹구기

ⓩ 목욕이 끝난 후에는 그림 6-46과 같이 타월로 몸 전체를 닦아낸다.
커트 하는 견종은 물기가 너무 없으면 털이 빨리 말라서 커트하기 어려울 수가 있기 때문에 견종별 타월링 하는 방법을 숙지한다.

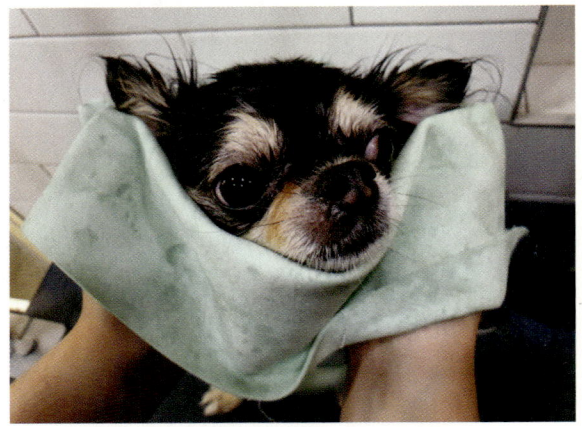

그림 6-46 타월로 닦아내기

4) 린스

린스의 목적은 샴푸제를 중화하고 털을 부드럽게 하며 정전기를 방지하는 목적이 있다. 반려동물 품종에 따라서 린스의 방법도 달라진다. 이상적인 린스의 효과는 털에 너무 많은 유분기를 주어 무겁거나 끈적이지 않아야 하고 부드러운 느낌으로 브러싱이 원활하게 이루어지고 차분한 털의 외형이나 볼륨감 있는 털을 만들어 낼 수도 있어야 한다.

샴푸제로 인한 알칼리화 된 털을 산성 린스로 중화시킴으로써 샴푸와 린스를 따로 사용하는 것을 추천한다.

린스의 사용방법은 샴푸제 사용방법과 비슷하며 린스기가 남아 있지 않게 충분하게 헹구어주는 것이 바람직하다.

제품에 따라 너무 헹궈내지 말아야 하는 제품도 있다. 견종과 린스 종류에 따라 사용법을 충분하게 숙지한 후에 사용하도록 하자.

5) 입욕

샤워기로 물을 뿌려서 사용하는 것을 싫어하는 반려동물도 많다. 그럴 때는 반려동물이 들어갈 수 있는 욕조에 그림 6-47처럼 샴푸와 린스를 희석해서 물을 끼얹어 주면서 입욕하는 방법도 추천한다. 물 온도는 반려동물 체온보다 높은 39°~40° 정도의 물에 담가서 목욕할 경우 몸에 있는 노폐물과 더러움들이 잘 빠지고 발이나 냄새나는 부위는 부분적으로 한 번 더 샴푸를 해주는 것을 추천한다. 물 온도를 온도계로 체크하면서 만져보면 그렇게 생각보다 뜨겁지 않다는 것을 알 수 있을 것이다. 샴푸와 린스 후에 아로마나 스파 입욕제를 넣고 5분 정도 입욕하면 릴렉스 효과도 있고 샴푸와 린스에 남아있는 잔여물까지 제거된다.

그림 6-47 반려견, 반려묘 입욕 방법

6) 드라이하기

　목욕이 끝난 후 털을 말려주는 것이 드라이의 목적이 되겠다.

　드라이할 때 주의사항은 너무 뜨거운 바람은 피하고 너무 피부 쪽에 뜨거운 바람을 쐬일 때 화상을 입을 수도 있기 때문에 조금 떨어져서 드라이한다. 모근부터 완벽하게 말리는데 브러싱 하면서 말려주면 수월하게 말릴 수가 있다. 얼굴을 드라이할 때는 정면에 바람을 쐬지 말고 옆으로 돌려서 콤으로 빗질하며 말려준다. 순서를 정해서 털이 마르면 조금씩 이동하면서 재빠르게 말려준다. 주의할 점은 브러싱을 너무 강하게 하면 오히려 피부에 자극을 주어 뜨거운 바람에 열화상을 입을 수 있으므로 주의 하도록 한다.

7) 드라이하는 방법

　① 털이 누워있는 동물은 그림 6-48처럼 털 방향대로 브러싱 하면서 말려준다.

　　드라이 바람의 방향은 털이 나있는 방향으로 바람의 방향을 설정한다.

　　털이 뜨는 것을 방지하기 위해 타월로 감싸 놓기도 한다.

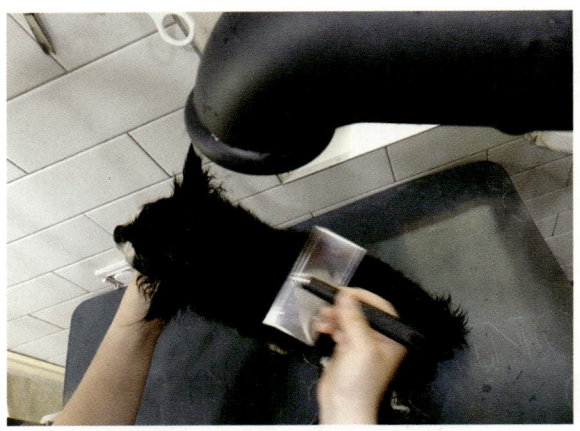

그림 6-48 누워있는 털 드라이 방법

② 곱슬거리는 털은 그림 6-49와 같이 털이 난 반대 방향으로 세워서 브러싱 해주면서 드라이 해주면 볼륨감도 생기고 커트할 시 모양도 잘 나오게 된다.

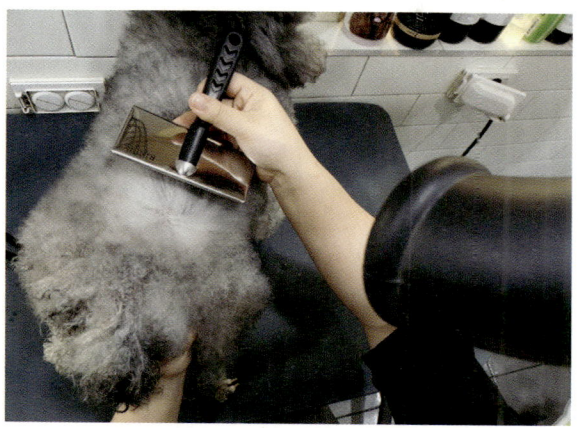

그림 6-49 털난 반대방향 드라이방법

③ 장모종인 경우는 그림 6-50와 같이 슬리커 브러시와 핀 브러시를 번갈아 사용하면서 말려주면 털 끊어짐의 손상을 방지할 수 있다.

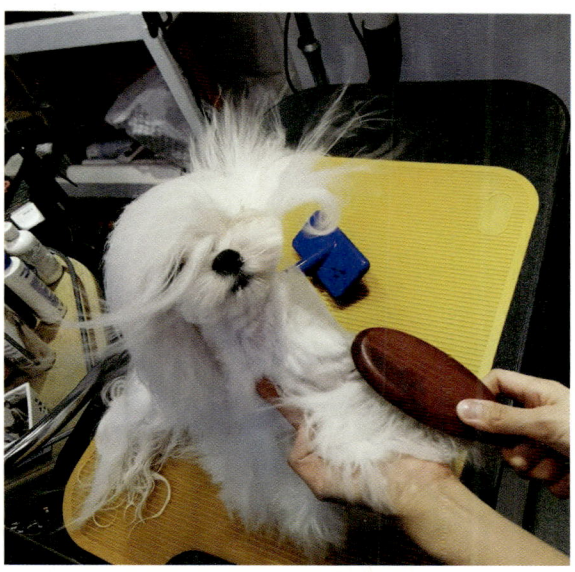

그림 6-50 장모종 드라이 방법

④ 얼굴을 말릴 때는 반려견, 반려묘 모두 슬리커 브러시 사용이 힘든 경우에는 눈 주변이 다치지 않게 안전하게 콤을 이용하여 드라이한다.

예시로 그림 6-51처럼 페이스 콤으로 반려묘를 드라이할 때 브러싱을 해주면 언더코트가 잘 정리된다. 코에 바람을 쐬지 않게 주의하도록 하자.

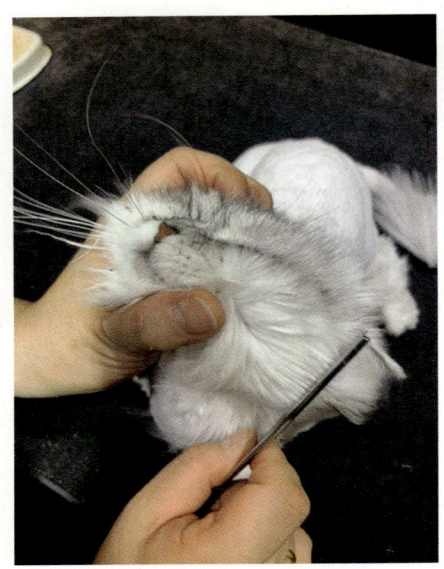

그림 6-51 반려묘 얼굴 드라이 방법

8 시저링하기

(1) 시저링 이해

시저링은 가위로 털을 자르고 반려동물 신체의 단점을 보완하고 알맞은 미용 스타일에 맞춰 모양을 만드는 작업을 말한다.

이 단원에서는 가위를 올바르게 잡고 개체를 안전하게 보정한 후 부분 클리핑 한 곳의 주변 털을 시저링 하는 방법을 알아본다.

1) 가위 잡는 방법과 가위연습

가위를 잡는 방법이 가장 중요하다. 안전하게 가위 잡는 법을 익히고 반려동물이 다치지 않게 연습하는 것이 중요하다.

① 그림 6-52와 같이 가위를 손바닥 위에 사선으로 올려놓는다. 네 번째 손가락(약지)를 약지환에 끼우고 소지걸이(새끼손가락 받침)에 받쳐준다. 약지에서 검지 두 번째 마디까지 사선으로 올려 준다.

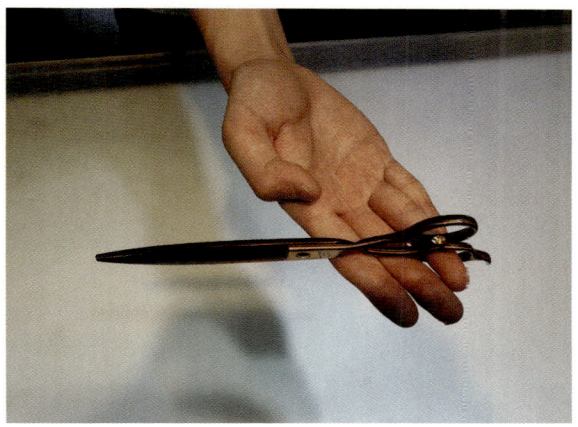

그림 6-52 손바닥에 사선으로 가위 올리기

② 그림 6-53처럼 엄지환에 엄지를 넣는다. 손목에 힘이 들어가지 않도록 주의한다.

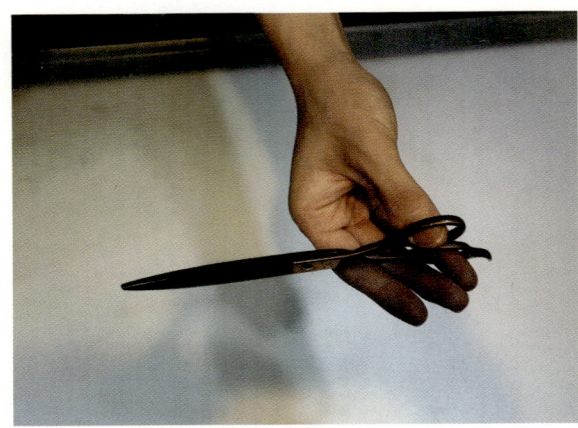

그림 6-53 엄지손가락 엄지환에 끼우기

③ 그림 6-54처럼 검지 두 번째 마디를 구부려서 가위를 받쳐주고 엄지만 움직이면서 가위를 90° 이상 벌려준다.

그림 6-54 가위 벌려주기

④ '벌려준 가위를 그림 6-55와 같이 다시 오므려 준다. 반복적으로 연습하면서 엄지손가락만 움직이면서 연습한다.

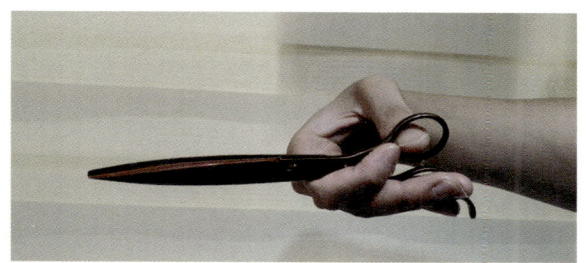

그림 6-55 가위 오므려 주기

⑤ 손목에 힘을 빼고 엄지손가락만 폈다 오므렸다를 반복하면서 동날만 움직이도록 한다. 가위가 흔들리지 않게 충분한 연습 후에 반려동물에게 적용하도록 한다.

2) 위생미용 후 시저링하기

클리퍼로 위생미용 한 부위의 주변 털을 가위로 정리해주면 훨씬 더 깔끔하고 위생적으로 관리할 수 있다.

① 항문 주변 시저링

항문을 클리핑한 후에 그림 6-56과 같이 꼬리를 잡고 주변 털을 가위로 깔끔하게 정리해 준다. ◇ 마름모 형태로 클리핑한곳을 같은 방법으로 가위방향을 설정하여 잘라 준다.

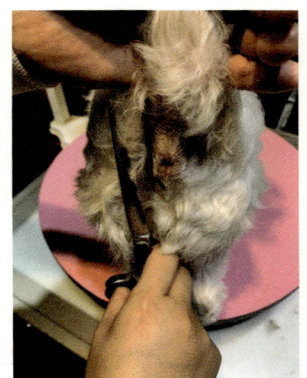 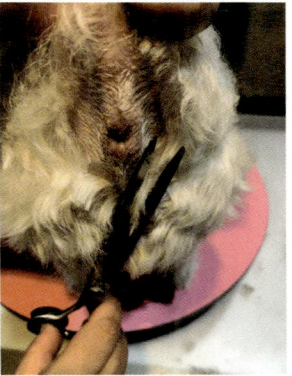

그림 6-56 항문주변 시저링

② 배 주변 시저링

반려견을 안전하게 보정한 후 그림 6-57과 같이 암컷과 수컷 모두 배 클리핑한 주변 털을 가위로 잘라준다.

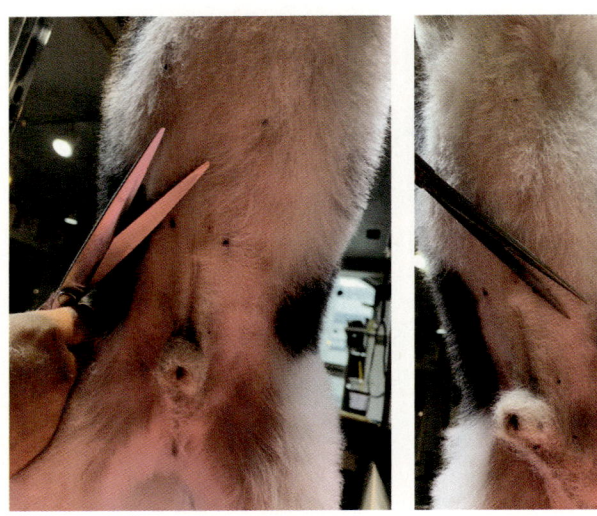

그림 6-57 배주변 시저링

③ 발바닥 주변 시저링

발패드가 다치지 않게 그림 6-58처럼 패드 바깥 주변으로만 가위가 가도록 털을 가위로 정리해준다.

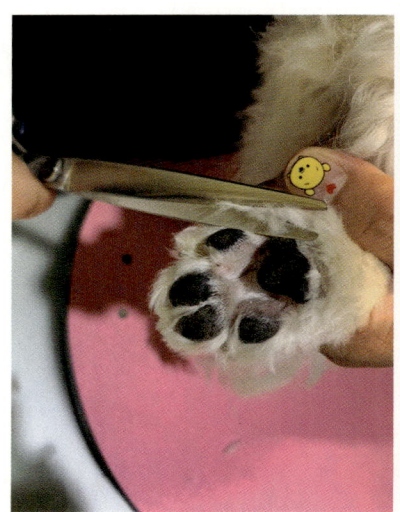 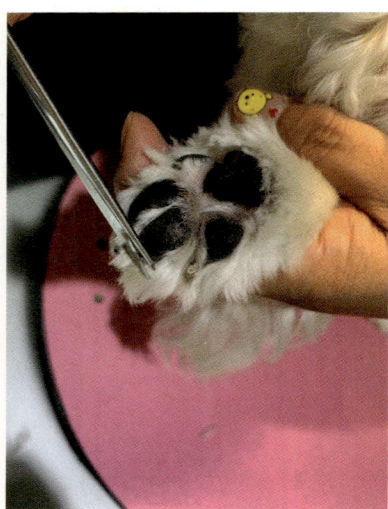

그림 6-58 발바닥 주변 시저링

④ 눈앞 시저링
  ㉠ 그림 6-59처럼 빗으로 결 방향대로 털을 빗어준 후 눈과 눈 사이(스톱) 부분의 털을 가위로 잘라준다.

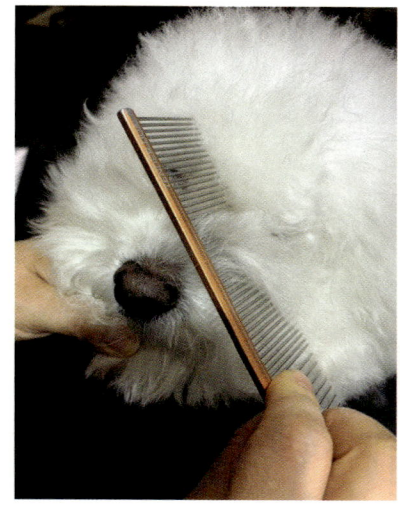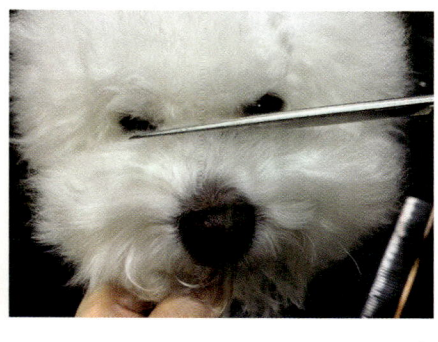

그림 6-59 눈 주변 시저링

  ㉡ 그림 6-60과 같은 방법으로 양쪽 눈 밑에 털을 안전하게 정리해준다.

그림 6-60 눈 주변 시저링

⑤ 시저링할 때 유의사항

　㉠ 반려동물을 안전하게 보정 한 후 테이블 위에서 뛰어 내리지 않도록 주의한다.

　㉡ 미숙한 도구 사용으로 인해 반려동물이 다치지 않게 주의한다.

　㉢ 가위를 지면에 떨어뜨리지 않게 주의한다.

　㉣ 항시 안전사고에 주의한다.

1. 그루밍의 효과가 아닌 것은?
① 보호자와 반려동물과의 접촉을 통해 교감을 얻을 수 있다.
② 보호자와 반려동물과의 접촉을 통해 신뢰를 쌓을 수 있다.
③ 반려동물을 터치함으로써 마사지의 운동 효과를 기대할 수 있다.
④ 반려동물을 터치함으로써 반려동물이 다칠 수 있다.

2. 반려견, 반려묘에 있어 좋은 환경 온도는?
① 10℃~20℃
② 28℃~30℃
③ 15℃~25℃
④ 32℃~33℃

3. 브러싱의 효과가 아닌 것은?
① 피부에 적당한 자극과 마사지 효과로 신진대사와 혈액 순환이 원활해지면서 피부와 털을 건강하게 유지할 수 있다.
② 더러운 이물질이나 먼지, 빠지는 털을 제거해서 털이 뭉치는 것을 방지할 수 있다.
③ 피부에서 자연적으로 발생하는 유분이 피모 전체에 퍼져 일종의 보호막을 형성해 윤기 나는 피모를 유지할 수 있다.
④ 피부의 각질을 형성해 준다.

4. 말, 멧돼지, 돼지 등 여러 동물의 털로 이루어져 있어 반려동물의 피모에 오일이나 파우더 등을 바르거나 피부 마사지용으로 사용하기 위한 브러시 종류는?
① 슬리커 브러시
② 브리슬 브러시
③ 핀브러시
④ 콤

단원 정리 문제

5. 발톱 관리를 안 해주었을 때 일어날 수 있는 현상이 아닌 것은?

① 발톱은 끊임없이 성장하고 또한 안쪽으로 기울게 자라게 되면 발가락의 기형을 만들 수 있다.
② 발톱이 살을 파고들어 반려동물에게 상당한 고통을 줄 수 있다.
③ 반려견의 발톱이 길어질 경우 발바닥이 지면에 닿는 것을 방해하기도 하여 다리 관절에 무리를 주어 관절 손상을 입을 수 있다.
④ 발톱은 스스로 빠지고 갈기 때문에 그냥 놔둬도 된다.

6. 귀관리가 안되었을 때 나타날 수 있는 현상이 아닌 것은?

① 귓속에 이물질이 쌓이면서 냄새가 난다.
② 귀를 자주 긁으며 외이의 피부가 정상인 피부보다 두꺼워지고 붉어 보인다.
③ 이도가 많이 좁아지고 귀의 표면이 부어있고 한쪽 귀가 쳐지며 머리가 한쪽으로 기울어지는 현상이 나타난다.
④ 귀 만지는 것을 무척이나 좋아 한다.

7. 다음 중 반려견의 샴푸 선택 시 고려해야 할 사항이 아닌 것은?

① 반려견의 무게
② 반려견 털의 특성
③ 반려견의 나이
④ 반려견 피부 상태

8. 다음 중 반려견의 기본 클리핑에 대한 설명이 아닌 것은?

① 클리핑이란 가위를 이용하여 반려견의 털을 자르는 작업을 의미한다.
② 발바닥 털을 정기적으로 클리핑하지 않으면 털이 길게 자라 발바닥 패드를 덮어 반려견의 보행에 불편을 주고 쉽게 미끄러지며, 관절에 이상이 생기거나 슬개골 탈구의 원인이 되기도 한다.
③ 항문 주위 털을 클리핑하지 않으면 배설물로 인하여 주위 털들이 엉켜 붙어 항문이 막힐 수 있고 들러붙은 배설물로 인하여 각종 유해 세균에 노출될 위험이 크다.
④ 반려견의 배 부위 클리핑 할 때는 수컷은 ∧ 암컷은 ∩ 모양으로 클리핑 해준다.

1
정답 : ④
문제 난이도 : 초급
해답 풀이 : ④ 반려동물을 터치함으로써 교감형성과 신뢰감을 쌓고 마사지의 운동효과를 기대할 수 있다.

2
정답 : ③
문제 난이도 : 초급
해답 풀이 : ③ 갓 태어난 새끼를 제외하고 반려견, 반려묘에 있어 좋은 환경온도는 15℃~25℃ 이다. 이 온도를 온도 중성역이라고 한다.

3
정답 : ④
문제 난이도 : 초급
해답 풀이 : ④ 피부의 각질을 제거해주고 새로운 세포를 증식하게 해준다.

4
정답 : ②
문제 난이도 : 초급
해답 풀이 : ② 동물의 털로 만들어져 있는 브러시인데 시중에는 플라스틱 모로 되어있는 빗도 많이 나오고 있다.

5
정답 : ④
문제 난이도 : 초급
해답 풀이 : ④ 야생에서라면 땅파기나 나무 긁기 등을 해서 갈기도 하는데 실내에서 키우는 반려견이라면 반드시 관리를 해주어야한다. 실외에서 키우는 견이라도 며느리 발톱은 확인하면서 관리해 줘야한다.

6
정답 : ④
문제 난이도 : 초급
해답 풀이 : ④ 귀관리가 안된 경우에는 귀를 만지는 것을 싫어한다.

7
정답 : ①
문제 난이도 : 초급
해답 풀이 : ① 반려견의 샴푸 선택 시 털의 특성이나 나이, 피부 상태 등을 고려하여 선택하는 것이 좋다.

8
정답 : ①
문제 난이도 : 초급
해답 풀이 : ① 가위로 털을 자르는 작업은 시저링이라 한다.

7장

반려견, 반려묘 훈련관리

1 훈련의 정의

(1) 반려견, 반려묘 훈련의 필요성과 목적

훈련은 반려견과 반려묘가 태어나서 자라고 배우고 자신의 역할을 습득해가는 과정이며, 우리들의 인생 동반자인 반려동물이 함께하는 여정이라고 할 수 있다. 올바른 훈련이란 단순한 복종 이상을 의미한다. 반려견과 반려묘를 훈련시키는 주된 목적은 이들의 천성 중에서 가장 좋은 것들을 이끌어내기 위함이라고 할 수 있다. 자라나는 반려견과 반려묘의 행동은 항상 변화한다. 어떤 경우에는 더 좋은 방향으로 변하고 어떤 경우에는 더 나쁜 방향으로 변할 수도 있으며, 체계적인 훈련을 하게 되면 좋은 방향으로 개선되고, 그렇지 않으면 상황은 더 나빠질 수 있다. 반려견과 반려묘의 종류별 특징이나 성향, 그리고 그 종만의 특유의 성질과 문제들에 대해 조사하고 공부하는 것도 훈련에 있어 중요하다. 반려동물의 운명을 좌우할 수도 있는 '예절 및 사회화 교육', '기본 복종훈련'과 같은 교육은 앞으로 반려견과 반려묘가 성장하면서 발생하게 될 많은 나쁜 습관과 문제 행동을 예방하여 사람과 행복하게 살아가는데 중요한 역할을 한다. 반려견과 반려묘의 성품은 보통 2살에서 3살이 되면 거의 완성되기 때문에 원치 않은 행동을 하지 못하도록 항상 유의하고 이제 막 시작된 문제는 초기에 재빨리 해결해야하는 것이 좋다.

반려견과 반려묘를 교육하고 훈련한다는 것은 아직 말을 못하는 어린아이와 같이 언어를 사용할 수 없는 반려동물이 사람과 교감을 하기 위한 하나의 소통 수단을 가르치는 것이라고 할 수 있다. 훈련은 선택 사항이 아니다. 반려동물과 함께 살아가기 위해서라면 훈련은 꼭 시켜야 한다. 훈련의 여부에 따라 앞으로 심각한 문제를 가져올 버릇없고 제멋대로인 반려견과 반려묘를 만들 수 도 있고, 사랑스럽고 충성스러운 반려견과 반려묘를 만들 수 도 있다. 훈련의 주된 목표는 훈련 대회에 나가서 상을 받는 것이 아니라 진정한 동반자의 관계를 만드는 것이다. 보통 훈련은 생후 6개월 이후부터 시작해야 한다고 생각하는 경우가 많은데, 각 연령 시기에 맞는 다양한 훈련이 있으므로 그 시기에 적합한 훈련을 진행해야 올바른 훈련을 완성 시킬 수 있다. 아무리 의도가 좋더라도 훈련 방식이 반려견과 반려묘의 발달 단계에 맞지 않는다면 아무 가치가 없다.

(2) 훈련에 필요한 자세와 마음가짐

1) 반려견 반려묘와 유대관계 형성하기

사람과 사람이 상호작용을 통해 유대관계를 갖고 사회생활을 하듯, 사람과 반려동물에게도 유대관계형성은 중요하다. 사람이 반려견이나 반려묘에게 므조건적인 복종만을 강요한다면, 보호자에 대한 공포심과 두려움만 생길 뿐, 교감을 할 수 없게 된다. 이렇게 두려움에 기초한 복종은 제대로 된 훈련이라고 할 수 없으며, 시간이 지나면 두려움이 공격성으로 발전할 수 도 있기 때문에 보호자와 반려동물과의 원만한 유대관계가 형성 되어야 한다. 보호자의 사랑과 인정은 반려동물로 하여금 보호자에 대한 사랑과 존경, 헌신으로 되돌아오게 될 것이다.

훈련을 시작하기 전 가장 중요한 것은 명령과 복종이 아닌, 보호자와의 유대관계, 즉 신뢰를 만드는 것이다. 이러한 신뢰가 결여된다면 좋은 훈련의 결과가 나올 수 없다. 훈련을 할 때 신뢰와 유대관계가 훈련의 필수라는 사실을 항상 마음속에 새겨놓아야 한다. 진정한 훈련을 위해서는 반려견과 반려묘가 보호자를 신뢰하고 친밀감을 느낄 수 있어야 한다. 그렇지 않으면 명령에 따르길 강요만 하게 될 것이다.

표 7-1 반려견과 반려묘와 신뢰를 쌓을 수 있는 행동

항상 차분하게 행동하기	큰 소리와 공격적인 톤으로 말하거나 격한 행동을 취한다면 내성적인 반려견과 반려묘는 겁을 먹고 두려워하게 된다.
인내심을 기르기	어떤 경우 신뢰를 쌓고 유대관계를 형성하기까지 오랜 시간이 걸릴 수 있다.
반려견과 반려묘를 이해하기	사람의 관점에서 생각하고 판단하지 말고 반려견과 반려묘의 관점에서 그들을 이해해야 한다.
항상 일관되게 행동하지	보호자가 일관되지 못 하게 행동한다면 여러 가지 문제를 발생시킬 수 있다.
친구가 되어 주기	반려견과 반려묘와 함께 많은 시간을 보내주고, 많은 애정을 주어야 한다.

2) 일관성 있는 태도 갖기

일관성 있게 훈련을 한다는 것은 반려견과 반려묘를 훈련할 때 있어 가장 중요하다고 할 수 있다. 자신의 감정에 따라 반려동물의 같은 행동에 대해 너그럽게 대하기도, 때로는 심하

게 꾸짖을 때도 있다. 또 명령어의 사용도 여러 가지 다양한 말로 사용하여 반려견과 반려묘에게 혼동을 주는 경우가 많다. 하지만 반려견과 반려묘는 우리 사람들에 비해 타인의 감정을 이해하거나 동의어를 이해 할 수 없다. 반려동물에게 나의 감정까지 이해해 주길 바라지 말고 언제나 일관된 마음가짐과 명령어를 사용해야 한다.

　우리가 반려견과 반려묘와 제대로 소통하려면 목소리의 톤을 일관성 있게 사용하는 법을 배워야 한다. 반려견과 반려묘는 우리가 사용하는 단어의 뜻을 이해하기보다 목소리의 톤에 더 예민하다. 때문에 우리가 말 하려는 의도에 따라 목소리의 톤을 사용해야 한다. 예를 들어 기분이 너무 안 좋은 날 훈련을 할 때 칭찬하는 목소리의 톤과 기분이 너무 좋은 날에 칭찬하는 목소리의 톤이 일관되지 못 하다면, 반려동물은 칭찬을 받는 것인지 아닌지 헷갈릴 수 있기 때문이다. 보통 반려견의 경우 낮은 톤의 소리를 들으면 재빨리 따르고 순종하게 되며, 반대로 높은 톤의 소리는 열정과 즐거움으로 받아들인다. 때문에 교정이나 훈육 또는 정지 상태에서 하는 명령어(앉아, 엎드려, 기다려)는 낮은 톤으로 하는 것이 효과적이며, 칭찬과 격려, 움직임이 있는 명령어(이리와, 돌아, 굴러)등은 높은 톤으로 하는 것이 효과적이다.

3) 즐거운 훈련시간 만들기

　반려견과 반려묘에게 훈련시간이 즐겁지 않다면 훈련의 효과도 떨어질뿐더러, 보호자와의 관계에도 영향이 갈 수 있다. 훈련을 할 때 마다 반려동물을 꾸짖고 벌을 준다면 반려동물은 훈련시간이 두렵고 오지 않았으면 하는 시간이 될 것이다. 또한 지루함은 모든 훈련에 있어 독과 같다. 하지만 훈련이 지루하고 어려운 것이 아닌, 즐거운 놀이와 같다는 사실을 알려주면 훈련시간이 오기를 기다리게 되며, 훈련의 효과를 극대화 시킬 수 있다. 훈련은 즐거워야 한다는 점에 유의하고 반려견과 반려묘에게 너무 많은 것을 요구하지 않도록 해야 한다. 진정한 훈련이란 반려동물이 유쾌하고 즐겁게 명령을 따르는 것이다. 보통 훈련을 한 번에 오래 하는 것 보단, 짧게 여러 번 할 때가 학습의 효과가 크다. 지나친 훈련은 결코 도움이 되지 않고 스트레스를 주어 훈련을 부정적으로 느끼게 할 것이다. 적당히 훈련을 해야 훈련을 재미있고 보람차게 느끼게 된다.

　훈련이라는 것은 재주가 아닌 습관으로 만들어주는 것이 좋다. 반려견이나 반려묘가 훈련시간에만 올바른 행동을 하거나 보호자의 명령어에 따르는 것이 아닌, 일상생활 속에서 늘 그렇게 하게 만드는 것이 올바른 훈련 교육의 목표라고 할 수 있다. 만약 일정 시간을 정해 놓고 그 시간에만 훈련을 할 경우 자칫하면 반려견이나 반려묘는 그 시간에만 이렇게 행동하면 되고 다른 때는 아무렇게나 행동을 해도 된다고 배울 수 있다.

또한 반려견과 반려묘가 음식이나 장난감과 같은 강화물이 없어도 즐거운 마음으로 명령어를 잘 따르게 하기 위해서는 훈련시간을 정해 놓기 보단 매일의 일상에서 언제 어디서든 때와 장소를 가리지 않고 연습을 해야 한다. 하지만 이렇다고 해서 훈련시간을 한 시간 두 시간 해야 한다는 것은 절대 아니다. 훈련은 항상 즐거워야 한다. 즉, 반려견과 반려묘를 지치게 해서는 안 된다는 뜻이다. 무엇보다도 보호자와 함께 놀고 집중하는 때가 가장 좋아하는 시간으로 만들어 주는 것이 중요하다.

4) 훈련은 효율적이며 효과적으로 하기

훈련은 항상 효율적이어야 한다. 반려동물에게 어떻게 행동을 해야 하고 그에 따른 보상이 어떤 것이란 사실을 분명하게 보여주고 가르쳐주는 방법이야말로, 반려동물이 실수 할 때마다 야단을 치거나 처벌을 내리는 것보다 훨씬 효율적이며 훌륭한 훈련이 될 수 있다. 예를 들면 사람들을 보면 반가움에 달려가 뛰어오르는 반려견을 혼내는 것 보다 반려견이 얌전히 앉아서 기다리는 법을 가르치는 것이 훨씬 효율적이다. 또한 훈련은 효과적이어야 한다. 그렇지 않다면 괜한 시간낭비일 뿐이다. 예를 들어 처벌식 훈련으로 훈련의 효과를 보기 위해서는 반려동물이 잘못을 저지를 때마다 즉시 처벌이 가해져야 하는데, 이는 대부분 현실적으로 불가능하며, 항상 일관되지도, 지속 할 수 없으므로 훈련의 효과가 떨어진다.

5) 보호자의 정신적 준비

'반려견이 짓고 있는 표정이 바로 당신의 표정이다'라는 말이 있다. 훈련을 시작할 때 어떤 분위기로 이끌지 결정하는 것은 바로 보호자의 정신적인 태도에 달려있으며, 행여 내가 원하는 대로 훈련을 잘 따라오지 못 하더라도 견딜 수 있게 해주는 것도 정신력이다. 훈련에 경험이 있거나 경험이 없는 건 아무런 상관이 없다. 내가 하고자 하는 훈련을 나보다 더 잘 이해하는 사람도 없을 것이고, 나의 반려동물을 나보다 잘 아는 사람도 없을 것이다. 훈련을 시키는 순간에는 바로 내가 전문가이고, 전문가의 자세로 훈련에 임해야만 한다.

보호자는 항상 자신감 있고 안정적이며 이해심 있는 지도자로 보여야 한다는 것을 잊지 말아야 한다. 만일 보호자가 반려동물에게 좌절하거나 불안한 모습, 또는 상황에 알맞게 대처하지 못하는 모습을 보이고 있다면 아마 반려동물도 보호자의 표정을 읽고 같은 감정을 느낄 것이다. 때문에 항상 의연하고 차분하게 훈련에 임해야만 한다.

6) 보호자의 올바른 리더십 기르기

보호자의 올바른 리더십은 보호자 스스로가 갖추어야 할 소양이다. 반려견과 반려묘의 사회적인 요구를 이해하는 것은 리더로서 반려동물과의 관계를 올바르게 정립하고 유지하는 것이 앞으로 함께 생활하는데 상당히 중요한 역할을 한다. 좋은 리더가 되기 위해 필요 한 것은 인내심, 일관성, 공정함, 배려, 현명함이다. 또한 좋은 리더는 반려동물의 실수에 반응하기보다는 이들이 무엇을 필요로 하고 원하는지 귀 기울이며 유연한 자세를 취하며, 훈련 과정을 장기적으로 보고 한 번에 한 단계씩 차근차근 훈련을 성취해 나간다. 반려동물이 차분하고 안정된 성장을 하기 위해서는 보호자가 책임감을 갖고 반려동물을 교육해야 하며, 반려동물은 지시를 따르면서 보호자의 리더십을 인정하고 수용하게 된다.

또한 보호자는 항상 반려견과 반려묘의 입장에서 생각하고 행동해야 한다. 반려견과 반려묘는 우리들의 언어를 이해하지 못 한다. 쉽게 말하자면 우리가 낯선 외국에 갔을 때 주변의 외국인들이 우리들에게 그들의 언어로 말을 건다고 생각해보면 이해하기 쉬울 것이다. 반려견과 반려묘는 우리의 언어를 모른다는 것을 항상 명심해야 한다. 아직 언어를 배우지 못 한 어린아이를 교육 시키는 것처럼 인내심을 갖고 올바른 리더로서 훈련을 임해야 한다.

표 7-2 올바른 리더의 역할과 자세

1. 반려동물을 대할 때는 언제나 평정심을 유지해야 한다.
2. 반려동물을 대할 때는 차분하고 단호한 태도를 가져야 한다.
3. 반려동물이 지켜야 할 규칙을 가르쳐주고, 이에 따른 보상도 제공해야 한다.
4. 반려동물에게 일관성 있고 자신 있는 모습과 모범을 보여야한다.
5. 위험으로부터 반려동물을 보호해주고 행복하게 살 수 있도록 해야 한다.
6. 반려동물 훈련은 인내심을 갖고 끝까지 지속해야 한다.
7. 어떤 경우에도 반려동물과 적당히 타협하면 안 된다.

7) 올바르게 통제하기

훈련을 할 때 거의 모든 것은 '통제'에서 시작된다. 반려견과 반려묘의 뇌는 우리들의 뇌와는 비교도 못 할 만큼 덜 발달했고, 우리와는 전혀 다른 곳에 흥미를 느끼며, 온갖 주변 환경과 냄새, 동물, 소리, 사물 등에 신경을 곤두세우고 자신만의 세계에서 살아가고 있다. 이런 반려동물에게 무언가를 가르치려면 다른데 주의를 뺏기기 전에 우선 어느 정도 통제 할 수 있어야 한다. 이러한 통제가 되지 않는 상황에서 훈련을 진행한다는 것은 '소귀에 경읽기'와 같다. 훈련이 진행되는 도중에도 통제하기는 항상 주춧돌과 같은 역할을 해야 한다.

8) 훈련에 집중시키기

효과적인 훈련의 결과를 얻기 위해서는 통제 이상의 무언가가 필요한데, 그것은 바로 흐트러지지 않는 집중력이다. 집중을 시키기 가장 좋은 방법은 반려견이나 반려묘가 보호자에게 눈을 떼지 못하는 무언가를 제공하는 것이다. 대부분의 반려견은 음식을 좋아하고, 어떤 반려견은 장난감이나 공을 좋아하지만 보호자에게 사랑을 듬뿍 받는 것만으로도 만족하는 경우도 있다. 반려견과 반려묘가 훈련에 흥미를 잃지 않게끔 집중할 수 있는 다양한 강화물을 준비해 놓는 것이 좋다.

음식을 활용할 때는 반려견과 반려묘가 배가 고픈 시점에 활용하면 훨씬 더 효과가 좋다. 이미 식사를 마치고 배가 부른 상태에서 먹을 것으로 집중을 시킨다는 것은 효율성이 떨어지므로, 음식을 활용할 때는 보통 식사 전 훈련에 임하는 것이 좋다. 배가고픈 반려동물의 식욕을 활용하여 훈련을 하는 것이 효과적이기 때문이다.

음식을 먹는 것보다 장난감이나 공놀이를 더 좋아하여 집중하는 경우도 있다. 이때도 유독 더 좋아하는 장난감이나 공의 종류가 있을 것이다. 보호자는 이를 잘 관찰하여 나의 반려동물이 어떤 장난감에 더 집중을 하고 좋아하는지를 파악해야 한다. 보통 이렇게 음식보다 장난감이나 공을 더 좋아하는 반려동물은 에너지가 넘쳐나는 경우가 많은데, 에너지가 너무 넘칠 경우 오히려 집중시키기에 힘들다. 때문에 훈련을 시작하기 전 간단한 산책을 한 뒤 어느 정도 에너지를 분출하고 훈련을 시작하는 것이 좋다.

(3) 훈련의 적절한 시기

1) 길들이기

반려동물은 우리의 소중한 가족의 일원으로 함께 살아가야하기 때문에 지켜야 할 규칙을 알려주고, 올바르게 살 수 있도록 예절 교육을 가르쳐 주어야 한다. 어린 시절을 어떻게 보내는지가 반려동물의 인생 전반을 좌우한다고 해도 과언이 아니다. 그러므로 반려동물에게 복종 훈련을 하는 것보다 훨씬 더 중요한 것은 기본적인 예절 교육이라고 할 수 있다. 집에 반려동물이 혼자 있더라도 긴 시간동안 잘 지낼 수 있도록 가르쳐줘야 하는 것처럼 앞으로 발생할 문제 행동이 진행되는 것을 예방하는 것은 쉽지만, 이미 형성되어 버린 나쁜 습관을 고치는 것은 매우 어렵고 시간이 오래 걸린다. 어린아이와 마찬가지로 어린 반려견과 반려묘의 경우 뭐든지 효율적으로 습득하며, 새로운 정보를 흡수하고 받아들인 정보를 계속해서 처리 할 수 있다. 보고, 듣고, 느끼고, 냄새를 맡은 모든 것을 흡수 할 준비가 된 스펀지와 같은 존재라고 생각하면 된다.

때문에 반려견과 반려묘에게 처음부터 올바른 습관과 규칙을 만드는 것이 중요하다. 처음에는 이들이 아직 어리고 귀여워서 모든 행동을 받아 줄 수 도 있겠지만 나중에 성견과 성묘가 됐을 때를 상상하며 미리미리 좋은 습관과 규칙을 가르쳐야 한다. 어릴 때는 받아 줬지만, 나중에 다 컸을 때 는 벌을 준다는 것은 반려견과 반려묘의 입장에서 볼 땐 이해하기 힘든 행동이다.

예를 들어 강아지일 때는 사람에게 뛰어올라도 아프거나 큰 타격이 없어서 이를 허용하고 오히려 귀여워하며 뛰어오르는 행동을 장려했지만, 성견이 되어 몸집이 커지고 힘이 세 지자 이러한 뛰어오르는 행동에 벌을 준다는 것은 잔인한 행동이다. 이를 방지하기 위해서는 강아지 때부터 이러한 행동을 하지 못하도록 해야 한다. 어린 강아지 때부터 예측 가능한 미래의 상황을 설정해서 교육한다면 반려견은 나중에 성견이 되어서도 행복하게 올바른 습관과 규칙을 잘 지킬 수 있다. 어릴 때 가르쳐 놓은 좋은 습관은 커서도 변하지 않는다.

반려견과 반려묘의 생후 첫 16주의 기간은 성체가 되었을 때의 행동을 결정하는데 중대한 역할을 한다. 이 기간을 소홀히 하는 경우 반려견과 반려묘의 삶에 지워지지 않는 상처를 남길 수도 있다. 앞으로 우리의 반려동물이 10년 후까지 믿음직한 친구이자 삶의 동반자가 되기를 원한다면 생후 16주 동안 이들이 어떤 경험을 하고 어떤 변화를 겪는지 이해하고, 좋은 경험을 할 수 있도록 도와줘야 한다. 아무리 의도가 좋더라도 훈련이 반려동물의 발달 단계에 맞지 않다면 아무런 의미가 없을 것이다.

2) 사회화교육

반려견이나 반려묘가 낯선 사람이나 다른 동물, 새로운 환경을 무서워하고 공격적인 행동을 보이게 되는 가장 큰 이유는 사회성이 부족해서이다. 또한 반려견이 심하게 짖거나 분리불안증, 배변 문제와 같은 '일반적인 문제행동'이나 알파 증후군(개 자신이 가족 중 최고의 우두머리라는 생각)같이 '복합적인 문제 행동'으로 나타나는 여러 가지 심각한 문제들 역시 사회성이 부족해서 생기는 경우가 대부분이며, 사회화 교육은 행복과 불행을 결정하는 중요한 요소이다.

아직 어린 반려동물에게 사회화 교육을 하는 것은 상당히 쉽고 즐거운 일이다. 반면 사회화 교육이 안 돼서 낯선 사람이나 동물을 보고 도망치거나 공격적인 청년기의 반려견이나 성견을 사회화시키는 것은 엄청난 시간이 걸리며 매우 힘들고 어려운 일이다. 때문에 미리 가르쳐서 예방하는 것이 가장 중요하다. 생후 두 달 정도의 반려견과 반려묘는 단 며칠이면 사회화가 되고, 생후 석 달 정도가 되면 일주일 정도면 사회화가 완성된다. 사회성이 부족한 상태로 생후 5개월이 지난 반려견과 반려묘의 사회성을 회복시키려면 몇 주가 필요하게 되고, 생후 8개월이 지나면 짧게는 몇 개월에서 몇 년이 걸릴 수도 있다.

표 7-3 사회화의 종류

1. 다른 동물과 잘 지내는 사회화
2. 낯선 사람들을 두려워하지 않고 친화하는 사회화
3. 새로운 환경, 사물, 소리, 움직이는 물체 등에 대해 잘 적응 하는 사회화

사회화에는 크게 두 가지 의미가 있다. 첫째는 다른 동물, 사람, 장소 또는 물체 등 살면서 만나게 될 다양한 대상에 대해 친화적으로 적응 하는 것이고, 둘째는 첫 번째 의미의 사회화를 강화하는 것을 뜻한다. 반려동물은 사람과 더불어 살아야하기 때문에 어린 시절에 많은 사람들과 접촉하고 일상의 다양한 자극들에 대해 익숙해짐으로써 새롭고 낯선 경험에 대해 긍정적인 자세를 취하고 사람과 사람들의 세계를 자신이 속한 무리의 일부로 받아들일 수 있어야 한다. 이러한 접촉의 기회 없이 성장하게 된다면 사람과의 관계를 두려워하고 일상생활에 적응하지 못해 정서적으로 불안한 상태가 된다.

사회화 과정은 낯설고 새로운 것들에 익숙해지도록 만들어서 이러한 새로운 것들을 보고 잠시 놀랐다가 그 두려움을 극복하는 것을 학습하고 다가올 문제들에 대해 효과적으로 대체할 수 있게 만드는 것이다. 보통 반려견과 반려묘는 생후 3-12주 사이에 겪는 사회화의 경험에 상당히 민감하기 때문에, 이 시기에 긍정적인 경험을 기억 하도록 도와줘야 한다.

표 7-4 사회화시기에 따른 적절한 훈련 종류

사회화시기		적절한 훈련 종류
3~7주	사회화 전기	주위 사물이나 사람에게 흥미를 갖고 규칙도 서서히 배움
7~13주	사회화 후기	다양한 소리나 감촉들을 조금씩 적응하고 받아들임
13~16주	사회화 완료기	다른 동물, 낯선 사람과의 적응기

3) 복종훈련

　복종훈련에서 처음 가르쳐야 할 것은 반려견과 반려묘가 침착하고 편안한 자세로 훈련을 받아들일 수 있게 만드는 것이다. 집중하지 못 하고 버릇없이 제멋대로인 상황에서는 훈련이 불가능하다. 때문에 처음부터 반려동물이 집중 할 수 있도록 가르치는 것이 가장 우선이다. 또한 훈련은 즐거워야 한다는 점을 항상 잊지 말고, 반려동물에게 너무 많은 것을 요구하지 않도록 해야 한다.

　이러한 복종 훈련의 목적은 적응 능력을 갖게 하고, 보호자에 대한 복종심을 양성하는 두 가지로 요약 할 수 있다. 복종훈련은 사회화훈련이 충분히 이루어 진 후 진행해야 하는데, 보통 생후 1년 이 지났을 때 복종훈련을 시작하는 것이 좋다. 기본적인 사회화 훈련이 안되어 있다면 복종훈련을 하는 것은 아무런 의미가 없다. 복종훈련이 완벽하게 되어도 이를 안일하게 생각해서 훈련을 멈춰서는 안 된다. 공부에는 끝이 없는 것처럼 훈련에도 끝이라는 것은 없다. 특히 복종훈련은 일상생활 속에서 늘 진행 되어야 한다.

4) 특수훈련

　복종훈련이 완벽하게 이루어 졌다면, 특수훈련을 시작해도 좋다. 특수훈련에는 다양한 것들이 있는데, 경찰견 훈련, 탐지견, 구조견, 치료도우미견등과 같은 특수견 훈련과 어질리티, 프리스비, 썰매견등과 같은 다양한 독스포츠 훈련이 있다. 이런 특수훈련의 기본은 복종훈련이므로 복종훈련이 완벽하게 교육 된 후 진행 되어야 한다.

표 7-5 연령별 적절한 훈련 시기

연령 시기		적절한 훈련 종류
8~16주	길들이기	신체적 교감(스킨십)을 자주 해주며 보호자와의 유대관계를 형성 한다.
16주~5개월	사회화 훈련	낯선 사람, 낯선 동물, 다양한 사물과 소리 등을 충분히 경험하게 해 준다.
5개월~1년	기본 복종훈련	훈련에는 끝이 없다. 꾸준히 반복하면서 보호자의 명령과 지시에 따른 올바른 행동을 취할 수 있도록 한다.
1년 이후	특수훈련	복종훈련이 완벽하게 이루진 후 다양한 특수 훈련에 들어간다.

2 반려견, 반려묘 훈련의 기본 이론

(1) 보상과 처벌

가장 효과적인 훈련법은 반려견과 반려묘가 특정 행동을 하도록 동기를 부여하고 보상을 주는 것이다. 동기부여와 보상은 행동을 중단시키기 위해서가 아니라 새로운 행동을 가르치기 위해 사용된 다는 것이 기본 원칙이다.

어떤 행동을 했을 때 자신에게 불쾌하거나 부정적인 결과가 따른다면 다시는 그 행동을 하지 않을 것이다. 반려견과 반려묘도 마찬가지로 어떠한 행동을 반복적으로 한다는 것은 그 행동으로 인해 긍정적인 느낌이나 만족을 얻었기 때문이다. 그러므로 반려동물에게 원하는 행동을 하도록 하기 위해서는 내가 원하는 행동을 할 때, 긍정적인 보상을 주면 반려동물은 그 보상을 받기 위해 계속해서 그 행동을 하게 될 것이다. 하지만 이러한 보상에도 주의해야 할 점들이 있다. 반려견과 반려묘의 성격과 성향, 훈련 당시에 기분과 상황에 따라 보상의 방법이나 강도를 달리해야 한다. 무조건적인 칭찬과 보상은 오히려 훈련을 망칠 수 있다.

반대로 과도하게 반려견과 반려묘를 압박하거나 처벌을 줄 경우, 이중성격을 갖게 될 수도 있다. 이렇게 되면 반려동물은 훈련을 배우기보다 벌을 받지 않기 위해 순종할 필요가 없는 경우와 상황만을 배우게 될 수 있다. 예를 들어, 반려견이 순종하지 않으면 보호자는 즉각적으로 벌을 주기 때문에 반려견은 마지못해 따르겠지만, 보호자의 손이 미치지 못하는 상황에서는 매우 다른 형태를 보일 수 있다. 이처럼 보상과 벌에 있어서 중요한 것은 훈련하고자 하는 반려동물을 잘 관찰하여 무엇을 가장 좋아하고, 무엇을 가장 싫어하는지를 정확하게 파악하여 보상과 벌의 방법을 선택하는 것이다.

또한 효과적인 보상과 벌을 적용하기 위해서는 반려견과 반려묘의 성격이나 상황에 따라 보상과 벌의 방법이나 강도를 조절해야 한다. 예를 들어, 성격이 소심하고 겁이 많은 반려견을 훈련할 때는 반려견이 자신감을 얻을 수 있도록 생동감 있고 신나게 반려견을 칭찬해주는 것이 좋다. 하지만 지나치게 열정으로 칭찬을 한다면 오히려 두려워할 수 있으니 주의해야 한다. 반대로 성격이 매우 활발하고 흥분을 잘 하는 반려견의 경우 이와 같이 칭찬을 한다면 반려견은 너무 흥분한 나머지 훈련에 집중을 못 할 수도 있으니 침착한 말투와 억양으로 칭찬을 해 주는 것이 좋다. 반려견과 반려묘가 계속해서 집중하게 하기 위해서는 정확한 타이밍, 정확하게 정의된 기준, 올바른 비율의 강화가 반드시 필요하다.

1) 보상과 처벌의 종류

반려견과 반려묘의 훈련에 있어 칭찬은 무조건적으로 필요하다. 칭찬은 반려동물과의 성공적인 관계를 만드는 토대라고 할 수 있다. 보상의 종류에는 여러 가지가 있다. 육성으로 칭찬하기, 쓰다듬기, 사료나 간식과 같은 음식 제공하기, 공 또는 장난감으로 놀아주기 등 다양한 종류가 존재한다. 이런 다양한 보상의 종류들을 자연스럽게 섞어가며 제공하거나, 반려견과 반려묘의 성향과 성격을 잘 파악하며 보상의 종류와 강도를 달리 하는 것이 훈련에 효과적이다. 대부분의 반려동물은 맛있는 간식을 좋아하지만, 간식보다 공이나 장난감을 더 좋아하는 경우도 있기 때문이다.

신체적 칭찬은 반려동물의 특성에 따라 조절해야하며, 이러한 신체적인 칭찬을 할 때는 반려견과 반려묘의 특성과 당시의 상황을 잘 고려해야 한다. 또한 언어적 칭찬을 '잘했어', '옳지'로만 사용할 필요는 없다. 보호자의 기쁨을 전하고 반려견과 반려묘를 신나게 할 만한 단어와 표현들은 얼마든지 다양하기 때문이다. 음식을 제공하는 보상은 훈련의 학습을 도와주는 매우 효율적인 도구이다. 하지만 음식제공이 언어적, 신체적 보상을 대신해서는 안 된다. 애정을 표현하는 보상의 1순위는 항상 칭찬이어야 한다.

보상의 종류가 다양하듯 처벌의 종류도 여러 가지가 있다. 육성으로 꾸짖기, 신체적 자극 주기, 타임아웃 등 이 있다. 이러한 처벌을 적당하고 올바르게 사용한다면 문제가 되지 않지만, 지속적이거나 과하게 처벌을 사용한다면 문제행동을 고치려다 오히려 더 큰 문제행동을 일으킬 수 있다. 처벌이라는 단어가 자칫 하면 불편하고 불쾌하게 들릴 수 있지만, 처벌이라는 것은 훈육과 같은 의미라고 할 수 있다. 이는 반려견과 반려묘의 주의력을 환기해 이끌며, 보호자의 리더십을 이해시키고 인정하게 만드는 역할을 한다. 올바른 처벌, 즉 훈육은 훈련과 떼려야 뗄 수 없다. 다시 말해 처벌이란, 반려견과 반려묘에게 고통을 주려는 것이 아니라 소통하기 위해서, 즉 그 순간에 어떻게 행동해야 하는지를 다시 생각하게 만드는 것이 목적이다. 반려동물이 약간 불쾌하거나 불편해할 정도는 될 수 있지만, 고통이 커서는 안 되며, 흐트러진 주의를 보호자에게 집중시킬 수 있을 정도면 충분하다.

표 7-6 처벌의 종류

직접 처벌	원격 처벌	사회적 처벌
동물에게 직접적으로 가하는 처벌	처벌을 주는 인간을 인식하지 못하도록 원격조작에 의해 주는 처벌	인간과의 상호관계를 단절함으로써 주는 처벌

2) 올바른 보상과 처벌의 방법

① 예측할 수 없는 보상

반려견과 반려묘를 훈련할 때 매번 좋아하든 말든 상관없이 정해진 보상을 해준다면 지루해 하거나 훈련을 망칠 수도 있다. 항상 보상을 받아오던 반려동물이 어쩌다 한 번 보상을 받지 못하게 된다면 더 이상 내가 원하는 행동을 하지 않을 것이다. 예를 들어 자판기에 동전을 넣고 버튼을 눌렀는데 내가 선택한 음료수가 나오지 않으면 고장 난 기계라고 생각하고 더 이상 자판기를 이용하지 않는 것과 같다. 하지만 어떤 보상이 언제 어떻게 주어질지 예측하지 못하도록 보상의 빈도나 종류, 칭찬의 강도와 정도 등을 조절해서 다양하게 시도한다면 반려동물은 매번 보상을 받지 못하더라도 언제 어떻게 보상이 나올지 모르니 충성을 다 하며, 훈련의 즐거움을 느끼게 될 것이다.

음식을 사용하는 보상은 특정 상황에서 더 효과적으로 사용될 수 있다. 처음에는 원하는 행동을 했을 때 마다 음식을 보상으로 제공하는데, 이 방법은 새로운 것을 가르칠 때 원하는 행동과 보상과의 연상관계를 빨리 형성 시키는데 큰 도움이 된다. 하지만 음식을 통해 어떠한 행동을 가르치는데 성공했다면, 점차적으로 음식의 사용을 줄여나갈 필요가 있다. 하지만 음식이 아닌 칭찬하기는 다르다. 칭찬하기는 횟수를 줄일 필요가 없는데, 그 이유는 칭찬을 하면 반려동물은 언제나 보호자에게 관심을 기울이게 되고 유대관계도 강화되기 때문이다.

이처럼 원하는 행동을 했을 때 음식을 보상으로 주기도 하고, 안주기도 하며 간헐적인 방법으로 훈련을 하게 되면 반려견과 반려묘는 배운 내용을 가장 오래 기억하게 되고, 나중에 훈련 받은 것들이 어떤 목적을 위한 일이 되었을 때 책임감을 갖도록 할 수 있다.

② 보상과 처벌의 강도

훈련을 통해 새로운 행동을 배울 때는 끊임없이 그 행동을 강화해 줘야 하는데, 그 행동을 올바르게 할 때마다, 그 행동을 완전히 기억할 때까지 보상해줘야 하며 목표 행동을 충분히 쉽게 만들어서 보상을 많이 받을 수 있게 해야 한다. 만약 목표 행동이 너무 어렵다면 훈련에 대한 어려움으로 훈련 시간이 지루하고 싫어 질 수 있기 때문이다. 목표 행동을 완전히 익혀서 다음 지시에도 그 행동을 할 것이라는 믿음이 생긴다면 그때 수준을 높이거나 언제 보상이 주어지는지 알 수 없도록 점진적 강화를 부여해 준다.

훈련을 할 때 음식을 사용하는 것은 즉각적인 효과를 나타낸다. 하지만 훈련이 진행됨에 따라 음식으로 보상하던 방법이 칭찬이나 공, 장난감과 같은 좀 더 의미 있는 방법으로 발전하게 된다면 결국엔 보상은 필요 없게 될 수 있다. 보상이 주어지지 않아도 반려동물이 내가 원하는 행동을 하게 되는데 이는 훈련 자체가 이들에게 하고 싶은 즐거운 행위가 되었기 때문이다.

반려견이나 반려묘가 음식에 관심을 보이지 않거나 반응을 하지 않는 다면 더 관심을 보일 때 까지 훈련을 잠시 미루거나, 더 맛있고 자극적인 간식 또는 가장 좋아하는 장난감과 같이 좀 더 매혹적인 것을 사용하는 것이 좋다. 훈련의 효과를 높이기 위해서는 확실하고 분명하게 반응을 얻을 수 있는 보상 방법을 선택해야 한다. 훈련의 효과가 평소보다 더 좋았다면 칭찬하고, 더 잘했을 경우 사료를 주고, 그보다 더 잘했을 경우에는 맛있는 간식을 주며 애정을 듬뿍 담아 칭찬을 해준다. 그리고 최고의 훈련 효과가 나왔을 때는 대비하여 최고의 보상 하나 쯤은 사용하지 말고 남겨두는 것도 좋은 방법이다. 반응수준에 따라 다르게 보상을 해주게 되면 날마다 조금씩 더 나은 성과를 얻을 수 있다.

보상은 뇌물이 아닌 강화가 되어야 한다. 음식, 칭찬, 장난감은 좋은 행동을 강화하는데 효과가 있지만, 자칫 이것이 뇌물로 바뀌는 경우에는 반려견이나 반려묘가 보호자에게 무관심하도록 가르치게 될 수 있다. 어떠한 행동을 처음 배우는 초기 단계에는 보상으로 그 행동을 유도하는 것이 맞지만, 보상을 남용하는 것 보단 우리가 원하는 정확한 행동을 했을 때 보상을 주는 것이 좋다.

반대로 보상이 아닌 반려견이나 반려묘에게 지나치게 처벌을 주면 종종 또 다른 문제가 발생하기도 한다. 반복적으로 처벌을 받으면 반려동물은 사람을 두려운 존재로 인식하게 되며, 이로 인해 공격적인 성향을 보이기도 한다. 이렇게 지속적으로 강압적인 훈련을 하는 경우에는 반려견과 반려묘는 훈련을 싫어하게 되거나 훈련을 하는 사람을 싫어하게 될 수 있다.

③ 적절한 타이밍

훈련은 적절한 타이밍에 보상을 해주고, 교육적 질책을 해야만 최고의 효과를 볼 수 있다. 보상이나 벌은 반려견과 반려묘의 행동과 동시에 이루어질수록 적은 수의 반복만으로도 분명한 강화가 되어 훈련 시간과 노력을 절약 할 수 있다. 또한 보상이나 벌을 줄 때는 반려견이나 반려묘의 어떠한 행동에 대해 보상과 벌을 줄 것인지를 명확하게 하고, 그러한 행동을 하는 순간 바로 보상과 벌을 줘야 한다. 칭찬하거나 보상을 주는 타이밍에 의해서 교육의 성공과 실패가 결정 될 수 있으며, 이는 처벌의 타이밍도 마찬가지이다. 보상으로 음식을 줄 때도 신속하게 꺼내 주어야 하며, 처벌을 내릴 때도 잘 못 된 행동을 하는 그 순간 그 즉시 내려야한다. 정확한 타이밍은 모든 기법에서 상당히 어려운 부분인데, 특히 벌과 연관된 경우에는 더 쉽지 않다. 보호자들의 하는 가장 흔한 실수 중 하나는 이미 벌어진 일에 대해 지나치게 꾸짖는 것이다. 반려견과 반려묘는 '지금' 일어나는 일에 대해서만 인식할 뿐, 자신들이 단 3초전 실수한 것은 이미 기억하지 못한다. 그렇기 때문에 훈련은 타이밍이라고 할 수 있다. 이처럼 적절한 타이밍에 보상과 처벌을 내리는 것이 가장 중요하다.

예를 들어, 반려견이 다른 동물을 보고 으르렁거리는 상황에서 보호자는 으르렁 거리는 것을 멈추기 위해 간식으로 반려견을 유인하고 간식을 제공 했다면, 반려견의 입장에서는 '다른 동물을 보고 으르렁 거렸더니 간식을 상으로 받았다'라고 학습할 것이다. 반대로 반려견이 다른 동물을 보고 으르렁 거리기 전에 미리 간식으로 유인하고, 반려견이 얌전히 있을 때 간식을 제공한다면 반려견은 '다른 동물을 보고 얌전히 있었더니 간식을 상으로 받았다'라고 학습 할 것이다. 이렇듯 내가 원하거나 원하지 않는 행동을 하고 일정 시간이 지난 후 보상이나 벌을 내린다면, 반려견이나 반려묘는 엉뚱한 행동에 대해 자신이 보상을 받거나 벌을 받았다고 생각 할 수 있다.

하지만 반려동물이 너무 빨리 움직여서 적절한 타이밍을 맞추지 못 한다면, 이들에게 올바른 행동이 무엇인지 정확하게 알려주기란 어렵다. 이럴 때는 올바른 행동과 보상간의 시간차를 연결시켜주는 연결 자극을 사용하는 것이 좋다. 고전적 조건화가 이뤄질 수 있도록 어떠한 소리, 예를 들어 휘파람, 클리커의 소리와 같은 새로운 소리와 보상(음식)을 연결시켜주는 것이다. 물론 이러한 새로운 소리와 보상(음식)또한 빠르게 연이어 제공해야만 훈련의 효과를 제대로 얻을 수 있다.

3) 처벌의 주의 점
① 너무 강한 처벌은 정신적, 육체적 손상을 줄 수도 있다.
처벌을 처음부터 너무 높은 강도로 준다면, 행동을 억제 할 수 있겠지만 정신적 또는 신체적 손상 같은 부작용도 가져 올 수 있다. 예를 들어 핀치 칼라를 너무 강하게 잡아채는 경우 안압을 상승 시키거나 기도 손상과 더불어 목을 통과하는 신경계에도 손상을 입힐 수 있으며, 이러한 경험으로 인해 처벌을 내리는 대상, 장소에 대해서까지 지나치게 예민해지거나 두려워하게 된다. 그리고 비슷한 대상과 상황에까지 이를 일반화 시켜버릴 수도 있다.

이러한 핀치 칼라와 같은 혐오자극을 성공적으로 사용하려면, 반려동물과 상황에 맞는 올바른 수준과 방식의 혐오자극을 찾아야 하는 동시에 신체적 또는 정신적 손상을 일으키지 않도록 주의를 기울여야 한다. 처벌은 보상보다 더 많은 기술과 전문성을 필요로 하기 때문에 처벌을 내리기 전 충분히 생각하고 고민해야 한다. 하지만 대부분의 보호자들은 핀치 칼라나 초크 체인은 고통스럽고 혐오스러운 것이지만 큰 소리로 혼내기, 반려동물이 싫어하는 향이 나는 스프레이와 같은 처벌은 그보다 인간적이라고 생각하는 경우가 많다. 그러나 어떤 자극이 더 혐오스러운지를 판단하는 것은 보호자의 몫이 아닌 반려견과 반려묘의 몫이라는 것을 잊어서는 안 된다. 초크 체인도 올바르게 사용한다면 절대 고통스럽고 혐오스러운 것이 아니다.

처벌이라는 것은 항상 심각한 부작용이 따라올 수 있다는 것을 명심해야 하며, 어떠한 처벌을 사용하든 반려동물이 보호자가 원하지 않는 행동을 멈추게 되었다면 그 처벌은 반려동물에게 충분히 혐오자극이 되었을 것이다.

② 처벌은 공격성을 유발 할 수도 있다.

처벌과 같은 혐오자극이 지속될 경우 반려견과 반려묘에게 공격성을 유발 할 수 있다. 이러한 공격성은 사람에게는 물론 다른 동물뿐만 아니라 물건에까지 나타날 수 있으므로, 처벌은 올바른 방법으로 적절한 빈도와 강도로 사용해야 한다.

또한 처벌은 경고 신호를 억누르기도 하는데, 반려견의 경우 공격 행동을 하기 전 보내는 신호로 으르렁거리거나, 입술을 올리는 행동으로 겉으로 드러나는 공격 경고 신호를 보내는데, 이러한 신호를 억누르기도 한다. 이러한 경고 신호를 억누른다고 해서 공격 행동이 사라지는 것은 아니다. 시간이 지나면 반려견은 아무런 경고 신호 없이 갑자기 공격성을 들어내며 사람이나 다른 동물을 물 수도 있으므로 주의해야 한다.

표 7-7 올바른 처벌의 방법

1. 절대 도구를 이용하지 않는다.
2. 반려견이나 반려묘의 위나 뒤에서 처벌하지 않는다.
3. 훈육을 할 때는 절대로 반려견이나 반려묘의 이름을 부르지 않는다.
4. 반려견이나 반려묘를 아이 다루듯이 어르고 달래서는 안 된다.
5. 벌은 반드시 매번 줘야 한다.
6. 반려견과 반려묘가 자기의 행동과 처벌의 상관관계를 이해 할 수 있도록 한다.

(2) 고전적 조건화

1) 고전적 조건화의 정의

러시아의 의사이자 과학자인 이반 파블로프는 개의 소화에 관한 연구를 하기 위해 개에게 음식을 주면서 그때 개가 흘리는 타액의 양을 측정하는 실험을 했는데, 개는 음식을 줄 때마다 침을 흘렸고 실험이 계속되면서 파블로프는 먹이를 주기도 전에 먹이를 주는 사람의 발소리만 들어도 개가 침을 흘린다는 사실을 알게 되어 원래는 아무의미 없는 소리 자극과 먹이를 함께 연관 시켜 개에게 제시하는 연구를 시작했다. 이는 특정 반응을 이끌어내지 못하던 자극(중성자극)과 반응을 무조건적으로 이끌어내는 자극(무조건자극)과 반복적으로 연합되면서 그 반응을 유발하게끔 하는 과정을 뜻한다. 이런 고전적 조건형성이 일어나는 이유는 어떤 유기체가 조건자극을 제공받으면 곧이어 무조건자극도 함께 제공받을 것이라고 믿기 때문이다. 즉, 조건자극을 무조건자극이 제공된다는 신호로 파악한다는 것이다.

무조건반응을 일으키는 무조건자극과 무조건반응과는 무관계한 중립자극이 함께 반복하여 주어지면 곧 중성자극만으로도 무조건반응을 일으키데 된다. 고전적 조건화는 자발적인 행동이라기보다 부수의적, 반사적인 반응이 주로 관여하고 보수를 필요로 하지 않는다는 점에서 조작적 조건화와는 다른 형태이다.

표 7-8 고전적조건화의 구성요소

조건 형성 전			조건 형성 후		
음식	=	무조건자극	음식	=	무조건자극
종소리	=	중성자극	종소리	=	조건자극
침	=	무조건반응	침	=	조건반응

2) 고전적 조건화의 적용

고전적 조건 형성은 일상생활뿐만 아니라 반려견과 반려묘의 행동에도 늘 적용되고 있다. 예를 들어 반려견을 처음 집으로 데려와 예방접종을 하기 위해 동물병원에 가는 경우를 생각해보자. 우리는 반려견을 이동장에 넣고 차에 태워 동물병원으로 가고, 처음 자동차를 탄 반려견은 멀미로 속이 좋은 않은 상태로 병원에 도착해 낯선 사람들이 자신을 여기저기 만지고, 주사를 놓는 상황을 경험한다. 그리고 몇 주 후 추가 접종을 위해 병원을 가려고 이동장을 꺼내면, 반려견은 이동장을 보자마자 도망가거나 숨는 모습을 보일 수 도 있다. 이런 행동은 반려견이 자신의 두려웠던 경험을 이동장에 '연관'시킨 것이다. 우리가 무의식중으로 이동장은 두려운 것이라고 반려견에게 조건형성을 시킨 셈이다.

만약 이런 문제를 만들었다면 이동장이라는 것이 두려운 존재가 아니라고 반려견에게 교육을 시켜야 하는데, 방법은 또 다른 연관으로 다시 고전적 조건형성을 하는 것이다. 즉, 이동장을 먹이나 간식, 장난감처럼 반려견이 좋아하는 무언가와 연관을 시켜주면 되는데 이를 역조건형성이라고 한다.

표 7-9 고전적조건화의 학습 원리

시간의 원리	조건자극이 주어지는 시점과 무조건자극이 주어지는 시점 사이의 간격이 짧을수록 조건형성이 용이하다.
강화의 원리	선행자극에 비해 후속자극의 강도가 크거나 적어도 같아야 한다.
일관성의 원리	조건자극은 일관된 자극물을 사용해야 한다.
계속성의 원리	자극-반응의 결합관계를 반복할수록 조건형성의 정도가 강해진다.

(3) 조작적 조건화

1) 조작적 조건화의 정의

고전적 조건화에서 반려동물은 연관을 통해 학습하는 반면, 조작적 조건화는 자신이 좋아하는 결과가 따라오는 행동은 반복해서 하고, 효과가 없는, 즉 싫어하는 결과가 따라오는 행동은 기피하는 것을 학습한다. 다시 말해 조작적 조건화는 어떤 반응에 대해 선택적으로 보상함으로써 그 반응이 일어날 확률을 증가시키거나 감소시키는 방법을 의미한다. 여기서 선택적 보상이란 강화와 벌을 의미한다. 고전적 조건화에서 반응이 외적 자극에 의해 유발된다고 보는 데 반해 조작적 조건화는 외적 자극 없이도 자발적, 의식적 행동이 가능하고 본다. 때문에 학습은 의식적으로 어떤 결과를 초래하는 조작적 행동으로 인한 것이라고 할 수 있다. 조작적 조건화에서는 자극, 반응, 강화가 이어서 일어나는 것이 가장 중요하다.

2) 조작적 조건화의 적용

조작적 조건화에서 가장 먼저 알아야 할 두 가지 용어는 강화와 벌이다. 강화는 한 행동이 다시 일어날 가능성을 증가시켜주는 것이고, 반대로 벌은 한 행동이 다시 일어날 가능성을 감소시키는 것을 뜻 한다. 예를 들어 반려견을 부른 뒤 반려견이 다가오면 간식을 주면 아마

도 다음에 반려견을 불렀을 때 도 반려견이 올 확률은 높아진다. 즉 보상을 주는 것으로 부르면 오는 행동을 강화시킨 것이다. 반면 반려견을 부르고 반려견이 다가오면 소리를 지르거나 꾸짖었을 경우 다음에 반려견을 부른다면 반려견이 다가올 확률은 줄어들 것이다. 즉, 반려견을 꾸짖음으로 부르면 오는 행동을 벌한 것이다. 이렇듯 강화와 벌에는 양성 강화와 음성 강화, 양성 벌과 음성 벌이 존재한다.

① 양성 강화와 음성 강화

양성 강화란 어떠한 반응 후에 유쾌하거나 바람직한 긍정적인 자극을 주는 것을 의미한다. 다시 말해 반려동물이 원하는 무언가를 '더해서' 그 행동이 다시 발생할 '가능성을 증가시키는 것'이다. 예를 들어 '앉아' 훈련을 할 때. 반려동물이 앉는 행동과 동시에 '앉아'라는 명령어를 내리고 칭찬과 함께 음식으로 보상을 해준다면 반려동물은 앉는 행동 뒤에는 긍정적인 자극이 온다는 것을 인지하여 앞으로 '앉아'라는 명령어에 앉는 행동을 보일 것이다.

음성 강화란 어떠한 반응 후에 고통스러운 자극이 종료되는 것을 의미한다. 다시 말해 반려동물이 싫어하거나 회피하고 싶은 것을 '제거'해서 그 행동이 다시 발생할 '가능성을 증가시키는 것'이다. 예를 들어 '이리 와' 훈련을 할 때, 반려동물이 앞으로 이동 할 때까지 줄을 잡아당기고 있다가 반려동물이 앞으로 다가오는 동시에 줄을 느슨하게 해준다면 반려동물이 앞으로 다가오자마자 목이 졸리거나 잡아당겨지는 것을 피하기 위해 앞으로 다가올 가능성을 높여준다. 이는 혐오적 상황이 없어지는 것을 학습하는 것에 의한 것으로 반려동물의 반응 후에 혐오적 자극이 주어지는 처벌과는 완전히 다르다.

② 양성처벌과 음성처벌

양성처벌이란 어떠한 자극을 제시했을 때 반응의 빈도를 감소시키는 것을 의미한다. 다시 말해 반려동물이 싫어하는 무언가를 '더해서' 그 행동이 다시 발생할 '가능성을 낮추는' 것이다. 예를 들어 반려동물이 잘 못 된 행동을 했을 때 '안 돼' 라는 단호한 명령어를 내려 자극을 준다면 이후에는 잘 못 된 행동을 하지 않을 것이다.

음성처벌이란 어떠한 자극을 제거 했을 때 반응의 빈도를 감소시키는 것을 의미한다. 다시 말해 반려동물이 좋아하는 것을 '제거'해서 그 행동이 다시 발생할 '가능성을 낮추는 것'이다. 예를 들어 보호자가 집에 돌아 왔을 때 반려동물이 반갑다고 뛰어오르는 행동을 수정하기 위해서 음성 벌을 사용할 수 있는데, 집에 들어와 반려동물이 뛰어올라도 아무런 반응을 하지 않고 '무시'한다면 반려동물이 원하는 보호자의 '관심'을 제거함으로써 반려동물이 뛰어오르는 행동을 감소시킬 수 있다. 이러한 처벌을 유용하게 이용하기 위해서는 적절한 타이밍, 적절한 강도와 일관성이 필요하다. 반려동물이 바람직하지 않은 행동을 하는 도중이나 직후에 너무 겁을 먹지 않도록 주의하며, 충분히 혐오를 느낄 정도의 자극을 그 행동이 발현할 때마다 부여해야 한다. 만일 이중 하나라도 결여될 경우 처벌의 효과가 떨어 질 수 있으니 주의해야 한다.

표 7-10 강화와 처벌의 원리

	자극 제시	자극 제거
행동 증가	양성 강화	음성 강화
행동 감소	양성 처벌	음성 처벌

(4) 소거와 자발적 회복

1) 소거

소거란 반려동물에게 조건화 된 특정 행동반응을 소멸시키는 것을 뜻한다. 훈련을 통해 반려동물의 문제행동을 수정하는 과정에서 그 행동이 사라지는 데 까지는 오랜 시간이 걸린다. 다시 말해 어떠한 행동에 더 이상 강화가 되지 않아 점차적으로 사라지는 것이다. 하지만 이러한 소거는 일정한 속도로 사라지는 것이 아니라 초반에는 그 행동의 강도나 빈도가 증가한다. 지금까지 강화되어 온 반응이 갑자기 강화가 되지 않는 다면 그 반응이 더 빈번하게 보이는데 이것을 소거 폭발이라고 한다. 하지만 명심해야 할 것은 소거 폭발은 '일시적'으로 일어나기 때문에 이 소거 폭발을 잘 넘긴다면 마침내는 소거가 이루어진다는 것이다. 이런 소거 현상은 일종의 학습과정이라 할 수 있다.

예를 들어, 보호자가 밥을 먹을 때 식탁 앞에서 먹을 것을 달라고 짖으며 조르는 반려동물이 안쓰럽거나 귀찮아서 먹을 것을 준다면 반려동물은 보호자가 식탁에서 밥을 먹을 때 마다 조르는 행동을 보일 것이다. 시간이 지나 이 행동을 소거 하려고 한다면 반려동물이 짖으며 조르는 행동을 해도 보호자는 어떠한 반응을 보여서는 안 된다. 이 때 반려동물은 과거에 내가 짖고 조르는 행동을 해서 먹을 것을 보상 받았던 기억이 있으므로 보호자가 먹을 것을 주지 않으면 처음보다 더 크고 시끄럽게 짖고, 더 강하게 조르는 행동을 보이는 소거 폭발 행동을 보일 것이다. 이렇게 보상을 제거하는 것으로 어떠한 행동을 소거할 때에는 행동이 일시적으로 더 심해질 수 있다는 것을 명심하고 대비해야 한다.

2) 자발적 회복

반려동물이 오랜 시간 동안 강화 받았던 과저의 행동을 기억하는 학습 체계로, 오랜 시간 동안 강화된 적이 없음에도 어느 순간 갑자기 그 행동이 나타나는 것을 의미한다. 다시 말해 소거가 완료된 후 일정 기간 훈련을 중지 했다가 조건 자극을 다시 제시한다면 조건 반응이 다시 나타날 수 있다는 것이다. 하지만 이러한 자발적 회복은 강화가 주어지지 않는다면 처음보다 빨리 행동이 소거된다. 예를 들어 보호자가 밥을 먹을 때 식탁 앞에서 먹을 것을 달라고 짖으며 조르던 경우, 그 행동이 뇌에서 완전히 지워진 것은 아니다. 시간이 지나 언젠간 자발적 회복 현상으로 인해 다시 조르는 행동을 할 것이라는 사실을 예상해야 한다. 하지만 이번에는 소거 폭발이 더 약하게 일어날 것이고, 소거 시간도 훨씬 더 짧아진다.

(5) 반응형성과 자극 일반화

1) 반응형성

반응형성은 다른 말로 점진적 조건화라고도 불리는데, 이는 원하는 행동에 제대로 다가갈 수 있도록 적절한 타이밍에 강화를 주어 본래의 행동레퍼토리에는 없는 복잡한 반응을 서서히 훈련시키는 것을 의미한다. 반려동물을 교육, 훈련시킬 때 한 번에 원하는 목표 행동을 얻을 수는 없기 때문에 이러한 반응형성은 주로 복잡한 훈련을 필요로 하는 어질리티(장애물경기)에 많이 사용되는데, 어질리티 장애물 중 시소 훈련을 시작 할 때 처음에는 반려견이 시소에 발을 터치만 해도 보상을 주고, 그 다음에는 발을 시소에 올려놨을 때, 그 다음에는 네 발 모두 올려놨을 때, 그 다음에는 시소에서 한 발 한 발 이동 할 때 마다 보상을 제공함으로써 시소를 완벽하게 건널 수 있도록 훈련 하는 방법을 반응형성이라고 할 수 있다.

표 7-11 반응형성 훈련 중 주의 사항

1. 훈련의 진도는 천천히
2. 훈련의 단계를 건너뛰지 않기
3. 한 단계에 너무 오래 머무르지 않기

2) 자극 일반화

자극 일반화란 특정 자극에 대해 어떠한 반응이 조건화 된 뒤, 이와 유사한 자극에 대해서도 동일한 반응이 일어나게 되는 것이다. 예를 들어, 현관 초인종 소리에 반응을 보이던 반려동물이 시간이 지나 알람시계 소리나 휴대전화 벨소리에 반응하는 것을 자극 일반화라고 할 수 있다. 훈련을 할 때 음식으로 보상하는 것을 간헐적으로 하며 음식으로 보상을 하지 않을 때에는 육성으로 칭찬을 하거나, 쓰다듬는 것 과 같이 신체적인 보상을 내려도 반려견과 반려묘는 충분히 보상을 받았다고 느낀다.

3 반려견, 반려묘 훈련의 종류와 방법

(1) 기본 복종훈련

1) 앉아

앉아 훈련은 복종과 바른 행동을 하기 위해서 반드시 배워야 한다. 가장 가르치기 쉬우면서도 가장 실용적인 명령으로 여겨지며, 다양한 상황에서 활용 가능한 이상적인 명령이다. '앉아'라는 명령어에 잘 따르는 경우 보호자의 말에 잘 따르고 통제하기도 쉽다. 이렇듯 앉아 훈련은 통제를 위한 기본적인 역할을 할 뿐 아니라 기본 복종훈련을 습득하기 위한 전제 조건이 된다. 앉아를 먼저 가르치는 것이 다른 기본 복종훈련을 가르치는 데 논리적인 방법이라 할 수 있으며, 앉아는 훈련에 집중 할 수 있도록 도와주기 때문에 다른 명령어를 수월하게 습득하는데도 도움이 될 수 있다.

앉아 훈련은 가르치는 것도 다른 훈련에 비해 상당히 쉬운 편이다. 반려견이나 반려묘에게 음식을 보여주고 코에 가까이 붙인 뒤, 반려동물의 머리 위로 올려준다. 시선이 음식을 따라가 고개를 젖히는데 이때 음식을 좀 더 뒤쪽으로 유도하면 자연스럽게 앉으며 음식을 바라보게 될 것이다. 앉는 행동을 보이는 동시에 '앉아' 명령어를 내리고 엉덩이가 바닥에 닿아 올바르게 앉으면 그 즉시 칭찬과 함께 충분한 보상을 제공한다. 이때 주의해야 할 점은 음식을 코에서 너무 멀리 떨어트린 채로 훈련을 하면 음식을 먹기 위해 뛰어오르는 행동을 할 수 있으니 코에 바짝 붙여서 훈련을 해야 한다.

① 음식으로 집중 유도

② 음식을 코에 바짝 붙여 유인하기

③ 음식을 코에 바짝 붙여 머리 뒤로 올리기   ④ 반려견이 앉는 즉시 음식을 보상하기

그림 7-1 앉아 훈련

2) 엎드려

　엎드려 훈련은 오랜 시간 가만히 있도록 가르치는 좋은 방법이며, 과도하게 에너지가 넘치거나 다른 사람이나 동물들에게 뛰어들기를 좋아하는 반려견에게 중요한 훈련이다. 엎드려 훈련은 크게 두 가지 방법이 있다. 첫 번째는 엎드려 자세를 만들어 주는 것인데, 이는 앉아 있는 상태에서 음식으로 유인하여 엎드려 자세를 만드는 것이다. 음식을 코앞에 바짝 붙여 놓고 천천히 아래로 내려주며 '엎드려' 명령어를 말한다. 만약 자세가 잘 만들어지지 않는 다면, 음식을 잡고 있는 반대 손으로 등 쪽을 살짝 눌러주며 쉽게 자세를 만들도록 도와준다. 여기서 주의해야 할 점은 너무 강하게 누르면 오히려 자세가 흐트러질 수 있으니 살짝만 눌러주는 것을 명심해야 한다. 이렇게 엎드려 자세가 만들어지면 그 즉시 칭찬과 함께 충분한 보상을 제공해 준다.

　두 번째는 보호자의 다리로 터널을 만들어 주는 것이다. 보호자는 앉은 상태에서 양쪽 무릎을 세워 삼각형의 작은 터널을 만든다. 그 다음 음식을 잡고 있는 손을 터널의 중간 쯤 까지 넣고 유인한다. 이렇게 하면 음식을 먹기 위해 몸 앞부분을 낮추고 터널 안으로 들어가려고 할 것이다. 훈련 초반에는 몸을 숙이는 정도에도 보상을 해주고 차츰차츰 엎드려 자세가 만들어질 때 보상을 해 준다.

　이렇게 엎드려 훈련이 완벽하게 교육되면 조금 더 난이도를 높여 엎드려 훈련을 시킬 수 있다. 보호자와 함께 걸어가는 도중에 '엎드려' 명령어를 내리고 올바르게 엎드리면 바로 보상을 해준다. 처음에는 걷는 속도를 천천히 하다가 점점 속도를 높여 빠른 걸음으로 걸으며 엎드려 훈련을 진행한다. 이러한 훈련은 재미있는 놀이가 될 수 도 있다.

① 앉아 자세를 만들기

② 음식을 코에 바짝 붙여 유인하기

③ 음식을 코에 바짝 붙여 바닥으로 내리기

④ 반려견이 엎드리는 즉시 음식을 보상하기

그림 7-2 엎드려 훈련

3) 기다려

　기다려 훈련이 잘 되어 있다면 여러 상황에서 활용도가 좋다. 예를 들어, 산책 중 반려동물의 배설물을 치워야 하는 상황에서 반려동물이 이리저리 움직인다면 배설물을 치우기 쉽지 않겠지만 기다려 훈련이 되어 있다면 상당히 쉽게 배설물을 치울 수 있을 것이다. 또한 빗질을 하거나 피부나 귀와 같은 신체부위를 확인 할 때에도 기다려는 유용하게 활용될 수 있다. 기다려 훈련은 앉은 자세나 엎드려 자세에서 '기다려' 명령어를 내리고 보호자는 한 걸음 뒤로 물러난다. 이때 보호자를 따라 움직인다면 바로 다시 앞으로 다가가 '안 돼'라고 말 하며 앉거나 엎드려 자세를 다시 잡아준다.

　이렇게 처음에는 한 걸음 뒤로 물러나 기다리게 시키고, 점차적으로 거리를 늘려간다. 얌전히 움직이지 않고 잘 기다린다면 보호자는 다시 돌아가 칭찬과 함께 충분한 보상을 준다. 기다려 훈련시간은 처음에는 몇 초로 시작해 몇 분, 수십 분으로 시간을 늘려가며 훈련하는 것이 좋다. 처음부터 너무 오랜 시간 기다리는 것은 너무 힘들기 때문이다. 또한 기다려가 완벽하게 훈련 되면, 방해 요소를 추가하여 훈련하는 것도 중요하다. 기다리고 있는 상태에서 주변을 걸어 다니거나, 다른 동물을 지나가게 하기, 기다리게 하고 보호자가 안 보이는 곳으로 숨어 있기 등 다양한 방해 요소들 속에서도 움직이지 않고 착하게 기다릴 수 있는 훈련을 시도 해본다. 이런 방해 요소는 처음에는 쉬운 것부터 시작하고, 시간도 짧게 훈련을 하며 올바르게 기다리는 그 즉시 칭찬과 함께 충분한 보상을 제공해 준다.

① 앉아 자세에서 시작하기

② 손바닥을 보여주며 기다려 명령어 내리기

③ 한걸음 뒤로 물러나기

④ 다시 앞으로 돌아가 즉시 음식을 보상하기

그림 7-3 기다려 훈련

4) 이리와

보호자가 부르면 다가오는 행동은 간단하게 보일 수 있지만, 이러한 행동을 습관으로 만드는 것은 많은 연습을 필요로 한다. 또한 이리와 훈련은 반려동물에게 꼭 가르쳐야 할 훈련 중 하나로 가장 중요하다. 이리와는 복종훈련 중 가장 중요하고 이 훈련이 확실하게 되지 않는 다면 다른 훈련을 아무리 잘 해도 훈련이 잘 되었다고 할 수 없다. 이리와 훈련은 반려동물이 서 있거나 앉은 상태에서 시작하는 것이 쉽다. 반려동물의 이름을 부르며 '럭키, 이리와.'라고 말 하며 뒷걸음질을 쳐서 보호자를 따라올 수 있도록 유도한다. 만약 이렇게 해서 잘 오지 않는 다면 앉아서 이름을 부르는 방법을 사용해도 된다.

처음에는 목줄을 착용하고 연습하는 것도 좋다. 목줄을 잡고 목줄이 느슨해지는 거리 까지만 뒤로 물러나 명령어와 함께 목줄을 살짝 당겨주면 쉽게 다가 올 수 있다. 또 다른 방법은 다른 사람에게 리드줄을 잡게 하고 보호자가 몇 걸음 떨어져 있는 상태에서 '이리와' 명령어를 내리며 다가오도록 유인 하는 것이다. 반려동물이 보호자에게 다가가려고 할 때 즉시 리드줄을 잡고 있던 사람은 리드줄을 놔주고, 보호자 앞에 다가오면 보호자는 아낌없이 칭찬과 보상을 해준다. 보호자에게 다가가면 좋은 일이 생긴다는 것을 강화 시켜주는 것이 '이리와' 훈련의 핵심이다. 이렇게 보호자가 부르면 다가오는 훈련이 어느 정도 되었다면 다가왔을 때 보호자 앞에 앉는 자세를 잡아 주는 것이 좋다. 보호자의 '이리와' 명령어에 다가 오면 '앉아'라는 명령어를 내리고, 올바르게 앉으면 칭찬과 함께 충분한 보상을 해 준다.

방해 요인이 없는 조용한 공간에서 '이리와' 훈련이 완벽하게 교육되면 난이도를 높여 훈련을 해야 한다. 어떠한 상황에서도 특히 돌발 상황에서도 보호자가 부르면 긍정적인 보상이 제공된다는 것을 훈련시키는 것이다. 예를 들어 반려견과 산책을 하다 반려견이 다른 반려견을 만나 놀고 싶은 마음에 갑자기 달려가 리드줄을 놓쳤을 경우 발생 할 수 있는 위험 사항은 너무 다양하다. 이를 방지하기 위해 어떤 상황에서도 보호자가 부르면 돌아오는 훈련을 해야 한다. 일상생활에서 접할 수 있는 다양한 방해요인들을 하나씩 추가하며 '이리와' 훈련을 한다. 하루는 바닥에 좋아하는 장난감을 놓고 훈련을 하고, 하루는 음식 놓고 훈련하며 그 외의 다양한 상황을 설정하여 훈련한다. 하지만 처음에는 쉬운 방해 요인을 사용하여 쉽게 훈련에 성공 할 수 있게 해야 한다. 처음부터 너무 어렵고 다양한 방해 요인을 사용하여 훈련한다면 쉽게 다가오지 않을 것이다. 또한 이런 방해 요인에 골두하기 전에 반려동물을 불러야 한다. 반려동물이 이미 방해 요인에 몰두 했다면 보호자에게 다가가는 일이 쉽지 않기 때문에 타이밍을 잘 맞춰야 한다.

① '앉아' 명령어 후 '기다려' 명령어 내리기

② 반려견의 이름을 불러 앞으로 오게 하기

③ 반려견이 정면으로 올 수 있도록 유도하기

④ '앉아' 명령어 후 즉시 음식을 보상하기

그림 7-4 이리와 훈련

(2) 특기 훈련

1) 돌아

 돌아 훈련은 서 있는 자세에서 시작하는 것이 가장 좋은 방법이다. 서 있는 자세에서 음식을 코에 가까이 붙여 원하는 방향으로 천천히 원을 그리며 돌리면 자연스럽게 음식을 따라 돌게 된다. 이때 '돌아'라는 명령어를 내리고 360도 완벽하게 돌아 제자리로 돌아왔을 때 칭찬과 함께 충분한 보상을 제공해 준다. 이때 보호자가 한 쪽 다리를 뒤로 뺀 후 생기는 공간으로 유도하면 더 쉽게 돌 수 있다. 한쪽 방향으로 도는 훈련이 완성되면 반대로 도는 훈련도 시작한다.

① 음식을 코에 바짝 붙여 유인하기

② 음식을 이용해 원을 그리며 돌리기

③ 리드줄을 살살 당겨 방향을 잡아주기

④ 360도 정확하게 돌면 즉시 음식을 보상하기

그림 7-5 돌아 훈련

2) 굴러

굴러 훈련은 엎드려 있는 자세에서 시작하는 것이 가장 좋은 방법이다. 엎드려 있는 자세에서 음식을 코와 주둥이 부분 옆으로 나란히 위치하고 움직이기 시작해서 뒤쪽으로 이동해 귀 있는 곳으로 가져간다. 계속해서 어깨뼈 위로 음식을 움직이면 음식을 따라 자연스럽게 옆으로 눕게 된다. 만약 '빵' 훈련을 가르치고 싶다면, 누워있는 상태에서 잠시 기다릴 수 있게 한 뒤, '빵'이라는 명령어와 함께 칭찬과 충분한 보상을 제공한다. 그대로 계속해서 음식을 뒤쪽으로 계속해서 움직이면 자연스럽게 구르게 된다. 이때 완벽하게 한 바퀴 구르기를 가르치려면 음식을 따라 굴러서 제자리로 돌아올 때까지 한쪽으로만 계속 음식을 움직이면 된다. 처음에는 구르는 행동을 보일 때 바로 칭찬과 보상을 해주고, 이를 몇 번 반복해 구르는 것이 조금 자연스러워 진다면 한 바퀴 굴러서 엎드린 자세가 되면 '기다려' 명령어를 내린 후 잠시 기다린 다음 칭찬과 충분한 보상을 제공해준다.

① 엎드려 자세에서 시작하기

② 음식을 머리 뒤 쪽으로 유인하기

③ 음식으로 자연스럽게 구르도록 유인하기

④ 엎드려 자세가 되면 즉시 음식을 보상하기

그림 7-6 굴러 훈련

3) 손

손 훈련은 앉아 있는 자세에서 시작하는 것이 가장 좋은 방법이다. 앉아 있는 자세에서 보호자는 손에 음식을 놓고 주먹을 쥐고 주먹 쥔 손을 앞발 쪽으로 뻗어 준다. 처음에는 숨겨진 음식을 찾기 위해 냄새를 맡으려고 코를 들이 밀거나 손을 핥을 수 있는데, 시간이 지나도 음식을 주지 않으면 이를 먹기 위해 주먹 쥔 손을 앞발로 툭툭 건들이게 된다. 그 즉시 '손'이라는 명령어와 함께 칭찬과 충분한 보상을 제공해준다.

손 훈련을 응용하여 '하이파이브' 훈련을 할 수 있는데, 손에 음식을 놓고 주먹을 쥔 뒤 반려동물의 시선에서 살짝 위로 올리면 음식을 먹기 위해 음식을 쥔 손을 툭툭 치게 된다. 그 즉시 '하이파이브'라는 명령어와 함께 칭찬과 충분한 보상을 제공해준다. 이 행동이 어느 정도 익숙해지면 보호자는 손바닥을 펼친 상태로 명령어를 내리며 훈련을 진행한다.

① 앉아 자세에서 시작하기

② 음식을 쥔 손을 앞으로 내밀기

③ 음식을 쥔 손을 건드리도록 유인하기

④ 손을 건드리는 즉시 음식을 보상하기

그림 7-7 손 훈련

4) 뒤로

뒤로 훈련은 서 있는 자세에서 것이 가장 좋은 방법이다. 서 있는 자세에서 보호자의 한쪽 무릎을 반려동물의 가슴 쪽으로 밀어 넣는다. 그러면 반려동물은 뒤로 주춤 하면서 한 발짝 물러나게 되는데 이때 "뒤로"라는 명령어와 함께 칭찬과 충분한 보상을 제공한다.

또 다른 방법은 양 옆이 막혀 있는 공간에서 보호자가 반려동물 앞으로 걸어 나가며 '뒤로'라는 명령어를 내린다. 훈련을 진행 할 때 벽 옆에 서서 한쪽은 펜스로 막아 훈련하면 쉽게 할 수 있다. 양 옆에 막혀 있기 때문에 당연히 뒤로 뒷걸음질 칠 수밖에 없으므로 쉽게 뒤로 훈련을 시킬 수 있다.

① 양옆이 막힌 곳에서 시작하기

② 반려견의 앞쪽으로 천천히 걸어가기

③ 뒤로 물러날 때까지 걸어가기

④ 반려견이 뒤로 물러나는 즉시 음식을 보상하기

그림 7-8 뒤로 훈련

표 7-12 일반적으로 사용하는 훈련 용어 및 수신호

번호	훈련과목	한국어	영어	독일어	개의 행동	손 짓
1	칭찬하기	좋아, 옳지	Good, Ok	Gut	좋아 한다.	개의 어깨부분을 가볍게 두드려 준다.
2	교정하기	안 돼	No	Nein	대안을 찾는다.	개에게 엄한 표정으로 손가락질을 한다.
3	옆에 따라 다니기	따라	Heel	Bie Fuss	훈련자와 보행속도를 맞춰 따라 다닌다.	왼쪽허벅지를 가볍게 쳐 준다.
4	앉기	앉아	Sit	Sitz	앉는다.	손을 위로 올린다.
5	엎드리기	엎드려	Down	Platz	엎드린다.	손으로 지면을 가리킨다.

7장 반려견, 반려묘 훈련관리

번호	훈련과목	한국어	영어	독일어	개의 행동	손 짓
6	일어서기	서	Stand	Steh	일어선다.	손을 밑에서 크게 올린다.
7	부르기	이리와, 와	Come	Hier	개가 온다.	앞쪽허벅지를 가볍게 친다.
8	물건 가져오기	가져와	Get it	Nimn	물건을 가져온다.	물건을 가리킨다.
9	장애물 뛰어넘기	뛰어	Run	Leuf	장어물을 뛰어 넘는다	장애물을 가리킨다.
10	판벽 뛰어넘기	넘어	Jump	Spring	판벽을 뛰어 넘는다	판벽을 가리킨다.
11	악수하기	손	Hand	Hand	앞발을 내민다.	개의 발 앞에 손을 내민다.
12	두발로 서기	차렷	Attention	Achtung	두발로 일거선다.	주먹 쥐고 엄지손가락만 보인다.
13	옆으로 구르기	굴러	Roll	Roll	옆으로 구른다.	손으로 옆에서 굴리듯이 한다.
14	집에 들어가기	들어가	House	Tritt	집에 들어간다.	집을 가리킨다.
15	대기	기다려	Wait	Bleib	기다린다.	손바닥을 보인다.
16	물건 갖기	가져	Hold it	Beib	물건을 입에 문다	물건을 가리킨다.
17	기어가기	기어	Crawl	Klimm	엎드려 기어간다.	지면을 지시하면서 앞으로 끌듯이 한다.
18	대상물 돌기	돌아	Turn	Wend	지시한 대상물을 옆으로 돈다.	대상물을 지시하면서 원을 그린다.
19	단상 오르기	올라가	Scale	Steig	단상에 올라간다.	단상을 가리킨다.

반려동물관리사

번호	훈련과목	한국어	영어	독일어	개의 행동	손 짓
20	휴식	쉬어	Stay	Hlten	엎드린 상태에서 엉덩이를 옆으로 누인다.	엉덩이를 가리킨다.
21	짖기	짖어	Bark	Giblaut	짖는다.	손가락을 훈련자의 입에 십자로 한다.
22	물건 지키기	지켜	Watch keep	Verteidige	물건에 접근하면 짖으며 위협한다.	물건을 가리킨다.
23	공격하기	물어	Bite	Fass	상대방을 문다	상대방을 가리킨다.
24	물었던 것 놓기	놔	Let it go	Auflose	물었던 것을 논다	개의 앞을 가로막듯이 한다.
25	공격포기	그만	Stop	Holt	공격을 포기한다	개에게 X자를 보인다.
26	앞으로 가기	앞으로	Foreard	Vor	앞으로 간다.	전방을 가리킨다.
27	뒤로 가기	뒤로	Backward	Hinter	뒤로 간다.	후방을 가리킨다.
28	왼쪽으로 가기	왼쪽	Left	Links	왼쪽으로 간다.	왼쪽을 가리킨다.
29	오른쪽으로 가기	오른쪽	Right	Recht	오른쪽으로 간다.	오른쪽을 가리킨다.
30	수색	찾아	find	Such	냄새를 맡으면서 찾는다.	지면을 가리킨다.
31	물품선별	어느 것	Which	Welch	지정한 물품을 찾는다.	선별대를 가리킨다.
32	개 혼자 보내기	가	Go	Gehweiter	혼자 간다.	앞을 가리킨다.
33	자동차 타기	차타	Take car	Aus	자동차를 탄다	자동차를 가리킨다.
34	앉아 기다리기	앉아 기다려	Sit stay	Bleibsitzen	앉아 기다린다	손을 위로올린 후 손바닥을 보인다.

번호	훈련과목	한국어	영어	독일어	개의 행동	손 짓
35	가서 가져오기	가서 가져와	Go get it	Brigenst	가서 가져온다.	가져올 물품을 가리킨다.
36	밖으로 나가기	나가	Go out	Voraus	밖으로 나간다.	밖을 가리킨다.
37	범인추적	쫓아, 추적	Search	Zur spur	범인을 쫓아간다.	범인을 가리킨다.
38	범인감시	감시해	Watch	Zurwache	범인을 지킨다.	범인을 가리킨다.
39	주위를 환기시킬 때	조심해	Be carefull	Passauf	긴장한다.	개를 가리킨다.
40	먹이 안 먹기	먹지마	Don't eat	Nicht IB	먹이를 안 먹는다.	먹이를 가리킨다.

(3) 특수 훈련

1) 어질리티(장애물 훈련)

어질리티란 반려견과 보호자가 함께 달리며 여러 가지 장애물을 신속하고 정확하게 통과하여 정해진 코스를 완주하여 승부를 가리는 멋진 스포츠경기이다. 어질리티는 견종이나 반려견의 크기에 구애받지 않으며 어떠한 반려견이라도 참가할 수 있으며, 또한 보호자와 반려견의 호흡을 중요시하므로 반려견과의 친밀감과 집중력을 키울 수 있어 반려견에게 매우 좋은 교육이 될 수 있다. 반려견을 사랑하고 즐거움을 함께하고 싶은 마음만 있다면 누구나 쉽고 재미있게 배울 수 있는 멋진 훈련이 될 수 있으며, 최근에는 반려견 뿐만 아니라 반려묘와 토끼 등 다양한 반려동물들도 어질리티 훈련을 하여 대회에 참가하고 있다.

어질리티는 다양한 장애물들이 있다. 가장 많이 사용되는 허들에도 기본 허들과 더블 허들, 트리플 허들이 있으며, 타이어, 터널(하드, 소프트), A판벽, 육교, 시소, 위브폴 등이 있다. 이런 다양한 장애물들은 심사위원에 의해 설치되며, 보호자와 반려동물은 함께 정해진 코스대로 경기를 진행한다.

표 7-13 어질리티 장애물별 심사 기준

장애물	심사 규정	
허들	허들 아래 또는 양옆의 거부라인을 지나감	거부
	허들을 떨어트림	실책
	허들 아래로 지나가다 허들을 떨어트림	실격
타이어	타이어 내부 이외에 프레임 사이로 통과	거부
	타이어 원형 통과 중 원형에 부딪혀 원형이나 프레임을 떨어트림	실책
	타이어 원형을 통과하지 못하고 원형이나 프레임에 부딪혀 떨어트림	실격
터널	입구로 들어갔다 입구로 나옴	거부
	입구가 아닌 출구로 들어간 경우	실격
	핸들러가 장비에 신체 일부가 접촉	실격
A판벽	A판벽의 최고점 이전에서 뛰어 내림	거부
	A프레임의 양끝 터치존을 밟지 않음	실책
	핸들러가 장비에 신체 일부가 접촉	실격
육교	내리막 구간 이전에 평행 구간에서 뛰어내림	거부
	내리막과 오르막 구간의 터치존을 밟지 않음	실책
	핸들러가 장비에 신체 일부 접촉	실격
시소	시소의 중심점 이전에 뛰어 내림	거부
	시소의 양끝 터치존을 밟지 않음	실책
	핸들러가 장비에 신체 일부 접촉	실격
위브폴	위브폴 진입시 좌측 어깨부터 진입하지 않음	거부
	위브폴 중간에 나올 경우	실책
	거꾸로 3개 이상의 폴을 지남	실격

　어질리티 경기 종목에는 비기너, 노비스, 점핑과 어질리티가 있다. 각각의 경기 종목에서 1회 합격으로 승급을 할 수 있고, 처음 경기에 출진하는 경우 비기너부터 순차적으로 승급하여 다음 경기 종목에 참가 할 수 있다. 또한 어질리티 코스 안에서는 어떠한 연습도 허용되지 않으며, 경기 시작 전 반려견을 동반하지 않고 주어진 시간 내에 코스를 체크 할 수 있다. 이러한 어질리티 경기 코스 설계는 전적으로 심사위원의 구상에 달려 있다. 최소 2번의 방향 전환을 하도록 설계해야하며 심사위원은 코스의 길이를 정확하게 측정해야 한다. 경기에 출

진하는 반려견들이 코스에 습관화되는 것을 방지하기 위하여 코스 설계와 장애물의 배치는 자주 바꿔줘야 한다.

2) 프리스비(원반 훈련)

프리스비는 빠르게 움직이는 물체를 잡으려고 하는 자연스러운 반려견의 본능을 이용하여 보호자와 함께 즐길 수 있는 스포츠이다. 날아가는 원반을 따라 달리며 이들의 본능을 마음껏 방출 할 수 있게 해주는 프리스비는 반려견들에게 즐거움뿐만 아니라 순발력, 지구력, 민첩성을 길러줄 수 있으며, 프리스비 경기 종목은 다섯 가지로 분류된다.

표 7-14 프리스비 경기 종목

종목	설명
D/A (Distance Accuracy)	한 개의 원반을 갖고 제한시간 60초 안에 최대한 많은 캐치를 성공 시키는 경기이며, 정해진 거리의 구역별로 점수가 주어지는 경기.
T/T (Time Trial)	한 개의 원반을 갖고 20야드 이상 던져서 두 번의 회수를 성공한 시간을 측정하는 경기
E/D (Extreme Distance)	시간제한 없이 총 3회를 던져서 땅에 닿기 전 가장 먼 거리에서 원반을 잡는 경기.
F/S (Free Style)	음악에 맞춰 제한시간 90초안에 5개의 원반을 이용하여 다양한 기술을 선보이는 경기.
T/G (Target)	제한시간 60초 안에 한 개의 원반을 이용하여 세 번의 기회로 각각의 점수가 다른 구역 안에 착지한 지점의 점수를 측정하는 경기.

3) 치료도우미동물 훈련

동물매개치료에 활동하는 치료도우미동물들이 단순히 치료현장에 있는 것만으로도 긍정적인 효과를 얻을 수 있지만, 다양한 내담자와 환경에서 활동해야 하기 때문에 기본적인 사회성과, 치료의 목적에 맞게 잘 훈련이 되어야 하며, 치료도우미동물이 갖춰야 할 훈련들과 치료도우미동물의 평가 방법은 다음과 같다.

① 낯선 사람과 다른 동물을 만나도 경계하거나 공격적이지 않아야 한다.

치료도우미동물로 활동하는 동물들은 평상시에 자주 만나는 익숙한 사람들보다는 낯설고 새로운 사람 뿐 아니라, 일상생활에서 자주 만날 수 없는 이상한 행동과 큰 소리를 내는 사람들을 만날 기회가 많다. 이런 여러 가지 상황에서도 만나는 사람에게 경계하거나 두려워하지 않고 호의적인 감정을 가져야 한다. 사람들을 만나는 것이 즐거운 일이며, 사람들을 만났을 때 불편하거나 두려운 것이 아니라는 것을 알려주는 것이 중요하다. 그러기 위해서는 낯선 사람들이 좋아하는 것(음식이나 장난감 등)을 주게 하여, 낯선 사람들이 경계의 대상이 아닌 자신이 좋아하는 것을 주는 호의적인 상대라는 것을 교육한다.

또한 치료도우미동물은 사람들과의 사회성뿐만 아니라 다른 동물들과의 사회성도 매우 중요하다. 동물매개치료 활동을 하다보면 다른 치료도우미동물들과 함께 활동을 하는 경우가 많기 때문이다. 때문에 어릴 때부터 다른 동물들과의 만남을 자주 갖게 한다.

② 귀찮게 쓰다듬어도 거부하지 않는다.

치료도우미동물로 활동을 하다보면 여러 사람들이 한꺼번에 만지거나, 갑작스럽게 만지고, 또 만지는 강도가 조금은 거칠 수 있는 상황들이 발생 할 수 있다. 이런 상황에서도 놀라거나 거부하지 않도록 훈련을 하는 것이 좋다. 어릴 때부터 사람과의 신체적 접촉을 점차적으로 늘려가는 훈련이 중요한데, 처음에는 신뢰도가 높은 보호자와 훈련을 시작하고 이러한 신체접촉이 자연스러워지면 타인과의 접촉의 정도와 빈도를 늘려가며 훈련한다. 이때 너무 무리하게 강도를 높여 훈련을 한다면 두려움이 커질 수 있으므로 주의해야 한다.

신체접촉 훈련을 시작 할 때는 좋아하는 부위부터 접촉을 시작한다. 보통 턱 아래, 등허리 부분에서 시작하여 싫어하는 부위인 발이나 꼬리, 생식기 부위의 접촉을 서서히 시도한다. 또한 처음에는 부드럽게 쓰다듬는 것에서 시작하여, 조금씩 거칠게 쓰다듬거나 신체부위나 털을 살짝 살짝 잡아 당겨보기도 한다.

③ 처음 보는 행동에도 당황해 하지 않는다.

동물매개치료 활동 시 발달장애(자폐), 정서불안, 조울증 등의 장애를 갖고 있는 내담자들은 함께 활동을 하고 있는 치료도우미동물에 대해 전혀 신경 쓰지 않고 돌발적인 행동을 하는 경우가 많다. 이런 상황에서도 사람이 위험한 존재가 아니라는 것을 인식시키는 것이 중요하다. 또한 신체적 불편함을 갖고 있는 내담자의 경우 목발을 사용하거나 휠체어, 보행 보조기 등 다양한 의료 보조기구를 사용하는데 이러한 보조기구의 소리나 움직임에 겁을 먹거나 도망가서는 안 되므로 보조기구에 적응하는 훈련도 필요하다.

이런 적응훈련은 여러 가지 행동과 상황들을 미리 경험해보도록 하는 것이 좋다. 동물매개치료 활동 시 일어날 수 있는 다양한 상황들을 가정하여 약한 자극에서부터 강한 자극까지

점진적인 방법으로 적응해 갈 수 있도록 훈련한다. 또한 다른 사람이 보호자에게 장난을 하거나 공격적인 행동을 할 때 보호본능에 의해 보호자를 구한다고 상대방에게 공격적인 행동을 해서는 절대로 안 되기 때문에 사물과 함께하는 도발적이고 갑작스러운 동작에도 익숙할 수 있도록 다양한 경험을 미리 해보는 것도 중요하다.

④ 사람이 많은 곳에서도 무서워하지 않는다.

　동물매개치료 활동 시 일대일로 하는 경우도 있지만, 집단으로 진행하는 경우도 있다. 많은 사람들이 갑자기 달려들어 만지거나 동시에 큰 소리로 얘기하는 경우가 생길 수 있으므로 이런 경우에도 치료도우미동물은 당황하지 않고 그런 환경에 익숙할 수 있도록 훈련해야 한다. 훈련을 할 때에는 처음부터 많은 사람들을 만나게 하는 것 보단 적은 수의 사람을 접하게 시작하는 것이 좋다. 처음에는 두 명, 그다음에는 4명 이렇게 점차적으로 만나는 사람의 수를 늘려가며 자연스럽게 적응할 수 있도록 도와준다.

　많은 사람들을 만나는 훈련에 익숙해지면 많은 사람들에게 둘러 싸였을 때의 상황을 만들어 사람들이 단순히 지나가는 것이 아닌 자신에게 관심을 갖고 직접적으로 다가온다는 것에 익숙해지도록 훈련을 한다. 이 역시 처음부터 너무 많은 사람으로 훈련하는 것 보다 적은 수의 사람들로 시작해 점차적으로 사람의 수를 늘려 훈련을 진행한다.

⑤ 관심 있는 물건으로부터 통제가 된다.

　자신이 좋아하는 공이나 장난감, 좋아하는 간식이나 음식 앞에서 통제가 되지 않는 경우가 있다. 이런 경우, 내담자가 공과 같은 좋아하는 물건을 갖고 있으면 그 물건을 갖기 위해 내담자에게 달려들게 되면, 내담자는 자신을 공격한다고 잘못 받아들여 소리를 지르거나 놀랄 수 있다. 이러한 상황들이 발생하지 않도록 좋아하는 물건으로부터 통제가 되는 훈련을 하는 것이 좋다. 기본적인 복종훈련을 통해 자제력을 갖도록 도와준다. 좋아하는 물건이나 음식을 앞에 놓고 '기다려'훈련을 진행한다. 또한 보호자의 통제에 의해 장난감이나 공을 갖고 놀다가도 놀이를 멈출 수 있는 훈련을 같이 진행한다. 물건을 가만히 둔 상태에서 통제가 된다면 물건을 옮기면서, 다른 사람이 물건을 가져가도 통제가 되는 훈련을 시도한다. 이러한 통제 훈련을 하고 난 후에는 보상을 해주거나 물건을 주면서 보호자를 신뢰할 수 있도록 하는 것이 중요하다.

⑥ 다른 동물에 대해 공격성이 없어야 한다.

치료도우미동물은 사람들과의 사회성은 물론 다른 동물들과도 서로 공격적이지 않고 잘 어울릴 수 있는 사회성이 꼭 필요하다. 훈련방법으로는 어릴 때부터 다른 동물들과 자주 접촉하여 사회성을 키워주는 것이 필요하다. 다른 동물에게 공격적인 행동을 보일 때 보호자의 단호한 질책과 교정이 필요하며 사람의 입장이 아닌 반려동물의 입장에서의 교정을 해야 한다. 가장 좋은 방법은 다른 동물들과 자연스러운 접촉이 자주 있어야 하며, 함께 동물매개치료를 활동할 치료도우미동물들과의 잦은 접촉은 더욱 바람직한 방법이라 할 수 있다.

1. 다음 보기의 내용에 적합한 처벌의 종류는?

> 집에 돌아올 때 마다 뛰어오르는 반려견을 눈도 마주치지 않고 무시한다.

① 직접 처벌
② 사회적 처벌
③ 원격 처벌
④ 간접 처벌

2. 다음 고전적 조건화의 학습 원리의 내용으로 가장 적합한 용어는?

> 자극-반응의 결합관계를 반복할수록 조건형성의 정도가 강해진다.

① 시간의 원리
② 강화의 원리
③ 계속성의 원리
④ 일관성의 원리

3. 다음 보기의 내용에 적합한 용어는?

> 조건화 된 특정 행동을 수정하기 위해 더 이상의 강화를 주지 않을 때 일시적으로 행동의 강도나 빈도가 증가되는 것.

① 자발적 회복
② 소거
③ 소거 폭발
④ 반응 형성

193

단원 정리 문제

4. 다음 반응형성 훈련 중 주의 사항으로 적합하지 않은 것은?
① 한 단계에 오래 머무르기
② 한 단계에 너무 오래 머무르지 않기
③ 훈련의 단계를 건너뛰지 않기
④ 훈련의 진도는 천천히

5. 다음 사회화 훈련의 적합한 시기로 알맞은 것은?

다른 동물, 낯선 사람들과의 적응기

① 3~7주
② 7~13주
③ 14~16주
④ 17~19주

6. 다음 조작적 조건화의 내용에 알맞은 것은?

어떠한 자극을 제거 했을 때 반려동물의 행동을 증가시키는 것.

① 양성 강화
② 음성 강화
③ 양성 벌
④ 음성 벌

7. 다음 '기다려' 훈련 방법으로 옳은 것은?
① 앉은 자세나 엎드려 자세에서 '기다려' 명령어를 내리고 보호자는 한 걸음 뒤로 물러난다.
② 앉은 자세나 엎드려 자세에서 '기다려' 명령어를 내리고 보호자는 뒤로 멀리 물러난다.
③ '기다려' 명령 후 보호자를 따라 움직이면 보상을 해 준다.
④ '기다려' 훈련 시간은 처음부터 기다리는 시간을 10분 이상으로 진행한다.

8. 다음 치료도우미동물 훈련의 종류로 적합하지 않은 것은?

① 낯선 사람과 다른 동물을 만나도 경계하거나 공격적이지 않아야 한다.

② 처음 보는 행동에도 당황해 하지 않는다.

③ 귀찮게 쓰다듬는 상황에서는 거부해도 괜찮다.

④ 관심 있는 물건으로부터 통제가 된다.

단원 정리 문제

1
정답 : ②
문제 난이도 : 초급
해답 풀이 : ② 사회적 처벌이란 인간과의 상호관계를 단절함으로써 주는 처벌이다.

2
정답 : ③
문제 난이도 : 중급
해답 풀이 : ③ 중성자극과 무조건자극의 반복적으로 연합되면서 중성자극이 조건자극으로 되는데, 이러한 반복을 계속적으로 반복할수록 조건자극으로 인한 조건반응의 정도가 강해진다.

3
정답 : ③
문제 난이도 : 중급
해답 풀이 : ③ 소거 폭발은 지금까지 강화되어 온 반응이 갑자기 강화되지 않게 되었을 때 한동안 그 반응이 더 빈번하게 보이는 것을 의미한다.

4
정답 : ①
문제 난이도 : 상급
해답 풀이 : ① 반응형성 훈련은 원하는 행동에 제대로 다가갈 수 있도록 적절한 타이밍에 강화를 주어 복잡한 반응을 서서히 훈련시키는 것을 의미하며, 한 단계에 오래 머무르게 된다면 다음 훈련의 진도에 도움이 되지 않는다.

5
정답 : ③
문제 난이도 : 상급
해답 풀이 : ③ 사회화 훈련은 사회화시기에 적합한 훈련을 진행하는 것이 중요하다. 3~7주 사회화 전기에는 주위 사물이나 사람에게 흥미를 갖고 규칙도 서서히 배우며, 7~13주 사회화 후기에는 다양한 소리나 감촉들을 조금씩 적응하고 받아들이며, 14~16주 사회화 완료기에는 다른 동물, 낯선 사람들과의 적응을 할 수 있는 훈련을 하는 것이 가장 적합하다.

6
정답 : ②
문제 난이도 : 상급
해답 풀이 : ② 음성 강화란 어떠한 반응 후에 고통스러운 자극이 종료되는 것으로, 반려동물이 싫어하거나 회피하고 싶은 것을 '제거'함으로 그 행동이 다시 발생할 가능성을 '증가'시키는 것이다.

7
정답 : ①
문제 난이도 : 초급
해답 풀이 : ① 기다려 훈련은 처음에는 한 걸음 뒤로 물러나 기다리게 시키고, 점차적으로 거리를 늘려가며 반려동물이 움직이지 않고 잘 기다린다면 보호자는 다시 돌아가 보상을 해주며, 기다려 훈련시간은 처음에는 몇 초로 시작해 몇 분, 수십 분으로 시간을 늘려가며 훈련을 진행하는 것이 효과적이다.

8
정답 : ③
문제 난이도 : 초급
해답 풀이 : ③ 치료도우미동물로 활동을 하다보면 여러 사람들이 한꺼번에 만지거나, 갑작스럽게 만지고, 또 만지는 강도가 조금은 거칠 수 있는 상황들이 발생할 수 있다. 이런 상황에서도 놀라거나 거부하지 않도록 훈련을 하는 것이 좋다.

8장

반려동물 복지 및 법규

1 반려동물의 복지

(1) 반려동물의 의미

1) 반려동물의 정의

반려동물이란 일반적으로 좋아해서 가까이 두고 귀여워하며 기르는 동물을 말하는데, 최근에는 사람과 더불어 살아가며 사랑을 주고받는 가족이라는 의미에서 반려(伴侶)동물이라고도 한다. 1983년 10월 27-28일 오스트리아 빈에서 인간과 애완동물의 관계(The Human-Pet Relationship)를 주제로 하는 국제 심포지엄이 동물 행동학자이자 노벨상 수상자인 K. 로렌츠의 80세 탄생일을 기념하기 위하여 개최되었다. 오스트리아 과학아카데미가 주최한 이 자리에서 개, 고양이, 새 등의 애완동물을 종래의 가치성을 재인식하여 반려동물로 부르도록 제안하였고 그 결과 미국, 유럽, 일본 등 대부분의 국가에서 반려동물이라는 용어가 사용되고 있다. 동물이 인간에게 주는 여러 혜택을 존중하여 사람의 장난감이라는 의미의 애완동물이 아닌 더불어 살아가는 동물이라는 의미의 반려동물(Companion Animal)이라는 용어로 개칭된 것이다.

2) 반려동물복지의 필요성

반려동물에 대한 관심이 증대되면서 반려동물을 기르는 가정이 급속히 증가하고 있다. 반려동물을 기르는 것이 일상화되고 반려동물에 대한 긍정적 인식이 많이 확산되었음에도 불구하고, 한편으로는 반려동물에 대한 인식 부족과 보호조치 미흡으로 인해 반려동물과 사람 모두에게 부정적 영향을 끼치는 경우가 종종 있다. 즉, 반려동물이 버려지거나[유기(遺棄)]·학대받는 등 생명과 안전을 위협당하거나 반려동물의 관리소홀로 인해 사람들이 불편을 겪는 사례가 늘어나고 있는 것이다. 따라서 사람과 반려동물과의 행복한 공존을 위해서는 반려동물의 생명과 안전을 보호하고 그 복지를 증진하기 위해 노력해야 하며, 반려동물의 적정한 관리를 통해 다른 사람에게 피해를 끼치지 않도록 주의해야 한다.

(2) 동물복지의 개념

1) 동물복지(Animal Welfare)의 개념

동물복지는 인간이 동물에 미치는 고통이나 스트레스 등의 고통을 최소화하며, 동물의 심리적 행복을 실현하는 것이다.

OIE(세계동물보건기구)에 따르면 동물복지는 '동물이 건강하고, 안락하며, 좋은 영양 및 안전한 상황에서 본래의 습성을 표현할 수 있으며, 고통, 두려움, 괴롭힘 등의 나쁜 상태를 겪지 않는 것'으로 정의하고 있다.

미국수의학협회에서는 동물복지(animal welfare)는 동물의 복리를 보장하는 윤리적 책임으로서 보다 구체적으로 '동물에게 청결한 주거환경의 제공, 관리, 영양제공, 질병예방 및 치료, 책임감 있는 보살핌, 인도적인 취급, 필요한 경우의 인도적인 안락사 등 동물의 복리와 관련한 모든 것을 제공하는 인간적인 의무'라고 정의하고 있다.

2) 동물의 5대 자유

1979년 영국의 '농장동물복지위원회(Farm Animal Welfare Council: FAWC)'는 동물의 복지를 위하여 표 8-1과 같은 '동물의 5대 자유(Five Freedoms)'를 제시하였다. FAWC의 '동물의 5대 자유'에 의하면 동물복지(animal welfare)는 바로 동물복리(animal well-being)라고 할 수 있다. 이 복리를 보장하기 위해서는 동물에게 불필요한 고통을 가하지 않고, 신체적 및 정신적 건강을 유지할 수 있는 환경을 마련하고, 그들을 보살펴주어야 한다. 결국 동물복지를 보장하는 것은 인간의 의무인 것이다. 한국에서도 '동물보호법'이 1991년 제정되어 동물의 보호와 복지를 위한 세부 규정들을 두고 운영되고 있으며, 그 동안 '동물보호법'은 여러 번의 개정을 통하여 동물복지 향상을 위한 법률로 완성도를 높이고 있다.

표 8-1 동물의 5대 자유

1	배고픔과 갈증으로부터의 자유(Freedom from hunger and thirst)
2	불안으로부터의 자유(Freedom from discomfort)
3	통증, 부상 또는 질병으로부터의 자유(Freedom from pain, injury or disease)
4	정상적인 행동 표현의 자유(Freedom to express normal behaviors)
5	공포와 고통으로부터의 자유(Freedom from fear and distress)

반려동물관리사

2 동물보호법

(1) 개별법상 반려동물의 범위

반려동물과 관련된 법률에서 정하고 있는 동물의 범위는 약간씩 차이는 있지만 개와 고양이는 공통적으로 포함되어 있다.

표 8-2 반려동물의 범위

「동물보호법」	"동물"이란 고통을 느낄 수 있는 신경체계가 발달한 척추동물로서 포유류, 조류, 파충류, 양서류 및 어류(다만, 식용(食用)을 목적으로 하는 것은 제외함) (「동물보호법」 제2조제1호 및 「동물보호법 시행령」 제2조). 또한 반려동물은 개, 고양이, 토끼, 페럿, 기니피그 및 햄스터(「동물보호법」 제2조제1호의3, 「동물보호법 시행규칙」 제1조의2).
「가축전염병예방법」	개, 고양이, 소, 말, 당나귀, 노새, 면양·염소[유산양(乳山羊: 젖을 생산하기 위해 사육하는 염소)을 포함], 사슴, 돼지, 닭, 오리, 칠면조, 거위, 토끼, 꿀벌, 타조, 메추리, 꿩, 기러기, 그 밖에 사육하는 동물 중 가축전염병이 발생하거나 퍼지는 것을 막기 위하여 필요하다고 인정하여 농림축산식품부장관이 정하여 고시하는 동물: 현재 정해진 것 없음(「가축전염병 예방법」 제2조제1호, 「가축전염병 예방법 시행령」 제2조)
「수의사법」	개, 고양이, 소, 말, 돼지, 양, 토끼, 조류, 꿀벌, 수생동물, 노새, 당나귀, 친칠라, 밍크, 사슴, 메추리, 꿩, 비둘기, 시험용 동물, 그 밖에서 앞에서 규정하지 아니한 동물로서 포유류, 조류, 파충류 및 양서류(「수의사법」 제2조제2호, 「수의사법 시행령」 제2조)
「소비자분쟁해결기준」	개, 고양이[「소비자분쟁해결기준」(공정거래위원회 고시 제2021-7호, 2021. 5. 25. 발령·시행) 별표 Ⅱ 제29호]

(2) 반려동물 관련 동물보호법

동물보호법에서는 동물과 소유자에 대한 정의를 제시하며 반려동물을 돌보는 소유자들의 의무에 대해서 명시를 하고 있다. 원론적으로는 동물보호의 기본원칙에 대해 제시를 하고 있으며, 동물학대에 대한 금지조항, 학대받고 있는 동물의 구조와 보호에 대한 조항도 명시하여 동물의 기본적인 안정권이 보장될 수 있도록 법제화하고 있다. 그 외에도 동물복지위원회, 동물보호센터 설치 및 지정, 동물보호감시원, 동물보호명예감시원에 대한 조항을 제정하여 동물복지가 제대로 실행될 수 있도록 법적으로 조치를 취하고 있다.

표 8-3 반려동물복지와 관련된 동물보호법

동물보호법 [시행 2023. 9. 15.]
[법률 제19234호, 2023. 3. 14., 타법개정]

제1장 총칙

제1조(목적) 이 법은 동물의 생명보호, 안전 보장 및 복지 증진을 꾀하고 건전하고 책임 있는 사육문화를 조성함으로써, 생명 존중의 국민 정서를 기르고 사람과 동물의 조화로운 공존에 이바지함을 목적으로 한다.

제2조(정의) 이 법에서 사용하는 용어의 뜻은 다음과 같다.
 1. "동물"이란 고통을 느낄 수 있는 신경체계가 발달한 척추동물로서 다음 각 목의 어느 하나에 해당하는 동물을 말한다.
  가. 포유류
  나. 조류
  다. 파충류·양서류·어류 중 농림축산식품부장관이 관계 중앙행정기관의 장과의 협의를 거쳐 대통령령으로 정하는 동물
 2. "소유자등"이란 동물의 소유자와 일시적 또는 영구적으로 동물을 사육·관리 또는 보호하는 사람을 말한다.
 3. "유실·유기동물"이란 도로·공원 등의 공공장소에서 소유자등이 없이 배회하거나 내버려진 동물을 말한다.
 4. "피학대동물"이란 제10조제2항 및 같은 조 제4항제2호에 따른 학대를 받은 동물을 말한다.
 5. "맹견"이란 다음 각 목의 어느 하나에 해당하는 개를 말한다.
  가. 도사견, 핏불테리어, 로트와일러 등 사람의 생명이나 신체 또는 동물에 위해를 가할 우려가 있는 개로서 농림축산식품부령으로 정하는 개
  나. 사람의 생명이나 신체 또는 동물에 위해를 가할 우려가 있어 제24조제3항에 따라 시·도지사가 맹

견으로 지정한 개
6. "봉사동물"이란 「장애인복지법」 제40조에 따른 장애인 보조견 등 사람이나 국가를 위하여 봉사하고 있거나 봉사한 동물로서 대통령령으로 정하는 동물을 말한다.
7. "반려동물"이란 반려(伴侶)의 목적으로 기르는 개, 고양이 등 농림축산식품부령으로 정하는 동물을 말한다.
8. "등록대상동물"이란 동물의 보호, 유실·유기(遺棄) 방지, 질병의 관리, 공중위생상의 위해 방지 등을 위하여 등록이 필요하다고 인정하여 대통령령으로 정하는 동물을 말한다.
9. "동물학대"란 동물을 대상으로 정당한 사유 없이 불필요하거나 피할 수 있는 고통과 스트레스를 주는 행위 및 굶주림, 질병 등에 대하여 적절한 조치를 게을리하거나 방치하는 행위를 말한다.
10. "기질평가"란 동물의 건강상태, 행동양태 및 소유자등의 통제능력 등을 종합적으로 분석하여 평가 대상 동물의 공격성을 판단하는 것을 말한다.
11. "반려동물행동지도사"란 반려동물의 행동분석·평가 및 훈련 등에 전문지식과 기술을 가진 사람으로서 제31조제1항에 따른 자격시험에 합격한 사람을 말한다.
12. "동물실험"이란 「실험동물에 관한 법률」 제2조제1호에 따른 동물실험을 말한다.
13. "동물실험시행기관"이란 동물실험을 실시하는 법인·단체 또는 기관으로서 대통령령으로 정하는 법인·단체 또는 기관을 말한다.

제3조(동물보호의 기본원칙) 누구든지 동물을 사육·관리 또는 보호할 때에는 다음 각 호의 원칙을 준수하여야 한다.
1. 동물이 본래의 습성과 몸의 원형을 유지하면서 정상적으로 살 수 있도록 할 것
2. 동물이 갈증 및 굶주림을 겪거나 영양이 결핍되지 아니하도록 할 것
3. 동물이 정상적인 행동을 표현할 수 있고 불편함을 겪지 아니하도록 할 것
4. 동물이 고통·상해 및 질병으로부터 자유롭도록 할 것
5. 동물이 공포와 스트레스를 받지 아니하도록 할 것

제4조(국가·지방자치단체 및 국민의 책무) ① 국가와 지방자치단체는 동물학대 방지 등 동물을 적정하게 보호·관리하기 위하여 필요한 시책을 수립·시행하여야 한다.
② 국가와 지방자치단체는 제1항에 따른 책무를 다하기 위하여 필요한 인력·예산 등을 확보하도록 노력하여야 하며, 국가는 동물의 적정한 보호·관리, 복지업무 추진을 위하여 지방자치단체에 필요한 사업비의 전부 또는 일부를 예산의 범위에서 지원할 수 있다.
③ 국가와 지방자치단체는 대통령령으로 정하는 민간단체에 동물보호운동이나 그 밖에 이와 관련된 활동을 권장하거나 필요한 지원을 할 수 있으며, 국민에게 동물의 적정한 보호·관리의 방법 등을 알리기 위하여 노력하여야 한다.
④ 국가와 지방자치단체는 「초·중등교육법」 제2조에 따른 학교에 재학 중인 학생이 동물의 보호·복지 등에 관한 사항을 교육받을 수 있도록 동물보호교육을 활성화하기 위하여 노력하여야 한다. 〈신설 2023. 6. 20.〉
⑤ 국가와 지방자치단체는 제4항에 따른 교육을 활성화하기 위하여 예산의 범위에서 지원할 수 있다. 〈신설 2023. 6. 20.〉
⑥ 모든 국민은 동물을 보호하기 위한 국가와 지방자치단체의 시책에 적극 협조하는 등 동물의 보호를 위하여 노력하여야 한다. 〈개정 2023. 6. 20.〉
⑦ 소유자등은 동물의 보호·복지에 관한 교육을 이수하는 등 동물의 적정한 보호·관리와 동물학대 방지를 위하여 노력하여야 한다. 〈개정 2023. 6. 20.〉

제5조(다른 법률과의 관계) 동물의 보호 및 이용·관리 등에 대하여 다른 법률에 특별한 규정이 있는 경우를 제외하고는 이 법에서 정하는 바에 따른다.

제2장 동물복지종합계획의 수립 등

제6조(동물복지종합계획) ① 농림축산식품부장관은 동물의 적정한 보호·관리를 위하여 5년마다 다음 각 호의 사항이 포함된 동물복지종합계획(이하 "종합계획"이라 한다)을 수립·시행하여야 한다.
  1. 동물복지에 관한 기본방향
  2. 동물의 보호·복지 및 관리에 관한 사항
  3. 동물을 보호하는 시설에 대한 지원 및 관리에 관한 사항
  4. 반려동물 관련 영업에 관한 사항
  5. 동물의 질병 예방 및 치료 등 보건 증진에 관한 사항
  6. 동물의 보호·복지 관련 대국민 교육 및 홍보에 관한 사항
  7. 종합계획 추진 재원의 조달방안
  8. 그 밖에 동물의 보호·복지를 위하여 필요한 사항
  ② 농림축산식품부장관은 종합계획을 수립할 때 관계 중앙행정기관의 장 및 특별시장·광역시장·특별자치시·도지사·특별자치도지사(이하 "시·도지사"라 한다)의 의견을 수렴하고, 제7조에 따른 동물복지위원회의 심의를 거쳐 확정한다.
  ③ 시·도지사는 종합계획에 따라 5년마다 특별시·광역시·특별자치시·도·특별자치도(이하 "시·도"라 한다) 단위의 동물복지계획을 수립하여야 하고, 이를 농림축산식품부장관에게 통보하여야 한다.

제7조(동물복지위원회) ① 농림축산식품부장관의 다음 각 호의 자문에 응하도록 하기 위하여 농림축산식품부에 동물복지위원회(이하 이 조에서 "위원회"라 한다)를 둔다. 다만, 제1호는 심의사항으로 한다.
  1. 종합계획의 수립에 관한 사항
  2. 동물복지정책의 수립, 집행, 조정 및 평가 등에 관한 사항
  3. 다른 중앙행정기관의 업무 중 동물의 보호·복지와 관련된 사항
  4. 그 밖에 동물의 보호·복지에 관한 사항
  ② 위원회는 공동위원장 2명을 포함하여 20명 이내의 위원으로 구성한다.
  ③ 공동위원장은 농림축산식품부차관과 호선(互選)된 민간위원으로 하며, 위원은 관계 중앙행정기관의 소속 공무원 또는 다음 각 호에 해당하는 사람 중에서 농림축산식품부장관이 임명 또는 위촉한다.
  1. 수의사로서 동물의 보호·복지에 대한 학식과 경험이 풍부한 사람
  2. 동물복지정책에 관한 학식과 경험이 풍부한 사람으로서 제4조제3항에 따른 민간단체의 추천을 받은 사람
  3. 그 밖에 동물복지정책에 관한 전문지식을 가진 사람으로서 농림축산식품부령으로 정하는 자격기준에 맞는 사람
  ④ 위원회는 위원회의 업무를 효율적으로 수행하기 위하여 위원회에 분과위원회를 둘 수 있다.
  ⑤ 제1항부터 제4항까지의 규정에 따른 사항 외에 위원회 및 분과위원회의 구성·운영 등에 관한 사항은 대통령령으로 정한다.

제8조(시·도 동물복지위원회) ① 시·도지사는 제6조제3항에 따른 시·도 단위의 동물복지계획의 수립, 동물의 적정한 보호·관리 및 동물복지에 관한 정책을 종합·조정하기 위하여 시·도 동물복지위원회를 설치·운영할 수 있다. 다만, 시·도에 동물복지위원회와 성격 및 기능이 유사한 위원회가 설치되어 있는

경우 해당 시·도의 조례로 정하는 바에 따라 그 위원회가 동물복지위원회의 기능을 대신할 수 있다.
② 시·도 동물복지위원회의 구성·운영 등에 관한 사항은 각 시·도의 조례로 정한다.

제3장 동물의 보호 및 관리
제1절 동물의 보호 등

제9조(적정한 사육·관리) ① 소유자등은 동물에게 적합한 사료와 물을 공급하고, 운동·휴식 및 수면이 보장되도록 노력하여야 한다.
② 소유자등은 동물이 질병에 걸리거나 부상당한 경우에는 신속하게 치료하거나 그 밖에 필요한 조치를 하도록 노력하여야 한다.
③ 소유자등은 동물을 관리하거나 다른 장소로 옮긴 경우에는 그 동물이 새로운 환경에 적응하는 데에 필요한 조치를 하도록 노력하여야 한다.
④ 소유자등은 재난 시 동물이 안전하게 대피할 수 있도록 노력하여야 한다.
⑤ 제1항부터 제3항까지에서 규정한 사항 외에 동물의 적절한 사육·관리 방법 등에 관한 사항은 농림축산식품부령으로 정한다.

제10조(동물학대 등의 금지) ① 누구든지 동물을 죽이거나 죽음에 이르게 하는 다음 각 호의 행위를 하여서는 아니 된다.
  1. 목을 매다는 등의 잔인한 방법으로 죽음에 이르게 하는 행위
  2. 노상 등 공개된 장소에서 죽이거나 같은 종류의 다른 동물이 보는 앞에서 죽음에 이르게 하는 행위
  3. 동물의 습성 및 생태환경 등 부득이한 사유가 없음에도 불구하고 해당 동물을 다른 동물의 먹이로 사용하는 행위
  4. 그 밖에 사람의 생명·신체에 대한 직접적인 위협이나 재산상의 피해 방지 등 농림축산식품부령으로 정하는 정당한 사유 없이 동물을 죽음에 이르게 하는 행위
② 누구든지 동물에 대하여 다음 각 호의 행위를 하여서는 아니 된다.
  1. 도구·약물 등 물리적·화학적 방법을 사용하여 상해를 입히는 행위. 다만, 해당 동물의 질병 예방이나 치료 등 농림축산식품부령으로 정하는 경우는 제외한다.
  2. 살아있는 상태에서 동물의 몸을 손상하거나 체액을 채취하거나 체액을 채취하기 위한 장치를 설치하는 행위. 다만, 해당 동물의 질병 예방 및 동물실험 등 농림축산식품부령으로 정하는 경우는 제외한다.
  3. 도박·광고·오락·유흥 등의 목적으로 동물에게 상해를 입히는 행위. 다만, 민속경기 등 농림축산식품부령으로 정하는 경우는 제외한다.
  4. 동물의 몸에 고통을 주거나 상해를 입히는 다음 각 목에 해당하는 행위
    가. 사람의 생명·신체에 대한 직접적 위협이나 재산상의 피해를 방지하기 위하여 다른 방법이 있음에도 불구하고 동물에게 고통을 주거나 상해를 입히는 행위
    나. 동물의 습성 또는 사육환경 등의 부득이한 사유가 없음에도 불구하고 동물을 혹서·혹한 등의 환경에 방치하여 고통을 주거나 상해를 입히는 행위
    다. 갈증이나 굶주림의 해소 또는 질병의 예방이나 치료 등의 목적 없이 동물에게 물이나 음식을 강제로 먹여 고통을 주거나 상해를 입히는 행위
    라. 동물의 사육·훈련 등을 위하여 필요한 방식이 아님에도 불구하고 다른 동물과 싸우게 하거나 도구를 사용하는 등 잔인한 방식으로 고통을 주거나 상해를 입히는 행위
③ 누구든지 소유자등이 없이 배회하거나 내버려진 동물 또는 피학대동물 중 소유자등을 알 수 없는 동

물에 대하여 다음 각 호의 어느 하나에 해당하는 행위를 하여서는 아니 된다.
  1. 포획하여 판매하는 행위
  2. 포획하여 죽이는 행위
  3. 판매하거나 죽일 목적으로 포획하는 행위
  4. 소유자등이 없이 배회하거나 내버려진 동물 또는 피학대동물 중 소유자등을 알 수 없는 동물임을 알면서 알선·구매하는 행위
  ④ 소유자등은 다음 각 호의 행위를 하여서는 아니 된다.
  1. 동물을 유기하는 행위
  2. 반려동물에게 최소한의 사육공간 및 먹이 제공, 적정한 길이의 목줄, 위생·건강 관리를 위한 사항 등 농림축산식품부령으로 정하는 사육·관리 또는 보호의무를 위반하여 상해를 입히거나 질병을 유발하는 행위
  3. 제2호의 행위로 인하여 반려동물을 죽음에 이르게 하는 행위
  ⑤ 누구든지 다음 각 호의 행위를 하여서는 아니 된다.
  1. 제1항부터 제4항까지(제4항제1호는 제외한다)의 규정에 해당하는 행위를 촬영한 사진 또는 영상물을 판매·전시·전달·상영하거나 인터넷에 게재하는 행위. 다만, 동물보호 의식을 고양하기 위한 목적이 표시된 홍보 활동 등 농림축산식품부령으로 정하는 경우에는 그러하지 아니하다.
  2. 도박을 목적으로 동물을 이용하는 행위 또는 동물을 이용하는 도박을 행할 목적으로 광고·선전하는 행위. 다만, 「사행산업통합감독위원회법」 제2조제1호에 따른 사행산업은 제외한다.
  3. 도박·시합·복권·오락·유흥·광고 등의 상이나 경품으로 동물을 제공하는 행위
  4. 영리를 목적으로 동물을 대여하는 행위. 다만, 「장애인복지법」 제40조에 따른 장애인 보조견의 대여 등 농림축산식품부령으로 정하는 경우는 제외한다.

제11조(동물의 운송) ① 동물을 운송하는 자 중 농림축산식품부령으로 정하는 자는 다음 각 호의 사항을 준수하여야 한다.
  1. 운송 중인 동물에게 적합한 사료와 물을 공급하고, 급격한 출발·제동 등으로 충격과 상해를 입지 아니하도록 할 것
  2. 동물을 운송하는 차량은 동물이 운송 중에 상해를 입지 아니하고, 급격한 체온 변화, 호흡곤란 등으로 인한 고통을 최소화할 수 있는 구조로 되어 있을 것
  3. 병든 동물, 어린 동물 또는 임신 중이거나 포유 중인 새끼가 딸린 동물을 운송할 때에는 함께 운송 중인 다른 동물에 의하여 상해를 입지 아니하도록 칸막이의 설치 등 필요한 조치를 할 것
  4. 동물을 싣고 내리는 과정에서 동물 또는 동물이 들어있는 운송용 우리를 던지거나 떨어뜨려서 동물을 다치게 하는 행위를 하지 아니할 것
  5. 운송을 위하여 전기(電氣) 몰이도구를 사용하지 아니할 것
  ② 농림축산식품부장관은 제1항제2호에 따른 동물 운송 차량의 구조 및 설비기준을 정하고 이에 맞는 차량을 사용하도록 권장할 수 있다.
  ③ 농림축산식품부장관은 제1항 및 제2항에서 규정한 사항 외에 동물 운송에 관하여 필요한 사항을 정하여 권장할 수 있다.

제12조(반려동물의 전달방법) 반려동물을 다른 사람에게 전달하려는 자는 직접 전달하거나 제73조제1항에 따라 동물운송업의 등록을 한 자를 통하여 전달하여야 한다.

제13조(동물의 도살방법) ① 누구든지 혐오감을 주거나 잔인한 방법으로 동물을 도살하여서는 아니 되며,

도살과정에서 불필요한 고통이나 공포, 스트레스를 주어서는 아니 된다.
　② 「축산물 위생관리법」 또는 「가축전염병 예방법」에 따라 동물을 죽이는 경우에는 가스법·전살법(電殺法) 등 농림축산식품부령으로 정하는 방법을 이용하여 고통을 최소화하여야 하며, 반드시 의식이 없는 상태에서 다음 도살 단계로 넘어가야 한다. 매몰을 하는 경우에도 또한 같다.
　③ 제1항 및 제2항의 경우 외에도 동물을 불가피하게 죽여야 하는 경우에는 고통을 최소화할 수 있는 방법에 따라야 한다.

제14조(동물의 수술) 거세, 뿔 없애기, 꼬리 자르기 등 동물에 대한 외과적 수술을 하는 사람은 수의학적 방법에 따라야 한다.

제15조(등록대상동물의 등록 등) ① 등록대상동물의 소유자는 동물의 보호와 유실·유기 방지 및 공중위생상의 위해 방지 등을 위하여 특별자치시장·특별자치도지사·시장·군수·구청장에게 등록대상동물을 등록하여야 한다. 다만, 등록대상동물이 맹견이 아닌 경우로서 농림축산식품부령으로 정하는 바에 따라 시·도의 조례로 정하는 지역에서는 그러하지 아니하다.
　② 제1항에 따라 등록된 등록대상동물(이하 "등록동물"이라 한다)의 소유자는 다음 각 호의 어느 하나에 해당하는 경우에는 해당 각 호의 구분에 따른 기간에 특별자치시장·특별자치도지사·시장·군수·구청장에게 신고하여야 한다.
　1. 등록동물을 잃어버린 경우: 등록동물을 잃어버린 날부터 10일 이내
　2. 등록동물에 대하여 대통령령으로 정하는 사항이 변경된 경우: 변경사유 발생일부터 30일 이내
　③ 등록동물의 소유권을 이전받은 자 중 제1항 본문에 따른 등록을 실시하는 지역에 거주하는 자는 그 사실을 소유권을 이전받은 날부터 30일 이내에 자신의 주소지를 관할하는 특별자치시장·특별자치도지사·시장·군수·구청장에게 신고하여야 한다.
　④ 특별자치시장·특별자치도지사·시장·군수·구청장은 대통령령으로 정하는 자(이하 이 조에서 "동물등록대행자"라 한다)로 하여금 제1항부터 제3항까지의 규정에 따른 업무를 대행하게 할 수 있으며 이에 필요한 비용을 지급할 수 있다.
　⑤ 특별자치시장·특별자치도지사·시장·군수·구청장은 다음 각 호의 어느 하나에 해당하는 경우 등록을 말소할 수 있다.
　1. 거짓이나 그 밖의 부정한 방법으로 등록대상동물을 등록하거나 변경신고한 경우
　2. 등록동물 소유자의 주민등록이나 외국인등록사항이 말소된 경우
　3. 등록동물의 소유자인 법인이 해산한 경우
　⑥ 국가와 지방자치단체는 제1항에 따른 등록에 필요한 비용의 일부 또는 전부를 지원할 수 있다.
　⑦ 등록대상동물의 등록 사항 및 방법·절차, 변경신고 절차, 등록 말소 절차, 동물등록대행자 준수사항 등에 관한 사항은 대통령령으로 정하며, 그 밖에 등록에 필요한 사항은 시·도의 조례로 정한다.

제16조(등록대상동물의 관리 등) ① 등록대상동물의 소유자등은 소유자등이 없이 등록대상동물을 기르는 곳에서 벗어나지 아니하도록 관리하여야 한다.
　② 등록대상동물의 소유자등은 등록대상동물을 동반하고 외출할 때에는 다음 각 호의 사항을 준수하여야 한다.
　1. 농림축산식품부령으로 정하는 기준에 맞는 목줄 착용 등 사람 또는 동물에 대한 위해를 예방하기 위한 안전조치를 할 것
　2. 등록대상동물의 이름, 소유자의 연락처, 그 밖에 농림축산식품부령으로 정하는 사항을 표시한 인식표를 등록대상동물에게 부착할 것

3. 배설물(소변의 경우에는 공동주택의 엘리베이터·계단 등 건물 내부의 공용공간 및 평상·의자 등 사람이 눕거나 앉을 수 있는 기구 위의 것으로 한정한다)이 생겼을 때에는 즉시 수거할 것

③ 시·도지사는 등록대상동물의 유실·유기 또는 공중위생상의 위해 방지를 위하여 필요할 때에는 시·도의 조례로 정하는 바에 따라 소유자등으로 하여금 등록대상동물어 대하여 예방접종을 하게 하거나 특정 지역 또는 장소에서의 사육 또는 출입을 제한하게 하는 등 필요한 조치를 할 수 있다.

제2절 맹견의 관리 등

제17조(맹견수입신고) ① 제2조제5호가목에 따른 맹견을 수입하려는 자는 대통령령으로 정하는 바에 따라 농림축산식품부장관에게 신고하여야 한다.

② 제1항에 따라 맹견수입신고를 하려는 자는 맹견의 품종, 수입 목적, 사육 장소 등 대통령령으로 정하는 사항을 신고서에 기재하여 농림축산식품부장관에게 제출하여야 한다.

제18조(맹견사육허가 등) ① 등록대상동물인 맹견을 사육하려는 사람은 다음 각 호의 요건을 갖추어 시·도지사에게 맹견사육허가를 받아야 한다.
 1. 제15조에 따른 등록을 할 것
 2. 제23조에 따른 보험에 가입할 것
 3. 중성화(中性化) 수술을 할 것. 다만, 맹견의 월령이 8개월 미만인 경우로서 발육상태 등으로 인하여 중성화 수술이 어려운 경우에는 대통령령으로 정하는 기간 내에 중성화 수술을 한 후 그 증명서류를 시·도지사에게 제출하여야 한다.

② 공동으로 맹견을 사육·관리 또는 보호하는 사람이 있는 경우에는 제1항에 따른 맹견사육허가를 공동으로 신청할 수 있다.

③ 시·도지사는 맹견사육허가를 하기 전에 제26조에 따른 기질평가위원회가 시행하는 기질평가를 거쳐야 한다.

④ 시·도지사는 맹견의 사육으로 인하여 공공의 안전에 위험이 발생할 우려가 크다고 판단하는 경우에는 맹견사육허가를 거부하여야 한다. 이 경우 기질평가위원회의 심의를 거쳐 해당 맹견에 대하여 인도적인 방법으로 처리할 것을 명할 수 있다.

⑤ 제4항에 따른 맹견의 인도적인 처리는 제46조제1항 및 제2항 전단을 준용한다.

⑥ 시·도지사는 맹견사육허가를 받은 자(제2항에 따라 공동으로 댕견사육허가를 신청한 경우 공동 신청한 자를 포함한다)에게 농림축산식품부령으로 정하는 바에 따라 교육이수 또는 허가대상 맹견의 훈련을 명할 수 있다.

⑦ 제1항부터 제6항까지의 규정에 따른 사항 외에 맹견사육허가의 절차 등에 관한 사항은 대통령령으로 정한다.

제19조(맹견사육허가의 결격사유) 다음 각 호의 어느 하나에 해당하는 사람은 제18조에 따른 맹견사육허가를 받을 수 없다.
 1. 미성년자(19세 미만의 사람을 말한다. 이하 같다)
 2. 피성년후견인 또는 피한정후견인
 3. 「정신건강증진 및 정신질환자 복지서비스 지원에 관한 법률」 제3조제1호에 따른 정신질환자 또는 「마약류 관리에 관한 법률」 제2조제1호에 따른 마약류의 중독자. 다만, 정신건강의학과 전문의가 맹견을 사육하는 것에 지장이 없다고 인정하는 사람은 그러하지 아니하다.
 4. 제10조·제16조·제21조를 위반하여 벌금 이상의 실형을 선고받고 그 집행이 종료(집행이 종료된

것으로 보는 경우를 포함한다)되거나 집행이 면제된 날부터 3년이 지나지 아니한 사람
  5. 제10조·제16조·제21조를 위반하여 벌금 이상의 형의 집행유예를 선고받고 그 유예기간 중에 있는 사람

제20조(맹견사육허가의 철회 등) ① 시·도지사는 다음 각 호의 어느 하나에 해당하는 경우에 맹견사육허가를 철회할 수 있다.
  1. 제18조에 따라 맹견사육허가를 받은 사람의 맹견이 사람 또는 동물을 공격하여 다치게 하거나 죽게 한 경우
  2. 정당한 사유 없이 제18조제1항제3호 단서에서 규정한 기간이 지나도록 중성화 수술을 이행하지 아니한 경우
  3. 제18조제6항에 따른 교육이수명령 또는 허가대상 맹견의 훈련 명령에 따르지 아니한 경우
  ② 시·도지사는 제1항제1호에 따라 맹견사육허가를 철회하는 경우 기질평가위원회의 심의를 거쳐 해당 맹견에 대하여 인도적인 방법으로 처리할 것을 명할 수 있다. 이 경우 제46조제1항 및 제2항 전단을 준용한다.

제21조(맹견의 관리) ① 맹견의 소유자등은 다음 각 호의 사항을 준수하여야 한다.
  1. 소유자등이 없이 맹견을 기르는 곳에서 벗어나지 아니하게 할 것. 다만, 제18조에 따라 맹견사육허가를 받은 사람의 맹견은 맹견사육허가를 받은 사람 또는 대통령령으로 정하는 맹견사육에 대한 전문지식을 가진 사람 없이 맹견을 기르는 곳에서 벗어나지 아니하게 할 것
  2. 월령이 3개월 이상인 맹견을 동반하고 외출할 때에는 농림축산식품부령으로 정하는 바에 따라 목줄 및 입마개 등 안전장치를 하거나 맹견의 탈출을 방지할 수 있는 적정한 이동장치를 할 것
  3. 그 밖에 맹견이 사람 또는 동물에게 위해를 가하지 못하도록 하기 위하여 농림축산식품부령으로 정하는 사항을 따를 것
  ② 시·도지사와 시장·군수·구청장은 맹견이 사람에게 신체적 피해를 주는 경우 농림축산식품부령으로 정하는 바에 따라 소유자등의 동의 없이 맹견에 대하여 격리조치 등 필요한 조치를 취할 수 있다.
  ③ 제18조제1항 및 제2항에 따라 맹견사육허가를 받은 사람은 맹견의 안전한 사육·관리 또는 보호에 관하여 농림축산식품부령으로 정하는 바에 따라 정기적으로 교육을 받아야 한다.

제22조(맹견의 출입금지 등) 맹견의 소유자등은 다음 각 호의 어느 하나에 해당하는 장소에 맹견이 출입하지 아니하도록 하여야 한다.
  1. 「영유아보육법」 제2조제3호에 따른 어린이집
  2. 「유아교육법」 제2조제2호에 따른 유치원
  3. 「초·중등교육법」 제2조제1호 및 제4호에 따른 초등학교 및 특수학교
  4. 「노인복지법」 제31조에 따른 노인복지시설
  5. 「장애인복지법」 제58조에 따른 장애인복지시설
  6. 「도시공원 및 녹지 등에 관한 법률」 제15조제1항제2호나목에 따른 어린이공원
  7. 「어린이놀이시설 안전관리법」 제2조제2호에 따른 어린이놀이시설
  8. 그 밖에 불특정 다수인이 이용하는 장소로서 시·도의 조례로 정하는 장소

제23조(보험의 가입 등) ① 맹견의 소유자는 자신의 맹견이 다른 사람 또는 동물을 다치게 하거나 죽게 한 경우 발생한 피해를 보상하기 위하여 보험에 가입하여야 한다.
  ② 제1항에 따른 보험에 가입하여야 할 맹견의 범위, 보험의 종류, 보상한도액 및 그 밖에 필요한 사항은 대통령령으로 정한다.

③ 농림축산식품부장관은 제1항에 따른 보험의 가입관리 업무를 위하여 필요한 경우 대통령령으로 정하는 바에 따라 관계 중앙행정기관의 장 또는 지방자치단체의 장에게 행정적 조치를 하도록 요청하거나 관계 기관, 보험회사 및 보험 관련 단체에 보험의 가입관리 업무에 필요한 자료를 요청할 수 있다. 이 경우 요청을 받은 자는 정당한 사유가 없으면 이에 따라야 한다.

제24조(맹견 아닌 개의 기질평가) ① 시·도지사는 제2조제5호가목에 따른 맹견이 아닌 개가 사람 또는 동물에게 위해를 가한 경우 그 개의 소유자에게 해당 동물에 대한 기질평가를 받을 것을 명할 수 있다.
② 맹견이 아닌 개의 소유자는 해당 개의 공격성이 분쟁의 대상이 된 경우 시·도지사에게 해당 개에 대한 기질평가를 신청할 수 있다.
③ 시·도지사는 제1항에 따른 명령을 하거나 제2항에 따른 신청을 받은 경우 기질평가를 거쳐 해당 개의 공격성이 높은 경우 맹견으로 지정하여야 한다.
④ 시·도지사는 제3항에 따라 맹견 지정을 하는 경우에는 해당 개의 소유자의 신청이 있으면 제18조에 따른 맹견사육허가 여부를 함께 결정할 수 있다.
⑤ 시·도지사는 제3항에 따라 맹견 지정을 하지 아니하는 경우에도 해당 개의 소유자에게 대통령령으로 정하는 바에 따라 교육이수 또는 개의 훈련을 명할 수 있다.

제25조(비용부담 등) ① 기질평가에 소요되는 비용은 소유자의 부담으로 하며, 그 비용의 징수는 「지방행정제재·부과금의 징수 등에 관한 법률」의 예에 따른다.
② 제1항에 따른 기질평가비용의 기준, 지급 범위 등과 관련하여 필요한 사항은 농림축산식품부령으로 정한다.

제26조(기질평가위원회) ① 시·도지사는 다음 각 호의 업무를 수행하기 위하여 시·도에 기질평가위원회를 둔다.
 1. 제2조제5호가목에 따른 맹견 종(種)의 판정
 2. 제18조제3항에 따른 맹견의 기질평가
 3. 제18조제4항에 따른 인도적인 처리에 대한 심의
 4. 제24조제3항에 따른 맹견이 아닌 개에 대한 기질평가
 5. 그 밖에 시·도지사가 요청하는 사항
② 기질평가위원회는 위원장 1명을 포함하여 3명 이상의 위원으로 구성한다.
③ 위원은 다음 각 호의 어느 하나에 해당하는 사람 중에서 시·도지사가 위촉하며, 위원장은 위원 중에서 호선한다.
 1. 수의사로서 동물의 행동과 발달 과정에 대한 학식과 경험이 풍부한 사람
 2. 반려동물행동지도사
 3. 동물복지정책에 대한 학식과 경험이 풍부하다고 시·도지사가 인정하는 사람
④ 제1항부터 제3항까지의 규정에 따른 사항 외에 기질평가위원회의 구성·운영 등에 관한 사항은 대통령령으로 정한다.

제27조(기질평가위원회의 권한 등) ① 기질평가위원회는 기질평가를 위하여 필요하다고 인정하는 경우 평가대상동물의 소유자등에 대하여 출석하여 진술하게 하거나 의견서 또는 자료의 제출을 요청할 수 있다.
② 기질평가위원회는 평가에 필요한 경우 소유자의 거주지, 그 밖에 사건과 관련된 장소에서 기질평가와 관련된 조사를 할 수 있다.
③ 제2항에 따라 조사를 하는 경우 농림축산식품부령으로 정하는 증표를 지니고 이를 소유자에게 보여주어야 한다.

④ 평가대상동물의 소유자등은 정당한 사유 없이 제1항 및 제2항에 따른 출석, 자료제출요구 또는 기질평가와 관련한 조사를 거부하여서는 아니 된다.

제28조(기질평가에 필요한 정보의 요청 등) ① 시·도지사 또는 기질평가위원회는 기질평가를 위하여 필요하다고 인정하는 경우 동물이 사람 또는 동물에게 위해를 가한 사건에 대하여 관계 기관에 영상정보처리기기의 기록 등 필요한 정보를 요청할 수 있다.
② 제1항에 따른 요청을 받은 관계 기관의 장은 정당한 사유 없이 이를 거부하여서는 아니 된다.
③ 제1항의 정보의 보호 및 관리에 관한 사항은 이 법에서 규정된 것을 제외하고는 「개인정보 보호법」을 따른다.

제29조(비밀엄수의 의무 등) ① 기질평가위원회의 위원이나 위원이었던 사람은 업무상 알게 된 비밀을 누설하여서는 아니 된다.
② 기질평가위원회의 위원 중 공무원이 아닌 사람은 「형법」 제129조부터 제132조까지의 규정을 적용할 때에 공무원으로 본다.

제3절 반려동물행동지도사

제30조(반려동물행동지도사의 업무) ① 반려동물행동지도사는 다음 각 호의 업무를 수행한다.
 1. 반려동물에 대한 행동분석 및 평가
 2. 반려동물에 대한 훈련
 3. 반려동물 소유자등에 대한 교육
 4. 그 밖에 반려동물행동지도에 필요한 사항으로 농림축산식품부령으로 정하는 업무
② 농림축산식품부장관은 반려동물행동지도사의 업무능력 및 전문성 향상을 위하여 농림축산식품부령으로 정하는 바에 따라 보수교육을 실시할 수 있다.

제31조(반려동물행동지도사 자격시험) ① 반려동물행동지도사가 되려는 사람은 농림축산식품부장관이 시행하는 자격시험에 합격하여야 한다.
② 반려동물의 행동분석·평가 및 훈련 등에 전문지식과 기술을 갖추었다고 인정되는 대통령령으로 정하는 기준에 해당하는 사람에게는 제1항에 따른 자격시험 과목의 일부를 면제할 수 있다.
③ 농림축산식품부장관은 다음 각 호의 어느 하나에 해당하는 사람에 대해서는 해당 시험을 무효로 하거나 합격 결정을 취소하여야 한다.
 1. 거짓이나 그 밖에 부정한 방법으로 시험에 응시한 사람
 2. 시험에서 부정한 행위를 한 사람
④ 다음 각 호의 어느 하나에 해당하는 사람은 그 처분이 있은 날부터 3년간 반려동물행동지도사 자격시험에 응시하지 못한다.
 1. 제3항에 따라 시험의 무효 또는 합격 결정의 취소를 받은 사람
 2. 제32조제2항에 따라 반려동물행동지도사의 자격이 취소된 사람
⑤ 농림축산식품부장관은 제1항에 따른 자격시험의 시행 등에 관한 사항을 대통령령으로 정하는 바에 따라 관계 전문기관에 위탁할 수 있다.
⑥ 반려동물행동지도사 자격시험의 시험과목, 시험방법, 합격기준 및 자격증 발급 등에 관한 사항은 대통령령으로 정한다.

제32조(반려동물행동지도사의 결격사유 및 자격취소 등) ① 다음 각 호의 어느 하나에 해당하는 사람은 반

려동물행동지도사가 될 수 없다.
1. 피성년후견인
2. 「정신건강증진 및 정신질환자 복지서비스 지원에 관한 법률」 제3조제1호에 따른 정신질환자 또는 「마약류 관리에 관한 법률」 제2조제1호에 따른 마약류의 중독자. 다만, 정신건강의학과 전문의가 반려동물행동지도사 업무를 수행할 수 있다고 인정하는 사람은 그러하지 아니하다.
3. 이 법을 위반하여 벌금 이상의 실형을 선고받고 그 집행이 종료(집행이 종료된 것으로 보는 경우를 포함한다)되거나 집행이 면제된 날부터 3년이 지나지 아니한 경우
4. 이 법을 위반하여 벌금 이상의 형의 집행유예를 선고받고 그 유예기간 중에 있는 경우
② 농림축산식품부장관은 반려동물행동지도사가 다음 각 호의 어느 하나에 해당하면 그 자격을 취소하거나 2년 이내의 기간을 정하여 그 자격을 정지시킬 수 있다. 다만, 제1호부터 제4호까지 중 어느 하나에 해당하는 경우에는 그 자격을 취소하여야 한다.
1. 제1항 각 호의 어느 하나에 해당하게 된 경우
2. 거짓이나 그 밖의 부정한 방법으로 자격을 취득한 경우
3. 다른 사람에게 명의를 사용하게 하거나 자격증을 대여한 경우
4. 자격정지기간에 업무를 수행한 경우
5. 이 법을 위반하여 벌금 이상의 형을 선고받고 그 형이 확정된 경우
6. 영리를 목적으로 반려동물의 소유자등에게 불필요한 서비스를 선택하도록 알선·유인하거나 강요한 경우
③ 제2항에 따른 자격의 취소 및 정지에 관한 기준은 그 처분의 사유와 위반 정도 등을 고려하여 농림축산식품부령으로 정한다.

제33조(명의대여 금지 등) ① 제31조에 따른 자격시험에 합격한 자가 아니면 반려동물행동지도사의 명칭을 사용하지 못한다.
② 반려동물행동지도사는 다른 사람에게 자기의 명의를 사용하여 제30조제1항에 따른 업무를 수행하게 하거나 그 자격증을 대여하여서는 아니 된다.
③ 누구든지 제1항이나 제2항에서 금지된 행위를 알선하여서는 아니 된다.

제4절 동물의 구조 등

제34조(동물의 구조·보호) ① 시·도지사와 시장·군수·구청장은 다음 각 호의 어느 하나에 해당하는 동물을 발견한 때에는 그 동물을 구조하여 제9조에 따라 치료·보호에 필요한 조치(이하 "보호조치"라 한다)를 하여야 하며, 제2호 및 제3호에 해당하는 동물은 학대 재발 방지를 위하여 학대행위자로부터 격리하여야 한다. 다만, 제1호에 해당하는 동물 중 농림축산식품부령으로 정하는 동물은 구조·보호조치의 대상에서 제외한다.
1. 유실·유기동물
2. 피학대동물 중 소유자를 알 수 없는 동물
3. 소유자등으로부터 제10조제2항 및 같은 조 제4항제2호에 따른 학대를 받아 적정하게 치료·보호받을 수 없다고 판단되는 동물
② 시·도지사와 시장·군수·구청장이 제1항제1호 및 제2호에 해당하는 동물에 대하여 보호조치 중인 경우에는 그 동물의 등록 여부를 확인하여야 하고, 등록된 동물인 경우에는 지체 없이 동물의 소유자에게 보호조치 중인 사실을 통보하여야 한다.

③ 시·도지사와 시장·군수·구청장이 제1항제3호에 따른 동물을 보호할 때에는 농림축산식품부령으로 정하는 바에 따라 기간을 정하여 해당 동물에 대한 보호조치를 하여야 한다.

④ 시·도지사와 시장·군수·구청장은 제1항 각 호 외의 부분 단서에 해당하는 동물에 대하여도 보호·관리를 위하여 필요한 조치를 할 수 있다.

제35조(동물보호센터의 설치 등) ① 시·도지사와 시장·군수·구청장은 제34조에 따른 동물의 구조·보호 등을 위하여 농림축산식품부령으로 정하는 시설 및 인력 기준에 맞는 동물보호센터를 설치·운영할 수 있다.

② 시·도지사와 시장·군수·구청장은 제1항에 따른 동물보호센터를 직접 설치·운영하도록 노력하여야 한다.

③ 제1항에 따라 설치한 동물보호센터의 업무는 다음 각 호와 같다.
 1. 제34조에 따른 동물의 구조·보호조치
 2. 제41조에 따른 동물의 반환 등
 3. 제44조에 따른 사육포기 동물의 인수 등
 4. 제45조에 따른 동물의 기증·분양
 5. 제46조에 따른 동물의 인도적인 처리 등
 6. 반려동물사육에 대한 교육
 7. 유실·유기동물 발생 예방 교육
 8. 동물학대행위 근절을 위한 동물보호 홍보
 9. 그 밖에 동물의 구조·보호 등을 위하여 농림축산식품부령으로 정하는 업무

④ 농림축산식품부장관은 제1항에 따라 시·도지사 또는 시장·군수·구청장이 설치·운영하는 동물보호센터의 설치·운영에 드는 비용의 전부 또는 일부를 지원할 수 있다.

⑤ 제1항에 따라 설치된 동물보호센터의 장 및 그 종사자는 농림축산식품부령으로 정하는 바에 따라 정기적으로 동물의 보호 및 공중위생상의 위해 방지 등에 관한 교육을 받아야 한다.

⑥ 동물보호센터 운영의 공정성과 투명성을 확보하기 위하여 농림축산식품부령으로 정하는 일정 규모 이상의 동물보호센터는 농림축산식품부령으로 정하는 바에 따라 운영위원회를 구성·운영하여야 한다. 다만, 시·도 또는 시·군·구에 운영위원회와 성격 및 기능이 유사한 위원회가 설치되어 있는 경우 해당 시·도 또는 시·군·구의 조례로 정하는 바에 따라 그 위원회가 운영위원회의 기능을 대신할 수 있다.

⑦ 제1항에 따른 동물보호센터의 준수사항 등에 관한 사항은 농림축산식품부령으로 정하고, 보호조치의 구체적인 내용 등 그 밖에 필요한 사항은 시·도의 조례로 정한다.

제36조(동물보호센터의 지정 등) ① 시·도지사 또는 시장·군수·구청장은 농림축산식품부령으로 정하는 시설 및 인력 기준에 맞는 기관이나 단체 등을 동물보호센터로 지정하여 제35조제3항에 따른 업무를 위탁할 수 있다. 이 경우 동물보호센터로 지정받은 기관이나 단체 등은 동물의 보호조치를 제3자에게 위탁하여서는 아니 된다.

② 제1항에 따른 동물보호센터로 지정받으려는 자는 농림축산식품부령으로 정하는 바에 따라 시·도지사 또는 시장·군수·구청장에게 신청하여야 한다.

③ 시·도지사 또는 시장·군수·구청장은 제1항에 따른 동물보호센터에 동물의 구조·보호조치 등에 드는 비용(이하 "보호비용"이라 한다)의 전부 또는 일부를 지원할 수 있으며, 보호비용의 지급절차와 그 밖에 필요한 사항은 농림축산식품부령으로 정한다.

④ 시·도지사 또는 시장·군수·구청장은 제1항에 따라 지정된 동물보호센터가 다음 각 호의 어느 하나에 해당하는 경우에는 그 지정을 취소할 수 있다. 다만, 제1호 및 제4호에 해당하는 경우에는 그 지정을

취소하여야 한다.
  1. 거짓이나 그 밖의 부정한 방법으로 지정을 받은 경우
  2. 제1항에 따른 지정기준에 맞지 아니하게 된 경우
  3. 보호비용을 거짓으로 청구한 경우
  4. 제10조제1항부터 제4항까지의 규정을 위반한 경우
  5. 제46조를 위반한 경우
  6. 제86조제1항제3호의 시정명령을 위반한 경우
  7. 특별한 사유 없이 유실·유기동물 및 피학대동물에 대한 보호조치를 3회 이상 거부한 경우
  8. 보호 중인 동물을 영리를 목적으로 분양한 경우
  ⑤ 시·도지사 또는 시장·군수·구청장은 제4항에 따라 지정이 취소된 기관이나 단체 등을 지정이 취소된 날부터 1년 이내에는 다시 동물보호센터로 지정하여서는 아니 된다. 다만, 제4항제4호에 따라 지정이 취소된 기관이나 단체는 지정이 취소된 날부터 5년 이내에는 다시 동물보호센터로 지정하여서는 아니 된다.
  ⑥ 제1항에 따른 동물보호센터 지정절차의 구체적인 내용은 시·도의 조례로 정하고, 지정된 동물보호센터에 대하여는 제35조제5항부터 제7항까지의 규정을 준용한다.

제37조(민간동물보호시설의 신고 등) ① 영리를 목적으로 하지 아니하고 유실·유기동물 및 피학대동물을 기증받거나 인수 등을 하여 임시로 보호하기 위하여 대통령령으로 정하는 규모 이상의 민간동물보호시설(이하 "보호시설"이라 한다)을 운영하려는 자는 농림축산식품부령으로 정하는 바에 따라 시설 명칭, 주소, 규모 등을 특별자치시장·특별자치도지사·시장·군수·구청장에게 신고하여야 한다.
  ② 제1항에 따라 신고한 사항 중 대통령령으로 정하는 중요한 사항을 변경할 때에는 특별자치시장·특별자치도지사·시장·군수·구청장에게 신고하여야 한다.
  ③ 특별자치시장·특별자치도지사·시장·군수·구청장은 제1항에 따른 신고 또는 제2항에 따른 변경신고를 받은 경우 그 내용을 검토하여 이 법에 적합하면 신고를 수리하여야 한다.
  ④ 제3항에 따라 신고가 수리된 보호시설의 운영자(이하 "보호시설운영자"라 한다)는 농림축산식품부령으로 정하는 시설 및 운영 기준 등을 준수하여야 하며 동물보호를 위하여 시설정비 등의 사후관리를 하여야 한다.
  ⑤ 보호시설운영자가 보호시설의 운영을 일시적으로 중단하거나 영구적으로 폐쇄 또는 그 운영을 재개하려는 경우에는 농림축산식품부령으로 정하는 바에 따라 보호하고 있는 동물에 대한 관리 또는 처리 방안 등을 마련하여 특별자치시장·특별자치도지사·시장·군수·구청장에게 신고하여야 한다. 이 경우 제3항을 준용한다.
  ⑥ 제74조제1호·제2호·제6호·제7호에 해당하는 자는 보호시설운영자가 되거나 보호시설 종사자로 채용될 수 없다.
  ⑦ 농림축산식품부장관 또는 특별자치시장·특별자치도지사·시장·군수·구청장은 보호시설의 환경개선 및 운영에 드는 비용의 일부를 지원할 수 있다.
  ⑧ 제1항부터 제6항까지의 규정에 따른 보호시설의 시설 및 운영 등에 관한 사항은 대통령령으로 정한다.

제38조(시정명령 및 시설폐쇄 등) ① 특별자치시장·특별자치도지사·시장·군수·구청장은 제37조제4항을 위반한 보호시설운영자에게 해당 위반행위의 중지나 시정을 위하여 필요한 조치를 명할 수 있다.
  ② 특별자치시장·특별자치도지사·시장·군수·구청장은 보호시설운영자가 다음 각 호의 어느 하나에 해당하는 경우에는 보호시설의 폐쇄를 명할 수 있다. 다만, 제1호 및 제2호에 해당하는 경우에는 보호시설의 폐쇄를 명하여야 한다.

1. 거짓이나 그 밖의 부정한 방법으로 보호시설의 신고 또는 변경신고를 한 경우
2. 제10조제1항부터 제4항까지의 규정을 위반하여 벌금 이상의 형을 선고받은 경우
3. 제1항에 따른 중지명령이나 시정명령을 최근 2년 이내에 3회 이상 반복하여 이행하지 아니한 경우
4. 제37조제1항에 따른 신고를 하지 아니하고 보호시설을 운영한 경우
5. 제37조제2항에 따른 변경신고를 하지 아니하고 보호시설을 운영한 경우

제39조(신고 등) ① 누구든지 다음 각 호의 어느 하나에 해당하는 동물을 발견한 때에는 관할 지방자치단체 또는 동물보호센터에 신고할 수 있다.
1. 제10조에서 금지한 학대를 받는 동물
2. 유실·유기동물
② 다음 각 호의 어느 하나에 해당하는 자가 그 직무상 제1항에 따른 동물을 발견한 때에는 지체 없이 관할 지방자치단체 또는 동물보호센터에 신고하여야 한다. 〈개정 2023. 6. 20.〉
1. 제4조제3항에 따른 민간단체의 임원 및 회원
2. 제35조제1항에 따라 설치되거나 제36조제1항에 따라 지정된 동물보호센터의 장 및 그 종사자
3. 제37조에 따른 보호시설운영자 및 보호시설의 종사자
4. 제51조제1항에 따라 동물실험윤리위원회를 설치한 동물실험시행기관의 장 및 그 종사자
5. 제53조제2항에 따른 동물실험윤리위원회의 위원
6. 제59조제1항에 따라 동물복지축산농장 인증을 받은 자
7. 제69조제1항에 따른 영업의 허가를 받은 자 또는 제73조제1항에 따라 영업의 등록을 한 자 및 그 종사자
8. 제88조제1항에 따른 동물보호관
9. 수의사, 동물병원의 장 및 그 종사자
③ 신고인의 신분은 보장되어야 하며 그 의사에 반하여 신원이 노출되어서는 아니 된다.
④ 제1항 또는 제2항에 따라 신고한 자 또는 신고·통보를 받은 관할 특별자치시장·특별자치도지사·시장·군수·구청장은 관할 시·도 가축방역기관장 또는 국립가축방역기관장에게 해당 동물의 학대 여부 판단 등을 위한 동물검사를 의뢰할 수 있다.

제40조(공고) 시·도지사와 시장·군수·구청장은 제34조제1항제1호 및 제2호에 따른 동물을 보호하고 있는 경우에는 소유자등이 보호조치 사실을 알 수 있도록 대통령령으로 정하는 바에 따라 지체 없이 7일 이상 그 사실을 공고하여야 한다.

제41조(동물의 반환 등) ① 시·도지사와 시장·군수·구청장은 다음 각 호의 어느 하나에 해당하는 사유가 발생한 경우에는 제34조에 해당하는 동물을 그 동물의 소유자에게 반환하여야 한다.
1. 제34조제1항제1호 및 제2호에 해당하는 동물이 보호조치 중에 있고, 소유자가 그 동물에 대하여 반환을 요구하는 경우
2. 제34조제3항에 따른 보호기간이 지난 후, 보호조치 중인 같은 조 제1항제3호의 동물에 대하여 소유자가 제2항에 따른 사육계획서를 제출한 후 제42조제2항에 따라 보호비용을 부담하고 반환을 요구하는 경우
② 시·도지사와 시장·군수·구청장이 보호조치 중인 제34조제1항제3호의 동물을 반환받으려는 소유자는 농림축산식품부령으로 정하는 바에 따라 학대행위의 재발 방지 등 동물을 적정하게 보호·관리하기 위한 사육계획서를 제출하여야 한다.
③ 시·도지사와 시장·군수·구청장은 제1항제2호에 해당하는 동물의 반환과 관련하여 동물의 소유자에게 보호기간, 보호비용 납부기한 및 면제 등에 관한 사항을 알려야 한다.

④ 시·도지사와 시장·군수·구청장은 제1항제2호에 따라 동물을 반환받은 소유자가 제2항에 따라 제출한 사육계획서의 내용을 이행하고 있는지를 제88조제1항에 따른 동물보호관에게 점검하게 할 수 있다.

제42조(보호비용의 부담) ① 시·도지사와 시장·군수·구청장은 제34조제1항제1호 및 제2호에 해당하는 동물의 보호비용을 소유자 또는 제45조제1항에 따라 분양을 받는 자에게 청구할 수 있다.

② 제34조제1항제3호에 해당하는 동물의 보호비용은 농림축산식품부령으로 정하는 바에 따라 납부기한까지 그 동물의 소유자가 내야 한다. 이 경우 시·도지사와 시장·군수·구청장은 동물의 소유자가 제43조제2호에 따라 그 동물의 소유권을 포기한 경우에는 보호비용의 전부 드는 일부를 면제할 수 있다.

③ 제1항 및 제2항에 따른 보호비용의 징수에 관한 사항은 대통령령으로 정하고, 보호비용의 산정 기준에 관한 사항은 농림축산식품부령으로 정하는 범위에서 해당 시·도의 조례로 정한다.

제43조(동물의 소유권 취득) 시·도 및 시·군·구가 동물의 소유권을 취득할 수 있는 경우는 다음 각 호와 같다.
 1. 「유실물법」 제12조 및 「민법」 제253조에도 불구하고 제40조에 따라 공고한 날부터 10일이 지나도 동물의 소유자등을 알 수 없는 경우
 2. 제34조제1항제3호에 해당하는 동물의 소유자가 그 동물의 소유권을 포기한 경우
 3. 제34조제1항제3호에 해당하는 동물의 소유자가 제42조제2항에 따른 보호비용의 납부기한이 종료된 날부터 10일이 지나도 보호비용을 납부하지 아니하거나 제41조제2항에 따른 사육계획서를 제출하지 아니한 경우
 4. 동물의 소유자를 확인한 날부터 10일이 지나도 정당한 사유 없이 동물의 소유자와 연락이 되지 아니하거나 소유자가 반환받을 의사를 표시하지 아니한 경우

제44조(사육포기 동물의 인수 등) ① 소유자등은 시·도지사와 시장·군수·구청장에게 자신이 소유하거나 사육·관리 또는 보호하는 동물의 인수를 신청할 수 있다.

② 시·도지사와 시장·군수·구청장이 제1항에 따른 인수신청을 승인하는 경우에 해당 동물의 소유권은 시·도 및 시·군·구에 귀속된다.

③ 시·도지사와 시장·군수·구청장은 제1항에 따라 동물의 인수를 신청하는 자에 대하여 농림축산식품부령으로 정하는 바에 따라 해당 동물에 대한 보호비용 등을 청구할 수 있다.

④ 시·도지사와 시장·군수·구청장은 장기입원 또는 요양, 「병역법」에 따른 병역 복무 등 농림축산식품부령으로 정하는 불가피한 사유가 없음에도 불구하고 동물의 인수를 신청하는 자에 대하여는 제1항에 따른 동물인수신청을 거부할 수 있다.

제45조(동물의 기증·분양) ① 시·도지사와 시장·군수·구청장은 제43조 또는 제44조에 따라 소유권을 취득한 동물이 적정하게 사육·관리될 수 있도록 시·도의 조례로 정하는 바에 따라 동물원, 동물을 애호하는 자(시·도의 조례로 정하는 자격요건을 갖춘 자로 한정한다)나 대통령령으로 정하는 민간단체 등에 기증하거나 분양할 수 있다.

② 시·도지사와 시장·군수·구청장은 제1항에 따라 기증하거나 분양하는 동물이 등록대상동물인 경우 등록 여부를 확인하여 등록이 되어 있지 아니한 때에는 등록한 후 기증하거나 분양하여야 한다.

③ 시·도지사와 시장·군수·구청장은 제43조 또는 제44조에 따라 소유권을 취득한 동물에 대하여는 제1항에 따라 분양될 수 있도록 공고할 수 있다.

④ 제1항에 따른 기증·분양의 요건 및 절차 등 그 밖에 필요한 사항은 시·도의 조례로 정한다.

제46조(동물의 인도적인 처리 등) ① 제35조제1항 및 제36조제1항에 따른 동물보호센터의 장은 제34조

제1항에 따라 보호조치 중인 동물에게 질병 등 농림축산식품부령으로 정하는 사유가 있는 경우에는 농림축산식품부장관이 정하는 바에 따라 마취 등을 통하여 동물의 고통을 최소화하는 인도적인 방법으로 처리하여야 한다.

② 제1항에 따라 시행하는 동물의 인도적인 처리는 수의사가 하여야 한다. 이 경우 사용된 약제 관련 사용기록의 작성·보관 등에 관한 사항은 농림축산식품부령으로 정하는 바에 따른다.

③ 동물보호센터의 장은 제1항에 따라 동물의 사체가 발생한 경우 「폐기물관리법」에 따라 처리하거나 제69조제1항제4호에 따른 동물장묘업의 허가를 받은 자가 설치·운영하는 동물장묘시설 및 제71조제1항에 따른 공설동물장묘시설에서 처리하여야 한다.

제6장 반려동물 영업

제69조(영업의 허가) ① 반려동물(이하 이 장에서 "동물"이라 한다. 다만, 동물장묘업 및 제71조제1항에 따른 공설동물장묘시설의 경우에는 제2조제1호에 따른 동물로 한다)과 관련된 다음 각 호의 영업을 하려는 자는 농림축산식품부령으로 정하는 바에 따라 특별자치시장·특별자치도지사·시장·군수·구청장의 허가를 받아야 한다.
 1. 동물생산업
 2. 동물수입업
 3. 동물판매업
 4. 동물장묘업
② 제1항 각 호에 따른 영업의 세부 범위는 농림축산식품부령으로 정한다.
③ 제1항에 따른 허가를 받으려는 자는 영업장의 시설 및 인력 등 농림축산식품부령으로 정하는 기준을 갖추어야 한다.
④ 제1항에 따라 영업의 허가를 받은 자가 허가받은 사항을 변경하려는 경우에는 변경허가를 받아야 한다. 다만, 농림축산식품부령으로 정하는 경미한 사항을 변경하는 경우에는 특별자치시장·특별자치도지사·시장·군수·구청장에게 신고하여야 한다.

제70조(맹견취급영업의 특례) ① 제2조제5호가목에 따른 맹견을 생산·수입 또는 판매(이하 "취급"이라 한다)하는 영업을 하려는 자는 제69조제1항에 따른 동물생산업, 동물수입업 또는 동물판매업의 허가 외에 대통령령으로 정하는 바에 따라 맹견 취급에 대하여 시·도지사의 허가(이하 "맹견취급허가"라 한다)를 받아야 한다. 허가받은 사항을 변경하려는 때에도 또한 같다.
② 맹견취급허가를 받으려는 자의 결격사유에 대하여는 제19조를 준용한다.
③ 맹견취급허가를 받은 자는 다음 각 호의 어느 하나에 해당하는 경우 농림축산식품부령으로 정하는 바에 따라 시·도지사에게 신고하여야 한다.
 1. 맹견을 번식시킨 경우
 2. 맹견을 수입한 경우
 3. 맹견을 양도하거나 양수한 경우
 4. 보유하고 있는 맹견이 죽은 경우
④ 맹견 취급을 위한 동물생산업, 동물수입업 또는 동물판매업의 시설 및 인력 기준은 제69조제3항에 따른 기준 외에 별도로 농림축산식품부령으로 정한다.

제71조(공설동물장묘시설의 특례) ① 지방자치단체의 장은 동물을 위한 장묘시설(이하 "공설동물장묘시설"이라 한다)을 설치·운영할 수 있다. 이 경우 시설 및 인력 등 농림축산식품부령으로 정하는 기준을 갖

추어야 한다.

② 농림축산식품부장관은 제1항에 따라 공설동물장묘시설을 설치·운영하는 지방자치단체에 대해서는 예산의 범위에서 시설의 설치에 필요한 경비를 지원할 수 있다.

③ 지방자치단체의 장이 공설동물장묘시설을 사용하는 자에게 부과하는 사용료 또는 관리비의 금액과 부과방법 및 용도, 그 밖에 필요한 사항은 해당 지방자치단체의 조례로 정한다.

제72조(동물장묘시설의 설치 제한) 다음 각 호의 어느 하나에 해당하는 지역에는 제69조제1항제4호의 동물장묘업을 영위하기 위한 동물장묘시설 및 공설동물장묘시설을 설치할 수 없다.
1. 「장사 등에 관한 법률」 제17조에 해당하는 지역
2. 20호 이상의 인가밀집지역, 학교, 그 밖에 공중이 수시로 집합하는 시설 또는 장소로부터 300미터 이내. 다만, 해당 지역의 위치 또는 지형 등의 상황을 고려하여 해당 시설의 기능이나 이용 등에 지장이 없는 경우로서 특별자치시장·특별자치도지사·시장·군수·구청장이 인정하는 경우에는 적용을 제외한다.

제72조의2(장묘정보시스템의 구축·운영 등) ① 농림축산식품부장관은 동물장묘 등에 관한 정보의 제공과 동물장묘시설 이용·관리의 업무 등을 전자적으로 처리할 수 있는 정보시스템(이하 "장묘정보시스템"이라 한다)을 구축·운영할 수 있다.

② 장묘정보시스템의 기능에는 다음 각 호의 사항이 포함되어야 한다.
1. 동물장묘시설의 현황 및 가격 정보 제공
2. 동물장묘절차 등에 관한 정보 제공
3. 그 밖에 농림축산식품부장관이 필요하다고 인정하는 사항

③ 장묘정보시스템의 구축·운영 등에 필요한 사항은 농림축산식품부장관이 정한다.
[본조신설 2023. 6. 20.]

제73조(영업의 등록) ① 동물과 관련된 다음 각 호의 영업을 하려는 자는 농림축산식품부령으로 정하는 바에 따라 특별자치시장·특별자치도지사·시장·군수·구청장에게 등록하여야 한다.
1. 동물전시업
2. 동물위탁관리업
3. 동물미용업
4. 동물운송업

② 제1항 각 호에 따른 영업의 세부 범위는 농림축산식품부령으로 정한다.

③ 제1항에 따른 영업의 등록을 신청하려는 자는 영업장의 시설 및 인력 등 농림축산식품부령으로 정하는 기준을 갖추어야 한다.

④ 제1항에 따라 영업을 등록한 자가 등록사항을 변경하는 경우에는 변경등록을 하여야 한다. 다만, 농림축산식품부령으로 정하는 경미한 사항을 변경하는 경우에는 특별자치시장·특별자치도지사·시장·군수·구청장에게 신고하여야 한다.

제74조(허가 또는 등록의 결격사유) 다음 각 호의 어느 하나에 해당하는 사람은 제69조제1항에 따른 영업의 허가를 받거나 제73조제1항에 따른 영업의 등록을 할 수 없다.
1. 미성년자
2. 피성년후견인
3. 파산선고를 받은 자로서 복권되지 아니한 사람
4. 제82조제1항에 따른 교육을 이수하지 아니한 사람
5. 제83조제1항에 따라 허가 또는 등록이 취소된 후 1년이 지나지 아니한 상태에서 취소된 업종과 같은

업종의 허가를 받거나 등록을 하려는 사람(법인인 경우에는 그 대표자를 포함한다)
  6. 이 법을 위반하여 벌금 이상의 실형을 선고받고 그 집행이 종료(집행이 종료된 것으로 보는 경우를 포함한다)되거나 집행이 면제된 날부터 3년(제10조를 위반한 경우에는 5년으로 한다)이 지나지 아니한 사람
  7. 이 법을 위반하여 벌금 이상의 형의 집행유예를 선고받고 그 유예기간 중에 있는 사람

제75조(영업승계) ① 제69조제1항에 따른 영업의 허가를 받거나 제73조제1항에 따라 영업의 등록을 한 자(이하 "영업자"라 한다)가 그 영업을 양도하거나 사망한 경우 또는 법인이 합병한 경우에는 그 양수인·상속인 또는 합병 후 존속하는 법인이나 합병으로 설립되는 법인(이하 "양수인등"이라 한다)은 그 영업자의 지위를 승계한다.
  ② 다음 각 호의 어느 하나에 해당하는 절차에 따라 영업시설의 전부를 인수한 자는 그 영업자의 지위를 승계한다.
  1. 「민사집행법」에 따른 경매
  2. 「채무자 회생 및 파산에 관한 법률」에 따른 환가(換價)
  3. 「국세징수법」·「관세법」 또는 「지방세법」에 따른 압류재산의 매각
  4. 그 밖에 제1호부터 제3호까지의 어느 하나에 준하는 절차
  ③ 제1항 또는 제2항에 따라 영업자의 지위를 승계한 자는 그 지위를 승계한 날부터 30일 이내에 농림축산식품부령으로 정하는 바에 따라 특별자치시장·특별자치도지사·시장·군수·구청장에게 신고하여야 한다.
  ④ 제1항 및 제2항에 따른 승계에 관하여는 제74조에 따른 결격사유 규정을 준용한다. 다만, 상속인이 제74조제1호 및 제2호에 해당하는 경우에는 상속을 받은 날부터 3개월 동안은 그러하지 아니하다.

제76조(휴업·폐업 등의 신고) ① 영업자가 휴업, 폐업 또는 그 영업을 재개하려는 경우에는 농림축산식품부령으로 정하는 바에 따라 특별자치시장·특별자치도지사·시장·군수·구청장에게 신고하여야 한다.
  ② 영업자(동물장묘업자는 제외한다. 이하 이 조에서 같다)는 제1항에 따라 휴업 또는 폐업의 신고를 하려는 경우에는 농림축산식품부령으로 정하는 바에 따라 특별자치시장·특별자치도지사·시장·군수·구청장에게 휴업 또는 폐업 30일 전에 보유하고 있는 동물의 적절한 사육 및 처리를 위한 계획서(이하 "동물처리계획서"라 한다)를 제출하여야 한다.
  ③ 영업자는 동물처리계획서에 따라 동물을 처리한 후 그 결과를 특별자치시장·특별자치도지사·시장·군수·구청장에게 보고하여야 하며, 보고를 받은 특별자치시장·특별자치도지사·시장·군수·구청장은 동물처리계획서의 이행 여부를 확인하여야 한다.
  ④ 제2항 및 제3항에 따른 동물처리계획서의 제출 및 보고에 관한 사항은 농림축산식품부령으로 정한다.

제77조(직권말소) ① 특별자치시장·특별자치도지사·시장·군수·구청장은 영업자가 제76조제1항에 따른 폐업신고를 하지 아니한 경우에는 농림축산식품부령으로 정하는 바에 따라 폐업 사실을 확인한 후 허가 또는 등록사항을 직권으로 말소할 수 있다.
  ② 특별자치시장·특별자치도지사·시장·군수·구청장은 영업자가 영업을 폐업하였는지를 확인하기 위하여 필요한 경우 관할 세무서장에게 영업자의 폐업 여부에 대한 정보 제공을 요청할 수 있다. 이 경우 요청을 받은 관할 세무서장은 정당한 사유 없이 이를 거부하여서는 아니 된다.

제78조(영업자 등의 준수사항) ① 영업자(법인인 경우에는 그 대표자를 포함한다)와 그 종사자는 다음 각 호의 사항을 준수하여야 한다.
  1. 동물을 안전하고 위생적으로 사육·관리 또는 보호할 것
  2. 동물의 건강과 안전을 위하여 동물병원과의 적절한 연계를 확보할 것

3. 노화나 질병이 있는 동물을 유기하거나 폐기할 목적으로 거래하지 아니할 것
　4. 동물의 번식, 반입·반출 등의 기록 및 관리를 하고 이를 보관할 것
　5. 동물에 관한 사항을 표시·광고하는 경우 이 법에 따른 영업허가번호 또는 영업등록번호와 거래금액을 함께 표시할 것
　6. 동물의 분뇨, 사체 등은 관계 법령에 따라 적정하게 처리할 것
　7. 농림축산식품부령으로 정하는 영업장의 시설 및 인력 기준을 준수할 것
　8. 제82조제2항에 따른 정기교육을 이수하고 그 종사자에게 교육을 실시할 것
　9. 농림축산식품부령으로 정하는 바에 따라 동물의 취급 등에 관한 영업실적을 보고할 것
　10. 등록대상동물의 등록 및 변경신고의무(등록·변경신고방법 및 위반 시 처벌에 관한 사항 등을 포함한다)를 고지할 것
　11. 다른 사람의 영업명의를 도용하거나 대여받지 아니하고, 다른 사람에게 자기의 영업명의 또는 상호를 사용하도록 하지 아니할 것
　② 동물생산업자는 제1항에서 규정한 사항 외에 다음 각 호의 사항을 준수하여야 한다.
　1. 월령이 12개월 미만인 개·고양이는 교배 또는 출산시키지 아니할 것
　2. 약품 등을 사용하여 인위적으로 동물의 발정을 유도하는 행위를 하지 아니할 것
　3. 동물의 특성에 따라 정기적으로 예방접종 및 건강관리를 실시하고 기록할 것
　③ 동물수입업자는 제1항에서 규정한 사항 외에 다음 각 호의 사항을 준수하여야 한다.
　1. 동물을 수입하는 경우 농림축산식품부장관에게 수입의 내역을 신고할 것
　2. 수입의 목적으로 신고한 사항과 다른 용도로 동물을 사용하지 아니할 것
　④ 동물판매업자(동물생산업자 및 동물수입업자가 동물을 판매하는 경우를 포함한다)는 제1항에서 규정한 사항 외에 다음 각 호의 사항을 준수하여야 한다.
　1. 월령이 2개월 미만인 개·고양이를 판매(알선 또는 중개를 포함한다)하지 아니할 것
　2. 동물을 판매 또는 전달을 하는 경우 직접 전달하거나 동물운송업자를 통하여 전달할 것
　⑤ 동물장묘업자는 제1항에서 규정한 사항 외에 다음 각 호의 사항을 준수하여야 한다. 〈개정 2023. 6. 20.〉
　1. 살아있는 동물을 처리(마취 등을 통하여 동물의 고통을 최소화하는 인도적인 방법으로 처리하는 것을 포함한다)하지 아니할 것
　2. 등록대상동물의 사체를 처리한 경우 농림축산식품부령으로 정하는 바에 따라 특별자치시장·특별자치도지사·시장·군수·구청장에게 신고할 것
　3. 자신의 영업장에 있는 동물장묘시설을 다른 자에게 대여하지 아니할 것
　⑥ 제1항부터 제5항까지의 규정에 따른 영업자의 준수사항에 관한 구체적인 사항 및 그 밖에 동물의 보호와 공중위생상의 위해 방지를 위하여 영업자가 준수하여야 할 사항은 농림축산식품부령으로 정한다.

제79조(등록대상동물의 판매에 따른 등록신청) ① 동물생산업자, 동물수입업자 및 동물판매업자는 등록대상동물을 판매하는 경우에 구매자(영업자를 제외한다)에게 동물등록의 방법을 설명하고 구매자의 명의로 특별자치시장·특별자치도지사·시장·군수·구청장에게 동물등록을 신청한 후 판매하여야 한다.
　② 제1항에 따른 등록대상동물의 등록신청에 대해서는 제15조를 준용한다.

제80조(거래내역의 신고) ① 동물생산업자, 동물수입업자 및 동물판매업자가 등록대상동물을 취급하는 경우에는 그 거래내역을 농림축산식품부령으로 정하는 바에 따라 특별자치시장·특별자치도지사·시장·군수·구청장에게 신고하여야 한다.
　② 농림축산식품부장관은 제1항에 따른 등록대상동물의 거래내역을 제95조제2항에 따른 국가동물보호

정보시스템으로 신고하게 할 수 있다.

제81조(표준계약서의 제정·보급) ① 농림축산식품부장관은 동물보호 및 동물영업의 건전한 거래질서 확립을 위하여 공정거래위원회와 협의하여 표준계약서를 제정 또는 개정하고 영업자에게 이를 사용하도록 권고할 수 있다.

② 농림축산식품부장관은 제1항에 따른 표준계약서에 관한 업무를 대통령령으로 정하는 기관에 위탁할 수 있다.

③ 제1항에 따른 표준계약서의 구체적인 사항은 농림축산식품부령으로 정한다.

제82조(교육) ① 제69조제1항에 따른 허가를 받거나 제73조제1항에 따른 등록을 하려는 자는 허가를 받거나 등록을 하기 전에 동물의 보호 및 공중위생상의 위해 방지 등에 관한 교육을 받아야 한다.

② 영업자는 정기적으로 제1항에 따른 교육을 받아야 한다.

③ 제83조제1항에 따른 영업정지처분을 받은 영업자는 제2항의 정기 교육 외에 동물의 보호 및 영업자 준수사항 등에 관한 추가교육을 받아야 한다.

④ 제1항부터 제3항까지의 규정에 따라 교육을 받아야 하는 영업자로서 교육을 받지 아니한 자는 그 영업을 하여서는 아니 된다.

⑤ 제1항 또는 제2항에 따라 교육을 받아야 하는 영업자가 영업에 직접 종사하지 아니하거나 두 곳 이상의 장소에서 영업을 하는 경우에는 종사자 중에서 책임자를 지정하여 영업자 대신 교육을 받게 할 수 있다.

⑥ 제1항부터 제3항까지의 규정에 따른 교육의 종류, 내용, 시기, 이수방법 등에 관하여는 농림축산식품부령으로 정한다.

제83조(허가 또는 등록의 취소 등) ① 특별자치시장·특별자치도지사·시장·군수·구청장은 영업자가 다음 각 호의 어느 하나에 해당하는 경우에는 농림축산식품부령으로 정하는 바에 따라 그 허가 또는 등록을 취소하거나 6개월 이내의 기간을 정하여 그 영업의 전부 또는 일부의 정지를 명할 수 있다. 다만, 제1호, 제7호 또는 제8호에 해당하는 경우에는 허가 또는 등록을 취소하여야 한다.

1. 거짓이나 그 밖의 부정한 방법으로 허가를 받거나 등록을 한 것이 판명된 경우
2. 제10조제1항부터 제4항까지의 규정을 위반한 경우
3. 허가를 받은 날 또는 등록을 한 날부터 1년이 지나도록 영업을 개시하지 아니한 경우
4. 제69조제1항 또는 제73조제1항에 따른 허가 또는 등록 사항과 다른 방식으로 영업을 한 경우
5. 제69조제4항 또는 제73조제4항에 따른 변경허가를 받거나 변경등록을 하지 아니한 경우
6. 제69조제3항 또는 제73조제3항에 따른 시설 및 인력 기준에 미달하게 된 경우
7. 제72조에 따라 설치가 금지된 곳에 동물장묘시설을 설치한 경우
8. 제74조 각 호의 어느 하나에 해당하게 된 경우
9. 제78조에 따른 준수사항을 지키지 아니한 경우

② 특별자치시장·특별자치도지사·시장·군수·구청장은 제1항에 따라 영업의 허가 또는 등록을 취소하거나 영업의 전부 또는 일부를 정지하는 경우에는 해당 영업자에게 보유하고 있는 동물을 양도하게 하는 등 적절한 사육·관리 또는 보호를 위하여 필요한 조치를 명하여야 한다.

③ 제1항에 따른 처분의 효과는 그 처분기간이 만료된 날부터 1년간 양수인등에게 승계되며, 처분의 절차가 진행 중일 때에는 양수인등에 대하여 처분의 절차를 행할 수 있다. 다만, 양수인등이 양수·상속 또는 합병 시에 그 처분 또는 위반사실을 알지 못하였음을 증명하는 경우에는 그러하지 아니하다.

제84조(과징금의 부과) ① 특별자치시장·특별자치도지사·시장·군수·구청장은 영업자가 제83조제1항 제4호부터 제6호까지 또는 제9호의 어느 하나에 해당하여 영업정지처분을 하여야 하는 경우로서 그 영업

정지처분이 해당 영업의 동물 또는 이용자에게 곤란을 주거나 공익에 현저한 지장을 줄 우려가 있다고 인정되는 경우에는 영업정지처분에 갈음하여 1억원 이하의 과징금을 부과할 수 있다.
　② 특별자치시장·특별자치도지사·시장·군수·구청장은 제1항에 따른 과징금을 부과받은 자가 납부기한까지 과징금을 내지 아니하면 「지방행정제재·부과금의 징수 등에 관한 법률」에 따라 징수한다.
　③ 특별자치시장·특별자치도지사·시장·군수·구청장은 제1항에 따른 과징금을 부과하기 위하여 필요한 경우에는 다음 각 호의 사항을 적은 문서로 관할 세무서장에게 과세 정보의 제공을 요청할 수 있다.
　1. 납세자의 인적 사항
　2. 과세 정보의 사용 목적
　3. 과징금 부과기준이 되는 매출금액
　④ 제1항에 따른 과징금을 부과하는 위반행위의 종류, 영업의 규모, 위반횟수 등에 따른 과징금의 금액, 그 밖에 필요한 사항은 대통령령으로 정한다.

제85조(영업장의 폐쇄) ① 특별자치시장·특별자치도지사·시장·군수·구청장은 제69조 또는 제73조에 따른 영업이 다음 각 호의 어느 하나에 해당하는 때에는 관계 공무원으로 하여금 농림축산식품부령으로 정하는 바에 따라 해당 영업장을 폐쇄하게 할 수 있다.
　1. 제69조제1항에 따른 허가를 받지 아니하거나 제73조제1항에 따른 등록을 하지 아니한 때
　2. 제83조에 따라 허가 또는 등록이 취소되거나 영업정지명령을 받았음에도 불구하고 계속하여 영업을 한 때
　② 특별자치시장·특별자치도지사·시장·군수·구청장은 제1항에 따라 영업장을 폐쇄하기 위하여 관계 공무원에게 다음 각 호의 조치를 하게 할 수 있다.
　1. 해당 영업장의 간판이나 그 밖의 영업표지물의 제거 또는 삭제
　2. 해당 영업장이 적법한 영업장이 아니라는 것을 알리는 게시문 등의 부착
　3. 영업을 위하여 꼭 필요한 시설물 또는 기구 등을 사용할 수 없게 하는 봉인(封印)
　③ 특별자치시장·특별자치도지사·시장·군수·구청장은 제1항 및 제2항에 따른 폐쇄조치를 하려는 때에는 폐쇄조치의 일시·장소 및 관계 공무원의 성명 등을 미리 해당 영업을 하는 영업자 또는 그 대리인에게 서면으로 알려주어야 한다.
　④ 특별자치시장·특별자치도지사·시장·군수·구청장은 제1항에 따라 해당 영업장을 폐쇄하는 경우 해당 영업자에게 보유하고 있는 동물을 양도하게 하는 등 적절한 사육·관리 또는 보호를 위하여 필요한 조치를 명하여야 한다.
　⑤ 제1항에 따른 영업장 폐쇄의 세부적인 기준과 절차는 그 위반행위의 유형과 위반 정도 등을 고려하여 농림축산식품부령으로 정한다.

부칙 〈제19486호, 2023. 6. 20.〉

이 법은 공포한 날부터 시행한다. 다만, 법률 제18853호 동물보호법 전부개정법률 제64조제1항제3호부터 제5호까지의 개정규정은 2024년 4월 27일부터 시행한다.

(3) 동물 유기·학대행위 방지법

1) 동물등록제

① 등록대상동물의 소유자는 동물의 보호와 유실·유기 방지를 위하여 동물등록대행기관, 관할 지자체(시·군·구)에 등록대상동물을 등록 신청하고, 관할 지자체(시·군·구)는 동물보호관리시스템(www.animal.go.kr)에 등록동물과 소유자의 정보를 등록하여 관리한다.

② 동물등록제 전국 확대 시행 : 2014.1.1.부터 등록대상동물을 소유한 사람은 반드시 동물등록을 해야 한다. 단, 등록대상동물이 맹견이 아닌 경우로서, 시도의 조례로 정하는 지역(동물보호법 제12조, 동 시행규칙 제7조)은 제외되며, 등록을 하지 않을 경우 100만 원 이하, 변경 신고를 하지 않을 경우 50만 원 이하의 과태료가 부과된다.

③ 동물등록방법은 내장형 마이크로칩 시술을 받거나, 외장형 무선식별장치가 있다.

2) 분실 및 유기 방지

① 반려견의 분실을 방지하기 위해 소유자의 성명, 전화번호, 동물등록번호(등록한 동물만 해당)를 표시한 인식표를 반려견에게 부착시켜야 한다. 이를 위반하는 경우 50만 원 이하의 과태료가 부과된다.

② 소유자와 소유자를 위해 반려동물의 사육·관리 또는 보호에 종사하는 사람(이하 "소유자 등"이라 함)이 반려견을 동반하고 외출하는 경우 목줄 또는 가슴줄을 하거나 이동장치를 사용하여야 하고, 목줄 또는 가슴줄은 해당 동물을 효과적으로 통제할 수 있고, 다른 사람에게 위해(危害)를 주지 않는 범위의 길이여야 한다. 배설물이 생기면 미리 준비해간 휴지와 비닐봉투로 즉시 수거해야 한다. 다만, 소유자등이 월령 3개월 미만인 등록대상동물을 직접 안아서 외출하는 경우에는 해당 안전조치를 하지 않아도 된다. 이를 위반하는 경우 50만 원 이하의 과태료가 부과된다.

③ 반려견과 외출 시 공중위생을 위해 배설물(소변의 경우에는 공동주택의 엘리베이터·계단 등 건물 내부의 공용공간 및 평상·의자 등 사람이 눕거나 앉을 수 있는 기구 위의 것으로 한정함)이 생기면 바로 수거해야 한다. 이를 위반하는 경우 50만 원 이하의 과태료가 부과된다. 또한, 반려동물을 데리고 외출했을 때 배설물(대변)이 생기면 이를 반드시 수거해야 한다. 그렇지 않으면 10만 원 이하의 벌금, 구류 또는 과료에 처해지거나, 5만원의 범칙금이 부과된다.

④ 반려동물을 계속 기를 수 없다고 해서 그 반려동물을 버려서는 안 된다. 이를 위반하여 반려동물 버리면 300만 원 이하의 벌금이 부과되며(맹견을 버리면 2년 이하의 징역 또는 2천 만원 이하의 벌금), 유기된 동물은 소유자에게 알릴 수 있도록 보호시설에서 7일 동안 공고하게 된다. 만약 공고된 날부터 10일이 지나도 소유자가 나타나지 않는 경우 그 동물의 소유권은 시, 군, 자치구에 속하게 된다.

3) 학대 방지

아래와 같은 행위로 동물을 학대할 경우 2년 이하의 징역 또는 2천만 원 이하의 벌금에 처한다.

① 목을 매다는 등의 잔인한 방법으로 죽음에 이르게 하는 행위
② 노상 등 공개된 장소에서 죽이거나 같은 종류의 다른 동물이 보는 앞에서 죽음에 이르게 하는 행위
③ 고의로 사료 또는 물을 주지 아니하는 행위로 인하여 동물을 죽음에 이르게 하는 행위
④ 그 밖에 수의학적 처치의 필요, 동물로 인한 사람의 생명·신체·재산의 피해 등 정당한 사유 없이 죽음에 이르게 하는 행위
⑤ 도구·약물 등 물리적·화학적 방법을 사용하여 상해를 입히는 행위
⑥ 살아 있는 상태에서 동물의 신체를 손상하거나 체액을 채취하거나 체액을 채취하기 위한 장치를 설치하는 행위
⑦ 도박·광고·오락·유흥 등의 목적으로 동물에게 상해를 입히는 행위
⑧ 반려동물에게 최소한의 사육 공간 제공 등 농림축산식품부령으로 정하는 사육·관리 의무를 위반하여 상해를 입히거나 질병을 유발 시키는 행위
⑨ 그 밖에 수의학적 처치의 필요, 동물로 인한 사람의 생명·신체·재산의 피해 등 정당한 사유 없이 신체적 고통을 주거나 상해를 입히는 행위
⑩ 도박을 목적으로 동물을 이용하는 행위 또는 동물을 이용하는 도박을 행할 목적으로 광고·선전하는 행위
⑪ 도박·시합·복권·오락·유흥·광고 등의 상이나 경품으로 동물을 제공하는 행위

(4) 동물의 사육 관리방법

반려동물을 기르기로 결정하고 입양 또는 분양받았다면, 반려동물을 잘 돌봐서 그 생명과

안전을 보호하는 한편, 자신의 반려동물로 인해 다른 사람이 피해를 입지 않도록 주의해야 한다. 이를 위해서 반려동물의 소유자와 소유자를 위해 반려동물의 사육·관리 또는 보호에 종사하는 사람(이하 "소유자 등"이라 함)은 다음과 같은 사항을 지키도록 노력해야 한다.

1) 일반기준
① 동물의 소유자등은 동물을 사육·관리할 때에 동물의 생명과 그 안전을 보호하고 복지를 증진하기 위하여 성실히 노력하여야 한다.
② 동물의 소유자등은 동물로 하여금 갈증·배고픔, 영양불량, 불편함, 통증·부상·질병, 두려움과 정상적으로 행동할 수 없는 것으로 인하여 고통을 받지 아니하도록 노력하여야 한다.
③ 동물의 소유자등은 사육·관리하는 동물의 습성을 이해함으로써 최대한 본래의 습성에 가깝게 사육·관리하고, 동물의 보호와 복지에 책임감을 가져야 한다.

2) 사육환경
① 동물의 종류, 크기, 특성, 건강상태, 사육 목적 등을 고려하여 최대한 적절한 사육환경을 제공하여야 한다.
② 동물의 사육 공간 및 사육시설은 동물이 자연스러운 자세로 일어나거나 눕거나 움직이는 등 일상적인 동작을 하는 데에 지장이 없는 크기여야 한다.

3) 건강관리
① 전염병 예방을 위하여 정기적으로 반려동물의 특성에 따른 예방접종을 실시할 것
② 개는 분기마다 1회 구충할 것

(5) 반려동물 교통수단

1) 자가운전
① 차를 직접 운전해서 반려동물과 이동할 수 있다. 다만, 안전운전을 위해 반려동물을 안은 상태로 운전해서는 안 된다("차"란 자동차, 건설기계, 원동기장치자전거, 자전거, 사람 또는 가축의 힘이나 그 밖의 동력(動力)으로 도로에서 운전되는 것(다만, 철길이나 가설(架設)된 선을 이용하여 운전하는 것, 유모차나 식품의약품안전처장이 정하는 의

료기기의 규격에 따른 수동휠체어, 전동휠체어 및 의료용 스쿠터의 기준에 적합한 것은 제외함).
② 이를 위반해 반려동물을 안은 상태로 운전하면 20만 원 이하의 벌금이나 구류 또는 과료에 처할 수 있고, 범칙금(승합차 등 5만원, 승용차 등 4만원, 이륜차 등 3만원, 자전거 등 2만원)을 부과한다.

2) 버스
① 버스를 이용해서 반려동물과 이동하는 것은 제한이 따를 수 있다. 버스운송회사마다 운송약관과 영업지침에 따라 약간씩 차이가 있긴 하지만, 대부분의 경우 반려동물의 크기가 작고 운반용기를 갖춘 경우에만 탑승을 허용하고 있다.
② 이용하려는 버스의 운송회사에 미리 반려동물의 탑승가능 여부를 알아보시는 것이 좋다. 외부로 노출되지 않게 하고, 광견병 예방접종 등 필요한 예방접종을 한 경우 등 안전조치를 취한 후 탑승해야 한다.
③ 이를 위반하면 탑승이 거절될 수 있다.

3) 기차
① 철도를 이용해서 반려동물과 이동하는 것은 제한이 따를 수 있다. 반려동물(이동장비를 포함)의 크기가 좌석 또는 통로를 차지하지 않는 범위 이내로 제한된다.
② 다른 사람에게 위해나 불편을 끼칠 염려가 없는 반려동물을 전용가방 등에 넣어 외부로 노출되지 않게 하고, 광견병 예방접종 등 필요한 예방접종을 한 경우 등 안전조치를 취한 후 탑승해야 하기 때문이다.
③ 이를 위반하면 탑승이 거절되거나 퇴거 조치될 수 있으며, 위반 시 50만 원 이하의 과태료를 부과된다.

4) 전철
① 광역전철 또는 도시철도를 이용해서 반려동물과 이용하는 것은 제한이 따를 수 있다. 반려동물을 이동장비에 넣어 보이지 않게 하고, 불쾌한 냄새가 발생하지 않게 하는 등 다른 여객에게 불편을 줄 염려가 없도록 안전조치를 취한 후 탑승해야 하기 때문이다.
② 이를 위반하면 탑승이 거절 될 수 있다.

5) 비행기

① 비행기를 이용해서 반려동물과 이동하는 것은 제한이 따를 수 있다. 항공사마다 운송약관과 영업지침에 약간씩 차이가 있긴 하지만, 국내 항공사들은 일반적으로 탑승 가능한 반려동물을 생후 8주가 지난 개, 고양이, 새로 한정하고, 보통 케이지 포함 5~7kg 이하일 경우 기내반입이 가능하며, 그 이상은 위탁수하물로 운송해야 한다.
② 케이지는 잠금장치가 있고 바닥이 밀폐되어야 한다. 항공사마다 특정 케이지를 요구할 수 있으므로 사전에 확인해야 한다.
③ 비행기를 이용해서 반려동물과 이동할 경우에는 이용하려는 항공사에 연락해서 미리 상담한 후 반려동물 수하물서비스를 신청하는 것이 좋다. 항공사마다 운송약관과 운영지침에 약간씩 차이가 있어 일부 항공사의 경우 반려동물의 종(種) 또는 총중량(운반용기를 포함)에 따라 기내 반입 또는 수하물 서비스가 거절될 수 있다.

6) 장애인 보조견 탑승 거부 제한

① 누구든지 장애인 보조견 표지를 붙인 장애인 보조견을 동반한 장애인이 대중교통수단을 이용하려고 할 때에는 정당한 사유 없이 거부해서는 안 된다.
② 이를 위반해 장애인 보조견표지가 있는데 정당한 이유 없이 장애인 보조견의 탑승을 거부하면 200만원의 과태료가 부과된다.

7) 그 밖의 교통수단

① 택시에 반려동물과 함께 탑승할 수 있는지는 택시사업자가 정하는 운송약관 또는 영업지침에 따라 결정된다.
② 연안여객선을 이용해서 반려동물과 이동하는 것은 제한이 따를 수 있다. 연안여객회사마다 운송약관과 영업지침에 약간씩 차이가 있긴 하지만, 대부분의 경우 전용이동장비에 넣은 반려동물은 탑승을 허용하고 있기 때문이다. 따라서 이용하려는 연안여객회사에 미리 반려동물의 탑승 가능 여부를 알아보는 것이 좋다.

(6) 반려동물과 주거 관련

1) 공동주택

① 입주자·사용자는 가축(장애인 보조견은 제외)을 사육함으로써 공동주거생활에 피해를

미치는 행위를 하려는 경우에는 관리주체의 동의를 받아야 한다("관리주체"란 공동주택을 관리하는 자치관리기구, 공동주택의 관리사무소장, 주택관리업자, 임대사업자, 주택임대관리업자).
② 또한, 공동주택 내에서 반려동물과 생활할 수 있는지 여부는 각 공동주택의 관리규약을 확인해야 한다.

2) 아파트

① 아파트마다 반려동물과 생활할 수 있는지 여부는 다를 수 있다. 따라서 아파트의 관리사무소 등을 통해 해당 아파트의 관리규약을 확인해야 한다.
② 입주자·사용자는 공동주택관리규약의 준칙을 참조하여 관리규약을 정한다(입주자는 아파트의 소유자 또는 그 소유자를 대리하는 배우자 및 직계존비속, 사용자는 아파트를 임차하여 사용하는 자(임대주택의 임차인은 제외함)).
③ 입주자·사용자는 가축(장애인 보조견은 제외)을 사육함으로써 공동주거생활에 피해를 미치는 행위를 하려는 경우에는 관리주체의 동의를 받아야 한다.

(7) 반려동물 장례 관련법

1) 사체투기 금지

① 반려동물의 사체는 공중위생상 위해를 끼치지 않는 방법으로 처리하여야 하며 반려동물의 사체를 함부로 아무 곳에나 버려서는 안 된다. 특히 반려동물의 사체를 공공수역, 공유수면, 항만과 같이 공중위생상 위해발생 가능성이 높은 장소에 버리는 행위는 하여서는 안 된다.
② 누구든지 시설의 관리자가 폐기물의 수집을 위하여 마련한 장소나 설비 외에 장소에 폐기물을 버려서는 안 된다.
③ 위반시 100만 원 이하의 과태료를 부과하도록 하고 있다.

2) 사체 임의 매립 및 소각 금지

① 반려동물이 죽으면 사체는 「폐기물관리법」에 따라 허가 또는 승인받거나 신고된 폐기물처리시설에서만 매립할 수 있으며, 폐기물처리시설이 아닌 곳에서 매립하거나 소각하면 안 된다.

② 100만 원 이하의 과태료가 부과된다.

3) 반려동물 사체 처리 방법
① 동물병원에서 죽은 경우, 의료폐기물로 분류되어 지정폐기물에 속하여 사업장폐기물에 해당된다. 사업장폐기물배출자는 그의 사업장에서 발생하는 폐기물을 스스로 처리하거나 폐기물처리업의 허가를 받은 자 또는 폐기물처리시설을 설치·운영하는 자 등에게 위탁하여 처리하여야 한다.
② 동물병원 외의 장소(일반가정)에서 죽은 경우, 사업장폐기물 외의 폐기물에 속하며 생활폐기물에 해당된다. 분리수집이 쉬운 폐기물 종량제 봉투(생활쓰레기봉투) 등에 넣어 배출하여야 한다.
③ (동물장묘 시설 이용) 동물장묘업 허가를 받은 시설에서 화장, 건조장, 수분해장으로 사체를 처리할 수 있다.

4) 반려동물 장례 및 납골
① 반려동물의 장례와 납골도 동물장묘업의 등록을 한 자가 설치·운영하는 동물장묘시설에 위임할 수 있다.
② '동물장묘업자'란 동물전용의 장례식장·화장장 또는 납골시설을 설치·운영하는 자를 말하며, 필요한 시설과 인력을 갖추어서 시장·군수·구청장(자치구의 구청장을 말함)에 동물장묘업 등록을 해야 한다.
③ 동물장묘업은 필요한 시설과 인력을 갖추어서 시장·군수·구청장에 동물장묘업 등록을 해야 하므로 반드시 시·군·구에 등록된 업체인지 확인해야 한다.
④ 동물장묘업자에게는 일정한 준수의무가 부과되기 때문에 동물장묘업 등록이 된 곳에서 반려동물의 장례·화장·납골을 한 경우에만 나중에 분쟁이 발생했을 때 훨씬 대처하기 쉬울 수 있다.
⑤ 동물장묘업 등록 여부는 영업장 내에 게시된 동물장묘업 등록증으로 확인할 수 있다.
⑥ 동물장묘업자마다 장례, 화장, 납골이 구분되어 있으니 시설 보유 여부를 확인해야 한다.
⑦ 동물장묘업가 동물장묘업 등록을 하지 않고 영업하면 500만원 이하의 벌금에 처해진다.

5) 반려동물 말소 신고
① 동물등록이 되어 있는 반려동물이 죽은 경우에는 서류(동물등록 변경신고서, 동물등록

증, 등록동물의 폐사 증명 서류)를 갖추어서 반려동물이 죽은 날부터 30일 이내에 동물등록 말소신고를 해야 한다.

② 정해진 기간 내에 신고를 하지 않은 소유자는 50만 원 이하의 과태료를 부과된다.

(8) 반려동물 입양 및 분양

1) 동물보호센터(유기동물보호센터)에서 입양하기

① 동물보호센터는 분실 또는 유기된 반려동물이 소유자와 소유자를 위해 반려동물의 사육·관리 또는 보호에 종사하는 사람(이하 "소유자 등"이라 함)에게 안전하게 반환될 수 있도록 지방자치단체가 설치·운영하거나 지방자치단체로부터 보호를 위탁받은 시설에서 운영하는 동물보호시설을 말한다.

② 공공장소에서 구조된 후 일정기간이 지나도 소유자를 알 수 없는 반려동물은 그 소유권이 관할 지방자치단체로 이전되므로 일반인이 입양할 수 있다.

③ 동물보호센터에서 반려동물을 입양하려면 해당 지방자치단체의 조례에서 정하는 일정한 자격요건을 갖추어야 한다.

2) 동물판매업에서 분양받기

① 반려동물인 개, 고양이, 토끼, 페럿, 기니피그, 햄스터를 구입하여 판매, 알선 또는 중개하는 영업을 말한다.

② 동물판매업소에서 반려동물을 분양받을 때는 사후에 문제가 발생할 것을 대비해 계약서를 받는 것이 좋으며, 특히 반려견을 분양받을 때는 그 동물판매업소가 동물판매업 등록이 되어 있는 곳인지 확인하는 것도 중요하다.

③ 「동물보호법」은 건강한 반려동물을 유통시켜 소비자를 보호하기 위해 일정한 시설과 인력을 갖추고, 시장·군수·구청장(자치구의 구청장을 말함)에게 동물판매업 등록을 한 동물판매업자만 반려동물을 판매할 수 있도록 하고 있다.

④ 동물판매업자에게는 일정한 준수의무가 부과되기 때문에 동물판매업 등록이 된 곳에서 반려동물을 분양받아야만 나중에 분쟁이 발생했을 때 훨씬 대처하기 쉬울 수 있다.

⑤ 동물판매업 등록 여부는 영업장 내에 게시된 동물판매업 등록증으로 확인할 수 있다.

⑥ 이를 위반해서 동물판매업자가 동물판매업 등록을 하지 않고 영업하면 500만원 이하의 벌금에 처해진다.

⑦ 개, 고양이, 토끼 등 가정에서 반려의 목적으로 기르는 동물을 판매하려는 자는 해당 동물을 구매자에게 직접 전달하거나 동물의 운송방법을 준수하는 동물운송업자를 통해서 배송해야 한다. 이를 위반 할 경우 300만 원 이하의 과태료를 부과된다.

3) 반려동물 분양 계약서 받기

① 동물판매업자가 반려동물을 판매할 때에는 다음의 내용을 포함한 반려동물 매매 계약서와 해당 내용을 증명하는 서류를 판매할 때 제공해야 하며, 계약서를 제공할 의무가 있음을 영업장 내부의 잘 보이는 곳에 게시해야 한다.

- ㉠ 동물판매업 등록번호, 업소명, 주소 및 전화번호
- ㉡ 동물의 출생일자 및 판매업자가 입수한 날
- ㉢ 동물을 생산(수입)한 동물생산(수입)업자 업소명 주소
- ㉣ 동물의 종류, 품종, 색상 및 판매 시의 특징
- ㉤ 예방접종, 약물투어 등 수의사의 치료기록 등
- ㉥ 판매시의 건강상태와 그 증빙서류
- ㉦ 판매일 및 판매금액
- ㉧ 판매한 동물에게 질병 또는 사망 등 건강상의 문제가 생긴 경우의 처리방법
- ㉨ 등록된 동물인 경우 등록내역

② 반려동물이 죽거나 질병에 걸렸을 때 이 계약서가 보상 여부를 결정하는 중요한 자료가 될 수 있으므로 반려동물을 분양받을 때는 계약서를 잊지 않고 받아야 한다.

③ 동물판매업소에서 계약서를 제공하지 않았다면, 소비자는 반려동물 분양받은 후 7일 이내에 계약서 미교부를 이유로 분양계약을 해제할 수 있다.

1. 다음 동물의 5대 자유에 해당하지 않는 것은?
① 배고픔과 갈증으로부터의 자유
② 불안으로부터의 자유
③ 통증, 부상 또는 질병으로부터의 자유
④ 슬픔과 고통으로부터의 자유

2. 동물 유기·학대행위 방지법에 대한 설명으로 옳지 않은 것은?
① 등록대상동물의 소유자는 동물의 보호와 유실·유기 방지를 위하여 동물등록대행기관, 관할 지자체(시·군·구)에 등록대상동물을 등록 신청한다.
② 등록하지 않을 경우 10만 원 이하의 과태료가 부과된다.
③ 반려견의 분실을 방지하기 위해 소유자의 성명, 전화번호, 동물등록번호(등록한 동물만 해당)를 표시한 인식표를 반려견에게 부착시켜야 한다.
④ 동물등록방법은 내장형 무선식별장치 개체 삽입, 외장형 무선식별장치 부착, 등록 인식표 부착이 있다.

3. 동물학대 사육관리 방법에 대한 설명으로 옳지 않은 것은?
① 동물의 종류, 크기, 특성, 건강상태, 사육 목적 등을 고려하여 최대한 적절한 사육환경을 제공하여야 한다.
② 동물의 소유자등은 동물로 하여금 갈증·배고픔, 영양불량, 불편함, 통증·부상·질병, 두려움과 정상적으로 행동할 수 없는 것으로 인하여 고통을 받지 아니하도록 노력하여야 한다.
③ 전염병 예방을 위하여 정기적으로 반려동물의 특성에 따른 예방접종을 실시하고, 개는 1년마다 1회 구충해야 한다.
④ 동물의 소유자등은 사육·관리하는 동물의 습성을 이해함으로써 최대한 본래의 습성에 가깝게 사육·관리하고, 동물의 보호와 복지에 책임감을 가져야 한다.

단원 정리 문제

4. 반려견 교통 수단 관련법에 대한 설명으로 옳은 것은?
① 버스의 경우 버스운송회사마다 운송약관과 영업지침에 따라 약간씩 차이가 있긴 하지만, 대부분의 경우 탑승이 어렵다.
② 기차의 경우 반려동물(이동장비를 포함)의 크기가 좌석 또는 통로를 차지하지 않는 범위 이내로 제한된다.
③ 비행기의 경우 항공사마다 운송약관과 영업지침에 약간씩 차이가 있긴 하지만, 국내 항공사들은 일반적으로 탑승 가능한 반려동물을 생후 8주가 지난 개, 고양이, 새 등 다양한 동물이 가능하다.
④ 택시에 반려동물과 함께 탑승할 수 없다.

5. 반려견 장례법에 대한 설명으로 옳지 않은 것은?
① 누구든지 시설의 관리자가 폐기물의 수집을 위하여 마련한 장소나 설비 외에 장소에 폐기물을 버려서는 안 된다.
② 반려동물의 사체를 누구든지 폐기물관리법에 따라 허가 또는 승인을 받거나 신고한 폐기물 처리시설이 아닌 곳에서 소각하여서는 안 된다.
③ 동물병원 외의 장소(일반가정)에서 죽은 경우, 사업장폐기물 외의 폐기물에 속하며 생활폐기물에 해당된다. 분리수집이 쉬운 폐기물 종량제 봉투(생활쓰레기봉투) 등에 넣어 배출하여야 한다.
④ 동물장묘업가 동물장묘업 등록을 하지 않고 영업하면 100만원 이하의 벌금에 처해진다

6. 반려동물 입양 및 분양에 대한 설명으로 옳지 않은 것은?
① 공공장소에서 구조된 후 일정기간이 지나도 소유자를 알 수 없는 반려동물은 그 소유권이 관할 지방자치단체로 이전되므로 일반인이 입양할 수 있다.
② 동물보호센터에서 반려동물을 입양하려면 해당 지방자치단체의 조례에서 정하는 일정한 자격요건을 갖추어야 한다.
③ 동물판매업자가 동물판매업 등록을 하지 않고 영업하면 500만 원 이하의 벌금에 처해진다.
④ 동물보호센터는 분실 또는 유기된 반려동물이 소유자와 소유자를 위해 반려동물의 사육·관리 또는 보호에 종사하는 사람(이하 "소유자 등"이라 함)에게 안전하게 반환될 수 있도록 정부에서 설치·운영하거나 정부로부터 보호를 위탁받은 시설에서 운영하는 동물보호시설을 말한다.

7. 반려동물 분양 계약서에 명시 되는 사항이 아닌 것은?

① 동물판매업 등록번호, 업소명, 주소 및 전화번호
② 동물의 종류, 혈통, 가족력
③ 판매일 및 판매금액
④ 판매한 동물에게 질병 또는 사망 등 건강상의 문제가 생긴 경우의 처리방법

8. 동물보호 기본원칙이 해당하지 않는 것은?

① 동물이 본래의 습성과 신체의 원형을 유지하면서 정상적으로 살 수 있도록 할 것
② 동물이 갈증 및 굶주림을 겪거나 영양이 결핍되지 아니하도록 할 것
③ 동물이 정상적인 행동을 표현할 수 있고 불편함을 겪지 아니하도록 할 것
④ 동물이 공공장소에서 자유롭도록 할 것

단원 정리 문제

1
정답 : ④
문제 난이도 : 초급
해답 풀이 : ④ 공포와 고통으로부터의 자유이다. 이외 정상적인 행동 표현의 자유까지 하여 총 5가지가 동물의 5대 자유이다.

2
정답 : ②
문제 난이도 : 중급
해답 풀이 : ② 동물등록을 하지 않을 경우 100만 원 이하의 과태료가 부과된다.

3
정답 : ③
문제 난이도 : 중급
해답 풀이 : ③ 개의 구충은 분기마다 1회 진행을 해야 한다.

4
정답 : ②
문제 난이도 : 중급
해답 풀이 : ① 대부분의 경우 반려동물의 크기가 작고 운반용기를 갖춘 경우에만 탑승을 허용하고 있다.
③ 국내 항공사들은 일반적으로 탑승 가능한 반려동물을 생후 8주가 지난 개, 고양이, 새로 만 한정한다.
④ 택시에 반려동물과 함께 탑승할 수 있는지는 택시 사업자가 정하는 운송약관 또는 영업지침에 따라 결정된다.

5
정답 : ④
문제난이도 : 중급
해답 풀이 : ④ 동물장묘업가 동물장묘업 등록을 하지 않고 영업하면 500만 원 이하의 벌금에 처해진다.

6
정답 : ④
문제 난이도 : 중급
해답 풀이 : ④ 정부가 아닌 지방자치단체로부터 설치, 운영, 보호 위탁 된다.

7
정답 : ②
문제 난이도 : 초급
해답 풀이 : ② 동물의 종류, 품종, 색상 및 판매 시의 특징이 포함 된다.

8
정답 : ④
문제 난이도 : 초급
해답 풀이 : ④ 공공장소에서 자유로운 것이 아닌 동물이 고통·상해 및 질병으로부터 자유롭도록 할 것, 동물이 공포와 스트레스를 받지 아니하도록 할 것 이렇게 총 5개의 기본원칙이 있다.

9장

고객상담론

1 상담의 이론과 실제

(1) 상담의 기본 개념

상담이란 상담자와 내담자, 그리고 두 사람과의 대면관계에서 이루어진다. 이 장에서는 상담자란 반려동물관리사, 내담자란 내담동물보호자(고객)를 말하며 상담의 내용은 반려동물에 관련된 것 뿐 만이 아니라 내담동물보호자에 관련된 내용도 포함된다.

1) 상담의 정의

도움을 필요로 하는 사람(고객)이 전문적으로 훈련을 받은 사람(반려동물관리사)과의 대면관계에서 생활과제의 해결과 사고·행동 및 감정 측면의 인간적 성장을 위해 노력하는 과정이다.

2) 상담의 내용

상담은 단순한 정보를 얻거나 대화를 나누는 것이 아니라, 생활 속의 문제가 구체적으로 해결되고 사고방식이나 행동 측면에서 전보다 더 발전되기 위해 노력하는 것이다.

3) 상담자의 자질

① 전문적 자질

상담자는 상담목표를 달성하기 위해 그것에 필요한 전문적 지식과 경험을 갖추어야 한다. 먼저 상담이론에 대한 이해를 해야 하며 상담을 효율적으로 진행하는 방법과 절차에 관한 이해를 해야 한다.

② 인간적 자질

상담은 치료이론이나 기법으로 하는 것이 아니다. 상담자가 상담이론 및 기법을 훌륭히 갖추었다고 해도 훌륭한 인간적 자질을 갖추지 않으면 내담자가 상담을 받으려고 하지 않을 것이기 때문에 상담을 지속하기 어렵다. '아는 것은 참 많은데 사람이 틀렸다'거나, '사람은 참 좋은데 머리에 든 것은 없다'라는 이야기를 들어봤을 것이다. 이 말은 상담자가 되기 위해서는 전문적 자질과 함께 인간적 자질을 동시에 갖추어야 함을 잘 나타내 준다.

4) 상담에 오는 과정
 상담을 받는 사람이라고 해서 다 심각한 문제가 있는 것은 아니다. 자신이 당면한 문제를 스스로 감당하기 힘들거나 해결하기 어려워 전문가의 도움이 필요하면 전문가의 도움을 받을 수 있다.

5) 상담자의 신념과 태도
상담자가 가진 신념과 상담에 임하는 태도는 내담자에게 영향을 준다. 그러므로 상담자는 다음과 같은 신념과 태도를 지녀야 한다.
① 내담자가 상담을 통해 변화될 것이라는 확신을 가져야 한다.
② 특별한 경우를 제외하고 내담자를 위해 비밀유지를 지키는 윤리적 책임을 져야 하며 상담이 진행되는 동안 내담자와 이중관계(예: 성관계, 금전거래 등)를 해서는 안된다.
③ 상담자는 내담자에게 모든 면에서 직·간접적으로 영향을 미치므로 본보기를 보여야 한다.
④ 내담자에게 전적으로 관심을 기울여 내담자를 위해 함께 함을 보여주어야 하며 상담자가 자주 강조해야 하는 말은 '나는 언제나 당신 편이에요'이다.
⑤ 적극적 경청을 해야 하며 내담자를 이해하기 위해 감정, 행동, 생각에 반복해서 나타나는 것을 이해해야 한다.
⑥ 상담면접기법을 숙달하고, 내담자를 끊임없이 격려해야 한다.
⑦ 내담자가 상담을 통해 달성하고자 하는 목표가 무엇인지 확인한 후, 내담자와 함께 구체적인 상담목표를 정해야 한다.

6) 상담의 기능
① 교육적 기능
내담자의 행동을 바람직한 방향으로 변화시키기 위한 전문적인 조력과정으로 정의된다는 점에서 교육적 기능을 포함한다고 할 수 있다. 특히 상담을 학습과정, 재교육과정, 사회화 과정으로 보는 입장에서는 상담의 교육적 기능이 더욱 강조된다.

② 진단적 · 예방적 기능

내담자의 적응력을 향상시키고 성장가능성을 촉진시키기 위해서는 내담자가 현재 당면하고 있는 부적응 행동의 원인을 정확히 진단하고 그 원인을 제거하기 위한 적절한 상담기법의 적용이 필요하다. 따라서 상담의 진단적 · 예방적 기능은 상담문제 해결과 부적응의 예방을 위한 필요조건이다.

③ 교정적 기능

어떤 내담자는 '나는 아무것도 할 수 없다'라는 그릇된 생각을 함으로써 성장이 지체되어 있는 경우가 많다. 이때 상담은 '생각 바꾸기', '마음 고쳐먹기'와 같은 하나의 교정적 과정을 나타내게 되는 데 이때의 상담목표는 인간적 성숙이다.

④ 치료적 기능

상담의 목표가 '성장을 저해하는 장애물이 있을 때는 언제나 이를 제거하고 극복하여 인적 자원의 최적발달을 성취하도록 개인을 도와주는 것'이라고 할 때 치료적 기능은 상담의 기본적 기능에 속한다고 할 수 있다.

(2) 상담기법

1) 경청

경청이란 내담자의 말과 행동에 상담자가 선택적으로 주목하는 것을 뜻한다. 내담자의 말과 행동을 경청하는 것은 상담을 성공적으로 이끄는 주요 요인이다. 경청은 내담자로 하여금 생각이나 감정을 자유롭게 표현할 수 있도록 북돋워 주고, 자신의 방식으로 문제를 탐색하게 하며, 상담에 대한 책임감을 느끼게 한다. 따라서 상담자는 자신이 내담자의 말을 주목하여 듣고 있음을 전달해 줄 필요가 있다.

2) 반영

반영은 내담자의 말과 행동에서 표현된 기본적인 감정 · 생각 및 태도를 상담자가 다른 참신한 말로 부연해 주는 것이다. 이것은 내담자의 자기이해를 도와 줄 뿐만 아니라, 내담자로 하여금 자기가 이해받고 있다는 인식을 주게 된다. 내담자의 감정은 겉으로 보이는 표면감정이 있고 보이지는 않으나 중심적인 내면감정이 있다. 상담자는 내담자의 내면적 감정을 정확히 파악하여 내담자에게 전달해 주어야 한다.

> 예시) ~ 때문에 ~를 느끼는 군요, ~하게 들리는데요, 달리 말하면 ~하게 느끼고 계시다는 말씀인가요?, ~라고 이해가 되는데요, 정말 ~한가 보네요.

3) 명료화

명료화는 내담자의 말 속에 내포되어 있는 것(내담자의 실제 반응에서 나타난 감정 또는 생각 속에 암시되었거나 내포된 관계와 의미)을 내담자에게 명확하게 해 주는 것을 뜻한다. 내담자가 애매하게만 느끼던 내용이나 자료를 상담자가 말로 표현해 준다는 점에서, 내담자에게 자기가 이해받고 있으며 상담이 잘 진행되고 있다는 느낌을 갖게 해주고, 내담자로 하여금 미처 생각하지 못했던 측면을 생각하도록 하는 자극제가 된다.

> 예시) 저는 당신이 반려동물에 대해서 느끼는 감정이 어떤지 확실하지 않습니다. 보다 분명하게 말하여 주십시오.

4) 직면

직면은 내담자가 모르고 있거나 인정하기를 거부하는 생각과 느낌에 대해서 주목하도록 하는 것이다. 직면은 내담자의 변화와 성장을 증진시킬 수도 있는 반면, 내담자에게 심리적인 위협과 상처를 줄 수도 있다. 따라서 상담자는 직면반응을 사용할 때 시의성, 즉 내담자가 받아들일 수 있는 준비가 되어 있는 지를 면밀히 고려해야 한다.

① 내담자 스스로는 못 깨닫고 있지만 그의 말이나 행동에서 어떤 불일치가 발견될 때 상담자는 이와 같은 불일치를 지적할 수 있다.
② 내담자로 하여금 자신의 욕구에 의해서만 상황을 바라볼 것이 아니라 상황을 있는 그대로 볼 수 있도록 할 때 직면반응을 사용할 수 있다.

5) 해석

해석은 내담자가 자신의 말이나 상황에 대해 명확하게 의식하지 못한 것에 대한 의미를 설명해주는 일종의 가설이다. 즉, 내담자로 하여금 과거의 생각과는 다른 각도에서 자기의 행동과 내면세계를 파악하게 하는 것이다. 해석은 내담자와 신뢰감이 없는 상태이거나 내담자의 욕구와 관계없이 이루어지면, 내담자가 이를 평가적으로 느껴 치료동맹에 손상을 줄 수 있으므로 내담자와 상담관계 형성이 이루어진 상담의 중기나 종결단계에서 진행한다. 해석은 전문성이 가장 많이 요구된다.

6) 바꾸어 말하기

'바꾸어 말하기'는 내담자가 하는 말을 다시 나의 말로 바꾸어 말하는 것이다. 내담자의 말을 간략하게 반복함으로써 내담자의 말을 제대로 이해하고 있는지 확인할 수 있다. 그러나 너무 반복해서 바꾸어 말하다 보면 형식적인 대화가 될 수 있으므로 자연스럽게 바꾸는 연습이 필요하다.

예시) 제가 듣기에는 ~ 인 것 같은데, 제가 제대로 이해한 것이 맞나요?

7) 요약하기

'요약하기'는 대화 내용의 진전 정도를 파악하고 이야기를 일정한 주제로 나아갈 수 있는 통일성을 갖게 해준다. '요약하기'는 대화가 끝나가는 시점에 요긴하게 사용할 수 있다. 특히 내담자 상담 중 상담 내용의 방향을 잃은 것처럼 느껴질 때 사용하면 대화의 방향을 제시할 수 있다.

예시) 지금까지 상담하신 내용으로, 지금 반려견을 키우시는 게 매우 적절할 것 같습니다.

8) 질문하기

중요한 사항에 대한 적절한 질문은 상담자가 경청하고 있음을 전달해 줄 뿐만 아니라, 내담자의 자기탐색을 촉진한다. 질문에는 개방형 질문과 폐쇄형질문이 있다.

① 개방형 질문: 내담자의 대답이 한 두 마디의 말로 한정되지 않도록 하는 형태의 질문으로 내담자에게 더 많은 이야기를 할 수 있는 기회를 제공한다. 내담자의 감정을 명료화하고 내담자가 자기의 느낌에 주의를 기울이도록 한다.

예시) 반려견에 대해서 어떻게 생각 하세요?

② 폐쇄형 질문: 초기 단계에서 사실적인 정보를 탐색하기 위해 사용하며 구체적인 상황에 초점을 맞추거나 정확한 정보를 얻는 데 유용하다. 잠재적으로 위협적이거나 위험한 상황에서 내담자에게 무슨 일이 일어났는지 직접적으로 물어보는 데 유용하다.

예시) 반려견이 점심을 못 먹었다고 들었는데 몸이 안 좋았나요?

9) 구조화하기

구조화는 상담의 효과를 최대한으로 높이기 위해 상담의 성질, 상담자와 내담자의 역할과 책임, 상담의 목표, 시간과 공간적인 제한 등을 설명하고 인식시켜 주는 것이다. 구조화는 상담의 초기에만 하는 것이 아니고, 과정이 진행됨에 따라 상담관계에 대한 재구성(재조정)을 할 필요를 느끼면 그때그때 다시 하여야 한다.

예시) 먼저 ○○에 대해 생각나는 것을 자유롭게, 그리고 구체적으로 말씀해 주십시오. 오늘 상담할 수 있는 시간은 약 40분이고, 앞으로 1주일에 1회씩, ○요일, ○시에 계속 만나기로 하지요. 혹시 반려동물에 대해 어떤 점이 궁금하신지요?

(3) 화법

1) 1·2·3화법

「1·2·3화법」이란 자기의 말은 1분 이내로 끝내고, 2분 이상 고객의 말을 들어주며 3번 이상 맞장구를 치는 화법이다. 꼭 이 숫자를 지켜야 하는 것은 아니고 상징적인 의미이다. 즉, 자신의 말은 고객의 말을 끌어내기 위한 정도로 간단하게 말하고 고객이 충분히 말할 수 있는 시간을 주면서 좀 더 많은 정보를 얻을 수 있도록 맞장구를 3번 이상 하는 것이다.

예시) "정말요?", "저였어도 그랬겠네요.", "그래서 어떻게 되었나요?"

2) 쿠션 화법

쿠션은 외부충격을 흡수하는 역할을 한다. 고객에게 부정적인 말을 꺼내야 할 때 사전에 부드러운 쿠션 언어를 사용함으로써 고개의 감정을 덜 상하게 하고 공손해 보이기 때문에 고객에게 존중받는 느낌을 줄 수 있다. 여기서 쿠션어라는 것은 상대방이 느낄 부정적인 감정에 대해서 쿠션을 깔아 두는 것과 같은 역할을 하기 위해 사용하게 되는 말이다.

예시) 반려견 목줄을 차고 다니세요 (X) → 죄송합니다. 제가 반려견을 무서워서 그러는데 목줄을 차고 다녀주세요. (O)

3) 긍정 화법

서비스에 임하는 사람은 낙관적이고 긍정적인 말로 내담자의 마음을 사로잡아야 한다. 따라서 서비스업 종사자는 긍정 화법을 사용하는 것이 좋다. 같은 내용을 전달하더라도 부정적인 표현보다는 긍정적인 표현으로 바꾸어 쓰면 고객의 불만을 최소화하고, 편안함과 만족감을 줄 수 있다. 특히 '싫어요, 안돼요, 못해요, 몰라요'의 부정의 말은 서비스 종사자가 절대로 해서는 안되는 금기어임을 기억하자.

예시) 기다리게 해서 죄송합니다. (X) → 기다려주셔서 감사합니다. (O)

4) 나 전달법

'나'를 주어로 하여 자신의 생각과 감정을 솔직하게 표현하는 방식으로, 아이 메시지(I-message)라고도 한다. 내담자의 기분을 상하지 않게 하면서 자신의 주장을 분명하게 전달할 수 있어 갈등 상황에서 서로를 이해하고 문제를 해결하는 데 도움이 된다. 나 전달법을 통해 의사를 전달하면 상대방에게 문제 행동의 책임을 묻고 행동을 비난하는 대신 문제 해결을 위한 최종 결정권을 주게 된다.

예시) 반려견이 너무 시끄러우니깐 조용히 시켜 (X) → 반려견이 시끄러워서 그러는데 조용히 있도록 해줄 수 있을까요? (O)

2. 상담의 과정

상담은 내담자와 처음 만났을 때(접수면접)부터 만남이 종결되기까지의 여러 번의 면접을 거치는 하나의 과정이다. 상담의 진행과정은 초기·중기·종결단계로 나눈다. 각 단계에서 행해져야 할 주요 과제들에 대해 알아보면 다음과 같다.

(1) 접수 면접

내담자가 상담을 요청하면 제일 먼저 이루어지는 것이 접수면접이다. 내담자와 내담자의 반려동물에 대한 기본정보, 외모 및 행동, 호소문제, 현재 및 최근의 주요 기능상태, 스트레스 원인에 대한 정보를 수집하기 위해 작업하는 단 한 번의 만남으로 첫인상이 중요하듯이 상담에서 접수면접은 매우 중요하다. 상담자는 접수면접에서 동물의 외모, 행동, 심리, 반려동물관리사에 대한 태도, 정서와 기분, 짖음과 으르렁거림, 지각장애, 일상생활에서의 두드러진 장애 등을 평가한다.

(2) 초기단계: 상담의 기틀잡기

초기단계는 상담의 기틀을 잡는 과정으로 내담자 문제의 이해, 상담목표의 설정, 상담의 진행방식에 대한 합의, 촉진적 상담관계의 형성 등을 어떻게 해 나가는지에 대해 알아야 한다.

1) 내담자 문제의 이해(주호소 문제 탐색)

상담의 가장 중요한 목표는 내담자가 호소하는 문제를 해결하는 데 있다. 따라서 내담자의 문제가 무엇이고 그것이 어떤 배경에서 발생하였는지를 확인하는 것은 상담의 필수 사항에 해당된다. 초기단계에서는 내담자가 도움을 청하는 직접적인 이유를 확인하고, 문제의 발생 배경을 탐색하고, 문제해결 동기에 대해 평가해야 한다.

2) 상담의 목표 및 진행방식의 합의

상담이 도달해야 할 지점을 상담의 목표라고 하는데 이것이 분명할수록 상담은 순조롭게 진행될 수 있다. 상담의 최우선적인 목표는 내담자가 호소하는 문제의 해결이다. 이런 의미에서 상담의 일차적 목표는 '증상 완화 또는 문제 해결적 목표'라고 부른다. 이차적 목표는 내담자가 내면적인 자유를 회복하고 자신이 가지고 있는 수많은 가능성과 잠재력을 드러낼 수 있도록 성격을 재구조화하여 인간적 발달과 성숙을 이루도록 하는 것으로 '성장 촉진적 목표'라고 부른다. 상담의 진행방식의 합의에서는 상담기간 및 시간에 대해 합의하고, 바람직한 내담자 행동 및 역할에 대해 안내해야 한다.

3) 상담목표 설정 시 고려사항

① 상담목표는 구체적이고 명확해야 한다.
② 상담목표는 현실적으로 내담자가 처한 상황에서 달성이 가능한 것이어야 한다.
③ 문제를 축약해야 한다. 내담자가 제시하는 문제들을 일일이 해결하는 것을 상담목표로 정하는 것은 바람직하지 않을 수 있다. 문제 축약이란 내담자가 호소하는 여러 가지 문제를 유사한 원인을 가지는 몇 가지 주요문제로 압축하는 것을 말한다.

4) 촉진적 상담관계의 형성

상담자와 내담자가 솔직하고 신뢰가 되는 관계를 형성하는 것은 상담의 진전과 성공에 직결되는 대단히 중요한 문제다. 상담의 초기단계에서 촉진적인 상담관계를 형성하기 위해서는 끊임없이 내담자를 이해하려는 진지한 자세, 모든 것을 내담자 입장에서 생각해 보려는 내담자 중심적인 태도, 비난하거나 비판하기 보다는 수용하고 존중하는 허용적인 자세, 어떤 가식도 없는 진솔하고 투명한 태도, 내담자를 도와주고자 하는 조력적 자세, 변덕스럽지 않은 일관적인 태도와 행동 등이다.

(3) 중기단계: 문제 해결하기

상담의 중기 단계는 초기단계가 끝날 무렵부터 상담의 목표가 어느 정도 달성되기까지의 전체과정을 말한다. 중기단계의 가장 큰 특징은 초기단계에서 설정한 상담목표를 해결하기 위한 구체적인 상담 작업들이 행해진다는 데 있다. 이런 의미에서 상담의 중기단계는 '문제 해결 단계'라고 부른다. 중기단계에서 상담자가 고려해야 할 사항은 다음과 같다.

1) 과정적 목표의 설정과 달성

초기단계에서 설정된 상담의 목표를 달성하기 위해서는 목표에 도달하기까지 어떤 중간 통과 지점이 있게 마련인데, 이러한 중간 지점을 상담의 '과정적 목표'라고 한다.

2) 저항의 출현과 해결

사람들에게는 저마다 습관적으로 행하는 사고·감정·행동패턴이 있는데, 이러한 패턴은 그대로 지속되려는 경향이 있다. 이들을 변화시키려고 할 때 변화에 대한 반대, 즉 저항이 일어나게 된다. 저항은 변화의 걸림돌로 작용하기 때문에 변호를 달성하기 위해서는 저항을 극복하지 않으면 안 된다. 즉, 자신이 키우는 반려견에 대한 태도변화에 대해서 두려워하는 경우가 있다. 이부분에 대해서 해결을 해야한다.

(4) 종결단계: 성과 다지기

내담자가 원했던 변화가 일어나게 되면 상담은 종결된다. 즉, 반려동물의 문제행동이 상담에서 해결하고자 했던 문제라면 반려동물의 문제행동이 현저히 완화되었을 때 상담은 종결된다. 그렇지만 모든 상담이 성공적으로 종결되는 것은 아니다. 상담자로서 여러 가지 전문적인 노력을 기울여도 초기에 설정했던 목표달성에 실패하는 경우가 있다. 그러한 실패를 상담자 스스로의 힘으로 되돌릴 수 없을 때 부득이하게 상담은 종결될 수 있다. 그 외에도 내담자가 상담이 도움이 되지 않는다고 생각하고 상담을 거부하는 때도 있는데 이것을 비성공적 상담종결이라고 한다.

1) 종결의 다양한 의미

종결에는 심리적 재탄생으로서의 종결, 타협 형성으로서의 종결, 성과 다지기로서의 종결이 있다.

2) 성공적인 상담 종결의 조건

문제 증상이 완화되었을 때, 현실 적응력이 증진되었을 때, 성격 기능성이 증진되었을 때, 성공적인 상담종결을 시사하는 내담자의 태도나 생각이 달라졌을 때 상담을 종결할 수 있다.

3) 종결의 실제

상담에서의 친밀한 관계를 종결한다는 것은 내담자에게는 매우 어려운 일이다. 상담자는 종결할 때 내담자에게 일어날 수 있는 여러 가지 감정과 생각들을 적절하게 다루는 과정을 거쳐야 한다. 이러한 과정을 제대로 거칠 때 내담자는 별다른 후유증 없이 상담자로부터 진정한 심리적 독립을 할 수 있다. 종결의 실제에는 종결의 준비과정, 종결에 대한 내담자의 불안 다루기, 상담자에 대한 의존성 극복, 성과 다지기 및 면역력 쌓기, 가능한 증상 재발에 대해 준비하기가 있다.

3 고객상담의 실무

(1) 고객 상담의 필요성

1인 가구 및 고령인구의 증가에 따라 반려동물을 키우는 사람이 늘어나고 동물에 의존하는 사람이 증가함에 따라 동물로 인해 곤란을 겪는 사람도 많아지고 있다. 동물에 대한 이해부족과 곤란함은 곧 반려동물을 키우는 고객(내담자)과 반려동물에게도 스트레스가 되므로 반려동물의 습성과 특징에 대해 이해하는 것이 필요하다. 반려동물을 키우는 고객이 스스로 문제를 해결하기 어렵다면 상담자(반려동물관리사)에게 상담을 의뢰할 수 있다. 반려동물과 함께 사는 모든 가족들에게는 반려동물관리와 관련한 교육이 필수적이며, 반려동물을 양육하는 데 있어 모든 가족 구성원들의 노력과 동물들을 이해하려는 마음가짐, 그리고 환경의 변화가 꼭 필요하다.

(2) 고객 상담

1) 신체적 조사

기초 신체검사는 반려동물의 안전과 관리 전후에 발생하는 고객과의 불필요한 마찰을 피하기 위한 필수 요소이다. 기초 신체검사에는 기본적으로 체중과 체온을 측정한다. 또한 과거에 이전 병력이 있었는지에 대해서도 참고하여야 한다. 반려동물의 정확한 체중을 측정하기 위해서 보호자 또는 작업자가 안고 측정하거나 케이지를 활용하여 측정한다.

개와 고양이의 정상 체온은 사람보다 조금 높은 37.5~39.5℃이다. 반려동물이 정상 체온보다 높은 경우에는 얼음 팩 등으로 해결을, 낮은 경우에는 반려동물의 몸을 따뜻하게 해준다. 시간이 지나도 지속 될 경우에는 즉시 수의사에게 진료를 받게 해야 한다.

2) 반려견 관리 방안 분석

반려견에게 필요한 것은 무엇이고 어떤 특징을 갖고 있는 정밀하게 파악하기 위해서는 동물을 잘 관찰하고 평소 동물에 대해 주의 깊게 고객에게 문진하여야 하는데 그 이전에 반려

반려동물관리사

동물관리사는 고객에게 최소한 48시간 전에 문진표를 주고 상세한 내용을 기술할 수 있도록 해야 한다. 질문표는 표 9-1을 이용하면 된다.

표 9-1. 질문표

분류	내용
가족 정보	주거형태(아파트인지)
	지방인지, 도시인지
	가족규모, 나이, 일정
	신체적/정신적 문제나 제한
	동물과 기억나는 일화
	다른 동물의 유무
동물의 정보	모습
	입양한 나이
	동물을 어디서 입양을 하였는지, 이전 보호자에 대한 정보
	성격, 기질
	의학적 내력(약물복용, 각종 검사결과)
	부모, 동기 강아지나 한배 새끼들에 대한 정보
	먹는 음식의 종류와 횟수, 급여방법, 급여하는 사람, 음식에 대한 행동
교육	방법
	도구
	감금 교육
	보상 방법과 동물의 반응
	벌주는 방법과 동물의 반응
	훈련방법과 절차
	행동 명령을 위한 도구(그에 대한 반응)
	head halter와 같은 제어 도구들을 사용하는지와 그에 대한 반응
동물의 환경, 약력, 생활	동물 주거 공간, 밤과 낮이나 가족이 없을 때 어디에 있는지
	감금하는 공간들, 먹는 공간, 노는 공간
	평소의 놀이와 운동
	좋아하는 장난감
	혼자 있는 경우와 그 시간
	집 안, 밖에 머무르는 시간
	주로 돌보는 가족

분류	내용
동물과 사람에 대한 반응	가족
	가족이 아닌 사람
	집 안에 있는 다른 동물
	낯선 동물
	가족과 가족이 아닌 사람, 본적이 있는 사람과 처음 보는 사람에게 보이는 반응
	자세, 성량, 반응, 가까이 갔을 때 행동, 두려움, 공격반응
처리에 대한 반응 문제점	목욕, 발톱 정리, 미용, 만지기
	무슨 일이 있었나?
	문제행동은 어디에서 일어났나?
	언제 일어났나?
	사람과 동물 중 누구에게 문제가 생겼나?
	왜 그 문제행동이 일어났다고 생각하는가?
	보호자는 문제가 생길만한 초기 상황을 이해하고 있나?
	환경적 변화가 있었나?
	문제행동이 지속 되는 기간
	빈도
	문제 행동을 일으키는 시발점
	외형적인 변화
	치료를 시도함에 따른 애완동물의 반응
부가적인 문제	그 외의 문제점이 더 있는가?

3) 고객 상담 진행

고객 상담의 방법에는 고객(보호자, 내담자)과 반려동물이 직접 클리닉을 방문하는 방법 이외에도 문제행동을 보이는 동물의 생활공간으로 반려동물관리사가 방문하는 방법과 전화나 팩스 또는 이메일 등으로 상담하는 방법이 있다.

클리닉이나 전문병원으로 고객(보호자, 내담자)과 동물이 직접 방문할 경우, 의학적인 검사나 조치를 곧바로 할 수 있다는 장점이 있지만 동물이나 고객의 입장에서는 긴장될 수밖에 없는 공간이므로 평소와 같은 문제행동이나 일상의 관계를 관찰하기에는 쉽지 않다.

반려동물관리사가 동물이 생활하고 있는 공간을 방문하여 상담을 진행할 경우, 동물의 세력권 내에 침입해야 하는 것에 따른 위험성이 따르지만 평소와 같은 문제행동을 관찰하거나 고객과의 관계를 파악하기에는 좋은 방법이다.

반려동물관리사는 고객이 작성한 질문표의 내용을 다시 확인하는 것이 좋다. 확인해야 될 항목은 다음과 같다.

① 문제가 되는 동물의 연령, 성별, 품종, 병력 등과 같은 일반정보
② 관리 동기과 목적 파악
③ 고객이 희망하는 최종 목표

반려동물관리에 대한 고객과의 대화를 통해 고객의 이해력을 정확히 평가하여야 한다.

4) 상담 후 서비스 진행
고객이 기재한 질문표, 정보를 종합적으로 판단하여 관리에 대한 방안을 결정하게 된다. 앞으로 어떤 부분에 대해서 서비스를 원하는지 파악하고, 그게 맞는 시간을 고객과 상의하여 정하고 앞으로 일정에 대해서 의논한다.

5) 서비스 제공 동의서 작성
노령 또는 접종을 하지 않은 어린 동물, 과거 또는 현재 질병이 있는 경우, 성격이 예민하거나 공격성이 있는 경우는 사고의 위험성이 있으므로 고객에게 위험성에 대해 충분히 설명한 뒤 서비스 제공 동의서를 작성하여 향후 고객과의 마찰을 최소화해야 한다.

(3) 고객 상담에서 지켜야 할 에티켓
고객에 대한 에티켓은 상담에서 매우 중요하다. 상담자는 고객에게 호감을 주고, 폐를 끼치지 말아야 하며, 고객을 존경해야 한다. 이 장에서는 고객 상담에서 지켜야 할 에티켓 중 전화 응대 방법과 명함을 주고받는 방법에 대해 다루려고 한다.

1) 전화응대 매너
① 전화응대 매너의 특징
전화는 예고 없는 만남이고 오해가 생기기 쉬우므로 습관적인 말투와 부정확한 발음에 유의해야 한다. 또한 보안이 되지 않으며 고객에게 비용이 발생한다.

② 전화고객 응대방법

전화 걸기 전 응대방법은 전화번호, 소속, 성명, 용건 등을 확인할 준비를 해야 하고, 전화 걸 때의 응대방법은 첫인사, 소속과 이름, 내용을 요약하여야 한다. 전화 받을 때 응대방법은 벨이 3번 울리기 전에 받고 먼저 자기소개를 해야 하며 "감사합니다. ○○○의 ○○○팀 ○○○입니다. 무엇을 도와드릴까요?"라고 해야 한다. 용건은 간단명료하게 메모하며 전화를 끊을 때는 작별인사를 잊지 말아야 한다.

③ 항의전화 응대시

항의 전화 응대시에는 우선 사과 또는 공감-경청-공감을 한다.

2) 고객 상담 비즈니스 매너의 적용방안

① 비즈니스 인사 매너

모든 만남은 인사에서 시작하고, 인사는 첫 인상을 결정하는 첫 관문이다. 인사의 기본요소에는 미소(진실), 목소리(명랑:C음계의 '솔'톤), 자세(공손: 상체를 반듯하게 굽혀서 인사, 굽힌 상태에서 잠시 멈춘 후에 상체 일으킴)이며, 무엇보다 가장 중요한 것은 눈맞춤이다. 인사는 눈맞춤으로 시작하여 "안녕하십니까" 멘트 후 선 자세에서 눈 맞춤으로 마무리 한다. 먼저 발뒤꿈치를 붙이되, 남성은 약 30도(시계바늘 방향 10시 10분), 여성은 15도(시계바늘 방향 11시 5분) 정도가 적당하다. 손의 자세는 공수법을 토대로 남성은 왼 손이 위로 가도록 두 손을 포개 잡는 반면, 여성은 오른 손이 위로 가도록 포개 잡는다.

② 비즈니스 명함 매너

· 명함은 자신을 보여주는 최초의 수단으로 얼굴을 의미한다.
· 명함은 항상 소중히 다루고 명함첩에 10장 이상씩 소지한다.
· 명함은 자리에서 일어나서, 아랫사람이 먼저 손윗사람에게 건네준 후 윗사람의 명함을 받는다.
· 자세를 바르게 하고 상대의 얼굴을 보면서(아이콘택트) 회사명, 부서명, 이름을 밝힌다.

③ 비즈니스 대화 매너

원활한 인간관계를 유지하기 위해서는 바람직한 대화매너로써 진실된 마음을 담아 정확하게 말을 하고 상대의 말을 경청하는 것이 중요하다. 그리고 쿠션 언어를 추가하면 상대를 기분 좋게 할 수 있다. 쿠션언어의 대표적인 표현으로는 "죄송하지만", "폐가 안 된다면", "번거롭게 해드려서 죄송하지만" 등의 말을 본론으로 들어가기 전에 추가하여 부드럽게 표현하는 것이다.

1. 다음 상담 개념에 대한 설명으로 옳지 않은 것은?
① 상담자는 상담목표를 달성하기 위해 그것에 필요한 전문적 지식만 갖추어야 한다.
② 상담은 단순한 정보를 얻거나 대화를 나누는 것이 아니라, 생활 속의 문제가 구체적으로 해결되고 사고방식이나 행동 측면에서 전보다 더 발전되기 위해 노력하는 것이다.
③ 도움을 필요로 하는 사람(고객)이 전문적으로 훈련을 받은 사람(반려동물관리사)과의 대면관계에서 생활과제의 해결과 사고·행동 및 감정 측면의 인간적 성장을 위해 노력하는 과정이다.
④ 상담자가 상담이론 및 기법을 훌륭히 갖추었다고 해도 훌륭한 인간적 자질을 갖추지 않으면 내담자가 상담을 받으려고 하지 않을 것이기 때문에 상담을 지속하기 어렵다.

2. 다음 설명하는 상담의 기능으로 올바른 것은?

> 어떤 내담자는 '나는 아무것도 할 수 없다'라는 그릇된 생각을 함으로써 성장이 지체되어 있는 경우가 많다. 이때 상담은 '생각 바꾸기', '마음 고쳐먹기'와 같은 하나의 교정적 과정을 나타내게 되는 데 이때의 상담목표는 인간적 성숙이다.

① 교육적 기능
② 진단적 기능
③ 교정적 기능
④ 치료적 기능

3. 다음 설명하는 상담기법으로 올바른 것은?

> 내담자의 말과 행동에서 표현된 기본적인 감정·생각 및 태도를 상담자가 다른 참신한 말로 부연해 주는 것이다. 이것은 내담자의 자기이해를 도와 줄 뿐만 아니라, 내담자로 하여금 자기가 이해받고 있다는 인식을 주게 된다.

① 경청
② 반영
③ 명료화
④ 직면

4. 다음 설명하는 상담기법으로 올바른 것은?

> 대화 내용의 진전 정도를 파악하고 이야기를 일정한 주제로 나아갈 수 있는 통일성을 갖게 해준다. 대화가 끝나가는 시점에 요긴하게 사용할 수 있다

① 요약하기
② 질문하기
③ 해석
④ 바꾸어 말하기

5. 다음 설명하는 화법으로 올바른 것은?

> 외부충격을 흡수하는 역할을 한다. 고객에게 부정적인 말을 꺼내야 할 때 사전에 부드러운 언어를 사용함으로써 고개의 감정을 덜 상하게 하고 공손해 보이기 때문에 고객에게 존중받는 느낌을 줄 수 있다.

① 1·2·3화법
② 긍정 화법
③ 쿠션 화법
④ 나 전달법

6. 다음 상담의 과정에 대한 설명으로 옳은 것은?
① 내담자가 상담을 요청하면 제일 먼저 이루어지는 것이 주호소 문제 탐색이다.
② 내담자 문제의 이해는 중기단계에 진행한다.
③ 과정적 목표의 설정과 저항의 출현은 대게 초기 단계에서 많이 이루어진다.
④ 현실 적응력이 증진되었을 때, 성격 기능성이 증진되었을 때, 성공적인 상담종결을 시사하는 내담자의 태도나 생각이 달라졌을 때 상담을 종결할 수 있다.

7. 다음 상담의 과정에 대한 설명으로 옳은 것은?
① 내담자가 상담을 요청하면 제일 먼저 이루어지는 것이 주호소 문제 탐색이다.
② 내담자 문제의 이해는 중기단계에 진행한다.
③ 과정적 목표의 설정과 저항의 출현은 대게 초기 단계에서 많이 이루어진다.
④ 현실 적응력이 증진되었을 때, 성격 기능성이 증진되었을 때, 성공적인 상담종결을 시사하는 내담자의 태도나 생각이 달라졌을 때 상담을 종결할 수 있다.

8. 다음 고객 상담에 대한 설명으로 옳지 않은 것은?
① 기초 신체검사는 반려동물의 안전과 관리 전후에 발생하는 고객과의 불필요한 마찰을 피하기 위한 필수 요소이다.
② 반려동물관리사는 고객에게 최소한 24시간 전에 문진표를 주고 상세한 내용을 기술할 수 있도록 해야 한다.
③ 고객 상담의 방법에는 고객(보호자, 내담자)과 반려동물이 직접 클리닉을 방문하는 방법이 있다.
④ 고객에 대한 에티켓은 상담에서 매우 중요하다. 상담자는 고객에게 호감을 주고, 폐를 끼치지 말아야 하며, 고객을 존경해야 한다.

단원 정리 문제

1

정답 : ①

문제 난이도 : 초급

해답 풀이 : ① 상담자는 상담목표를 달성하기 위해 그것에 필요한 전문적 지식과 경험을 갖추어야 한다.

2

정답 : ③

문제 난이도 : 중급

해답 풀이 : ③ 교정적 기능은 인간적 성숙을 목표로 진행한다.

3

정답 : ②

문제 난이도 : 중급

해답 풀이 : ② 반영을 통해 상담자는 내담자의 내면적 감정을 정확히 파악하여 내담자에게 전달해 주어야 한다.

4

정답 : ①

문제 난이도 : 중급

해답 풀이 : ① 요약하기는 특히 고객 상담 중 고객이 상담 내용의 방향을 잃은 것처럼 느껴질 때 사용하면 대화의 방향을 제시할 수 있다.

5

정답 : ③

문제 난이도 : 중급

해답 풀이 : ③ 쿠션 언어를 사용함으로써 고개의 감정을 덜 상하게 하고 공손해 보이기 때문에 고객에게 존중받는 느낌을 줄 수 있다. 여기서 쿠션어라는 것은 상대방이 느낄 부정적인 감정에 대해서 쿠션을 깔아 두는 것과 같은 역할을 하기 위해 사용하게 되는 말이다.

6

정답 : ④

문제 난이도 : 중급

해답 풀이 : ① 내담자가 상담을 요청하면 제일 먼저 이루어지는 것이 접수면접이다.

② 내담자 문제의 이해는 초기단계에 진행한다.

③ 과정적 목표의 설정과 저항의 출현은 대게 중기 단계에서 많이 이루어진다.

7

정답 : ④

문제 난이도 : 고급

해답 풀이 : ① 내담자가 상담을 요청하면 제일 먼저 이루어지는 것이 접수면접이다.

② 내담자 문제의 이해는 초기단계에 진행한다.

③ 과정적 목표의 설정과 저항의 출현은 대게 중기 단계에서 많이 이루어진다.

8

정답 : ②

문제 난이도 : 초급

해답 풀이 : ② 반려동물관리사는 고객에게 최소한 48시간 전에 문진표를 주고 상세한 내용을 기술할 수 있도록 해야 한다.

참고문헌

강명곤, 구의섭, 권애숙, 백대곤, 박우대, 오윤상(2006). 개와 고양이 영양학. 도서출판 삼보.

김광식(2015). 개를 자식처럼 기르자. 펫프랜즈.

김병수, 황인수, 황학균, 조성진(2008). 동물간호복지사 자격시험 문제집. ㈜코벳.

김병목(2012). 고양이 공부. 희목원.

김옥진(2014). 동물매개치료학개론. 도서출판 서림기획

김옥진(2012). 애완동물학. 동일출판사

김옥진, 홍선화, 김현주, 유지현(2017). 치료도우미동물학. 동일출판사

김옥진, 김병수, 마영남, 박우대, 이형석, 하윤철, 황인수, 최인학(2013). 반려동물행동학. 동일출판사

안제국(2005). 애완동물사육. 부민문화사.

왕태미(2020). 개와 고양이를 위한 반려동물 영양학. 어니스트북스.

이수기, 루경선, 서성원, 송민호, 허정민, 김현범, 조진호(2021). 최신 동물사양학. 도서출판 유한문화사.

이종세(2016). 애견교육의 정석. JOYDOG

이형구(2017). 동물매개치료학. 디투스튜디오.

정효민(2021). 지금, 당신의 고양이는 어떤가요?. BM(주)도서출판 성안당.

조우재(2021). 고양이 영양학. (주)동그람이.

최광수(2003). 개의 심리를 이용한 애견훈련. 선진문화사

한국애견협회 어질리티규정집. kkc.or.kr

브랜든 맥밀란 지음/이윤정 옮김(2003). 나의 반려견 내가 가르친다. KOREA.COM

데이비드 브루너·샘 스톨 지음/문은실 옮김(2012). 강아지 상식사전 똑똑한 애견인을 위한 필수 상식. 보누스.

이안 던바 박사 지음/이종세 옮김(2016). 던바 박사의 애견훈련 바이블. JOYDOG.

뉴스킷 수도사들 지음/김윤정 옮김(2014). 뉴스킷 수도원의 강아지들. 바다출판사.

팸 존슨 베넷 지음/최세민 옮김(2017). 행동학에서 본 고양이 양육 대백과 고양이처럼 생각하기. 페티앙북스.

소피아 잉 지음/최윤주, 김소희 옮김(2015). 개, 어떻게 가르쳐야 하는가. 페티앙북스.

반려동물관리사

2022년 2월 28일 초판 1쇄 발행 | 2024년 03월 08일 개정판 1쇄 발행

공저 김옥진, 이현아, 강원국, 민자욱, 김다슬, 조현정, 최혁, 양혜열, 이경동, 조준혁, 함희진, 최태영, 황성우, 한아람
발행인 장진혁 | **발행처** (주)형설이엠제이
주소 서울시 마포구 월드컵북로 402 KGIT 상암센터 1212호 | **전화** (070) 4896-3052~3
등록 제2014-000262호 | **홈페이지** www.emj.co.kr | **e-mail** emj@emj.co.kr
공급 형설출판사

정가 25,000원

© 2024 김옥진, 이현아, 강원국, 민자욱, 김다슬, 조현정, 최혁, 양혜열, 이경동, 조준혁, 함희진, 최태영, 황성우, 한아람
    All Rights Reserved.

ISBN 979-11-91950-54-0 93490

* 본 도서는 저자와의 협의에 따라 인지는 붙이지 않습니다.
* 본 도서는 저작권법에 의해 보호를 받는 저작물이므로 동영상 제작 및 무단전재와 복제를 금합니다.
* 본 도서의 출판권은 ㈜형설이엠제이에 있으며, 사전 승인 없이 문서의 전체 또는 일부만을 발췌/인용하여 사용하거나 배포할 수 없습니다.

개정판 Companion Animal Manager

반려동물 관리사